Bernhard Sill

LebensART und ETHIKette

Wortmeldungen zu Werthaltungen

Bernhard Sill

LebensART und ETHIKette

Wortmeldungen
zu Werthaltungen

Umschlagmotiv: Pia Schüttlohr, Schiff (2022)

1. Auflage 2022
Deutsche Erstausgabe

ISBN 978-3-8306-8130-4

Bibliografische Information der Deutschen Bibliothek
Die Deutsche Bibliothek verzeichnet diese Publikation
in der Deutschen Nationalbibliografie;
detaillierte bibliografische Angaben sind im Internet
unter http://dnb.ddb.de abrufbar.

Pustet Druckerei Regensburg
Printed in Germany

Ein szenisches Vorwort

Wie gesagt, ich hasse alle Ketten!
Auch die Eti-Kette, die befiehlt,
Daß man bessere Gesellschaft spielt
Und sich gegenseitig in honetten
Pflichtbesuchen seinen Abend stiehlt.
Noch dazu in »Evening«-Toiletten.

KALÉKO, MASCHA: Zu Gast bei feinen Leuten, in: DIES.: Die paar leuchtenden Jahre. Mit einem Essay von HORST KRÜGER. Herausgegeben, eingeleitet und mit der Biographie ›Aus den sechs Leben der Mascha Kaléko‹ von GISELA ZOCH-WESTPHAL, München ⁵2006, 38-39, 39.

Scharik

Bei uns im Hof hält ein Junge den kleinen Köter Scharik als Kettenhund, von klein auf.

Eines Tages brachte ich dem kleinen Hund warme, duftende Hühnerknochen. Gerade hatte der Junge das arme Kerlchen losgemacht, um es etwas im Hof laufen zu lassen. Der Schnee ist weich und tief. Scharik sauste in Sprüngen wie ein Hase, ist einmal auf den Hinterbeinen, dann wieder auf den Vorderpfoten, aus einer Ecke des Hofes in die andere – von einer Ecke zur anderen – die Schnauze im Schnee.

Er lief auf mich zu, zottig wie er war, umsprang mich, beschnupperte den Knochen und – fort war er wieder, bis zum Bauch im Schnee.

Eure Knochen, die brauche ich nicht – gebt mir nur Freiheit!

SOLSCHENIZYN, ALEXANDER: Im Interesse der Sache. Erzählungen. Aus dem Russischen von MARY VON HOLBECK, LEONI LABAS, ELISA MARIN, CHRISTOPH MENG und INGRID TINZMANN (Bücher der Neunzehn; Band 183), Darmstadt und Neuwied 1970, 268.

Erste Szene

Es war am 9. November 2000, als Prof. Dr. HERIBERT NIEDERSCHLAG SAC (* 1944) an der Philosophisch-Theologischen Hochschule Vallendar die moraltheologischen Vorlesungen des Wintersemesters 2000/01 mit einer Lectio brevis eröffnete, zu deren Beginn er seine Hörer*innen mit einer Anekdote überraschte, als deren Verfasser der dem Franziskanerorden angehörige JOHANNES PAULI (um 1455 – zwischen 1530 und 1533) aus Thann im Elsass gilt. Dankenswerterweise hat er mir als seinem langjährigen Freund und Kollegen in der Moraltheologie das Manuskript seiner damaligen Vorlesungen zur Verfügung gestellt und mir erlaubt, daraus den Abschnitt, wo er die den Titel »Disputation zwischen einem Narren und einem gelehrten Mann« tragende Anekdote so nacherzählt, zu zitieren:

»Der Mönch erzählt von einer Disputation zwischen einem griechischen Philosophen und einem Narren, den man als Gelehrten herausgeputzt hatte. Keiner von beiden sollte bei dem Disput den Mund auftun. Der erste Gestus, den der Grieche zeigte, bestand darin, dass er den Zeigefinger erhob. Er wollte damit sagen, dass es nur *einen* Gott gibt. Der Narr meinte, dass ihm der Philosoph ein Auge ausstechen werde. Daraufhin erhob er zwei Finger, um anzudeuten, dass er seinem Gegner *beide* Augen ausstechen werde, wenn dieser ihn angreife. Wer den Zeige- und Mittelfinger demonstrativ emporstreckt, pflegt dabei den Daumen abzuspreizen, sodass der Narr in Wahrheit drei Finger zeigte. Der Grieche nickte befriedigt, denn er war jetzt sicher, dass er richtig verstanden worden war: Hatte er selbst auf den Monotheismus angespielt, so wies nun der andere Gelehrte offensichtlich auf die Trinität hin. Um auszudrücken, dass Gott alle Dinge offenbar sind, zeigte der Grieche jetzt seinem Gegner die flache Hand vor. Der Narr dachte, der Grieche wolle ihm auf die Backe schlagen und ballte daraufhin die Faust, um darzutun, dass er dem Philosophen eins auf den Kopf geben werde. Aber der griechische Philosoph fühlte sich verstanden, denn die Faust, so interpretierte er, wolle zum Ausdruck bringen, dass Gott alle Dinge in seiner Hand ›beschlossen‹ habe, während uns seine Urteile verborgen bleiben. Und so achtete der weise Grieche den Narren als verständig, obwohl dieser die Botschaft des Griechen nur als Droh-Botschaft auszumachen vermochte.«[1]

Was da erzählt wird, ist die »ulkige« Geschichte eines krass verunglückten und gescheiterten Versuchs kommunikativer Verständigung. Schlimmer kann es kaum kommen. Das Worst-Case-Szenario der Geschichte belegt und bezeugt dies eindrücklich und eindringlich. Das ist gar keine Frage. HERIBERT NIEDERSCHLAG hat diese kleine denkwürdige Anekdote – erstmals wurde sie in dem 1522 in Straßburg erschienenen Schwankbuch »Schimpf und Ernst« abgedruckt – damals im Hörsaal so kommentiert:

---

1 Siehe: Die Anekdotensammlung des Barfüßermönchs Johannes Pauli genannt Schimpf und Ernst fast kurzweilig und nützlich zu lesen in einer 244 Stück begreifenden Auslese. Herausgegeben von G. TH. DITHMAR, Marburg 1856, 6f.

»Ähnliche Kommunikationsprobleme scheint das Christentum auch heute in der Postmoderne zu haben. Es gestikuliert mit Symbolen, Dogmen und Moralkonzepten und meint dabei, sich verständlich gemacht zu haben; in Wirklichkeit aber bleiben diese Gesten für nicht wenige Zeitgenossen unverständlich oder werden gar als bedrohlich empfunden. Das umstrittene Urteil des Bundesverfassungsgerichts, wonach es mit der Religionsfreiheit unvereinbar sei, in den Unterrichtsräumen einer staatlichen Pflichtschule ein Kreuz oder Kruzifix anzubringen, zeigt deutlich das Problem: Das christliche Grundsymbol der Erlösung wird als Zeichen der Intoleranz und Drohung missdeutet; man dürfe keinen Menschen zwingen, ›unter dem Kreuz zu lernen‹. Das BVG wird zwar nicht verhindern können, dass wir Christen unter dem Kreuz leben, aber wir müssen uns die Fragen stellen, wie wir uns den Zeitgenossen gegenüber verständlich machen können, wenn sie nach dem Grund der Hoffnung fragen, die in uns ist.«

Ja, so steht es in 1 Petr 3,15: »Seid stets bereit, jedem Rede und Antwort zu stehen, der von euch Rechenschaft fordert über die Hoffnung, die euch erfüllt«! Damals wie heute wahrscheinlich eine heikle Sache, da Verständigung und Verstehen offenkundig keine selbstverständliche Angelegenheit sind.

Zweite Szene

Der am 18. Juli 2020 verstorbene Moraltheologe der Theologischen Fakultät der Universität in Freiburg im Breisgau EBERHARD SCHOCKENHOFF (1953–2020) erzählte einmal im Rahmen eines Beitrags für die Zeitschrift »Gottes Volk. Bibel und Liturgie im Leben der Gemeinde« 1992 diese Geschichte:

> Im Anschluss an eine Theaterpremiere treffen in der Wandelhalle des Londoner Schauspielhauses ein anglikanischer Bischof und der Hauptdarsteller zusammen. Der Bischof steht noch ganz unter dem Eindruck des gerade gespielten Stückes und fragt den Schauspieler: »Wie kommt es, dass wir Geistlichen, ungeachtet der großen und wahren Gegenstände, die wir öffentlich vortragen, so wenigen Eindruck machen, wohl aber ihr schauspielernden Frauen und Männer auf der Bühne so großen Eindruck macht?« Ohne lange zu überlegen, antwortet der Schauspieler: »Das kommt daher, dass wir von erdichteten Sachen wie von wahren, die Herren Geistlichen dagegen von wahren Sachen wie von erdichteten sprechen.«[2]

Dieser Beobachtung ist nicht mit guten Gründen zu widersprechen. Denn in die Falle zu tappen, von wahren Dingen wie von erdichteten zu reden, droht als Gefahr all den-

---

2 Vgl. SCHOCKENHOFF, EBERHARD: Sünde: Fall in den Tod, in: Gottes Volk. Bibel und Liturgie im Leben der Gemeinde. Lesejahr C. Sünde: Fall in den Tod. 22. bis 27. Sonntag im Jahreskreis. Herausgegeben von HUBERT RITT, Stuttgart 1992, 5-15, 5.

jenigen, die sich theologischer Sprachmuster bedienen. Da
hat es sein Gutes, um diese Gefährdung theologischer Denke, Rede und Schreibe zu wissen, stehen doch all die großen Grundworte des christlichen Glaubens als da sind Gnade, Erlösung, Himmel, Hölle, Sünde und Erbsünde, Umkehr,
Versöhnung und Vergebung etc. im Verdacht, verbrauchte
»Leerformeln« zu sein, die zwar noch immer feierlich dekla-
miert werden, jedoch ihre existenzerhellende und lebenser-
schließende Bedeutung längst verloren haben.[3]

Das ist heute ganz gewiss so, doch eben nicht erst seit
heute so. Beleg genug dafür mag die Stimme eines einst
im Schweizer Emmental ansässigen reformierten Pfarrers
und Predigers sein, der ALBERT BITZIUS (1797-1854) hieß und
den die Geschichte der Dichtung und Literatur als JEREMI-
AS GOTTHELF kennt. Dieser hat in seinem Roman »Wie Anne
Bäbi Jowäger haushaltet und wie es mit dem Doktern geht«
aus den Jahren 1843 und 1844 Leben und Glauben der
Bewohner*innen des Schweizer Emmentals beschrieben und
dabei Einsichten gewonnen, die nun wahrlich kein »Käse«
sind.[4] Über einen jungen Vikar, dessen Predigten der Sache
der Glaubensverkündigung zwar dienen, doch einfach kein
Gehör während der sonntäglichen gottesdienstlichen Feier
finden wollen, wird da berichtet, dass dieser selbst eigentlich nichts dafür konnte, denn so gut dieser junge Theologe
während seines Studiums auch über die Dinge des Glaubens
– speziell über die Exegese der Heiligen Schrift – unterrich-

---

3 A. a. O. 5.
4 GOTTHELF, JEREMIAS: Wie Anne Bäbi Jowäger haushaltet und wie es mit
   dem Doktern geht. Erster Teil & Zweiter Teil (Ausgewählte Werke in zwölf
   Bänden. Herausgegeben von WALTER MUSCHG; Band 3 und 4), Zürich 1978.

tet worden war, »über die Exegese des Lebens« – so heißt es im Roman – »hatte kein Professor ihm was gesagt, für die war an der Hochschule kein Lehrstuhl«[5].

Diesem jungen Vikar wäre zu wünschen gewesen, er hätte über die gesamte Dauer seines Studiums Vorlesungen seiner Professoren hören können, denen es ihrerseits ein echtes – theologisches – Anliegen gewesen wäre, Glaubenskunde nicht ohne Lebenskunde zu betreiben. Der junge Vikar hatte jedoch solche theologischen Lehrer nicht – leider.

Was theologischer Denke, Rede und Schreibe darum Mal um Mal gelingen muss, ist: Erfahrungen des Lebens mit den Deutungen des Glaubens in Beziehung zu bringen und damit begehbare Brücken zwischen Lebens- und Glaubenserfahrung zu bauen.

Dritte Szene

Es war am 22. Juli 1982, als KARL RAHNER (1904–1984) bei der Theologischen Fakultät der Bayerischen Julius-Maximilians-Universität Würzburg zu Gast war. Das Thema, zu dem der renommierte Theologe zu sprechen geladen war, lautete: »Eine Theologie, mit der wir leben können«. Gedruckt worden sind die Gedanken, die der Theologe KARL RAHNER damals in Würzburg und bald darauf auch in Regensburg, Frankfurt am Main und St. Pölten zu Gehör brachte, später dann unter dem gleichnamigen Titel als

---

5   A. a. O. 70. [Zweiter Teil].

Schrift in den »Schriften zur Theologie«[6], seinem sechzehn-
bändigen »Hauptwerk«.

Der Qualitätsindex guter Theologie ist damit benannt,
und die Latte liegt wahrlich hoch. Ob eine Theologie gut ist,
zeigt sich nicht zuletzt daran, dass man damit »gut leben«
kann. Dass das nicht zuletzt wohl für jenes Fach Moraltheologie im theologischen Fächerkanon gelten dürfte und
müsste, dachte ich mir damals als Assistent in der Moraltheologie und Schüler eines Schülers von KARL RAHNER, nämlich BERNHARD FRALING (1929–2013), der in Innsbruck bei ihm
studiert und promoviert hatte und mich bei Gelegenheit einmal darauf hinwies, dass die damalige Postadresse des berühmten Jesuitentheologen »Sillgasse 6« lautete.

Moraltheologie, verstanden als christliche »Lebenslehre«,
hat sich daher allemal darum zu mühen und zu kümmern,
dem »guten Leben« wie dem »Leben des Guten« denkend, re-
dend und schreibend zu dienen und das auch da und dort
einzulösen, wo die Belange und Bezüge der menschlichen
Lebensbereiche, derer es viele gibt, zur Debatte stehen.

Kein Schuster wäre gut damit beraten, Schuhe einzig für
Schuster zu fertigen. Es gibt Theolog*innen, die machen genau das: Theologie für Theolog*innen. Dabei verhungern
und verdursten sie. Wenn sie es bemerken, ist es zu spät
für sie: die Theolog*innen, und für sie: die Theologie. Schuhe bloß für Schuster zu machen habe ich zu keiner Zeit
im Sinn gehabt. Moraltheologie als »Handwerk« praktischer
Vernunft« hat nach meinem Verständnis bequemes »Schuh-
werk« zu machen, dazu tauglich und dienlich, dass Men-

---

6 RAHNER, KARL: Eine Theologie, mit der wir leben können, in: DERS.: Schriften
   zur Theologie, 16 Bände, Einsiedeln 1954–1984, Band XV, 104–116.

schen ein Leben lang gut zu Fuß sein können, ohne dass der Schuh drückt. Die in diesem Band versammelten Beiträge sind entstanden in der kleinen Werkstatt eines kleinen Schuhmachers, der seine Arbeit auch als Emeritus weiterhin noch liebt und gern damit und davon lebt. Als eben solche, die allmählich beim Reden oder Schreiben verfertigt wurden, sollen und wollen die einzelnen Beiträge gelesen sein.

Herzlich danke ich meinem evangelischen Kollegen PETER BUBMANN, Inhaber des Lehrstuhls für Praktische Theologie (Religions- und Gemeindepädagogik) am Fachbereich Theologie der Friedrich-Alexander-Universität Erlangen-Nürnberg, für sein Einverständnis, den von uns beiden gemeinsam zum Lemma »Lebenskunst« erarbeiteten Beitrag abzudrucken (BUBMANN, PETER – SILL, BERNHARD: Art. Lebenskunst, in: Wissenschaftlich-Religionspädagogisches Lexikon im Internet [wirelex.de]). »WiReLex« ist ein Projekt der Deutschen Bibelgesellschaft Stuttgart, die ebenfalls dankenswerterweise ihre Abdruckgenehmigung erteilte.[7]

Ein Wort des Dankes sage ich gern Herrn Prof. h.c. mult. Dr. h.c. Ing. HELMUT F. SCHREINER, Schreiner Innovation GmbH & Co. KG München, und der Eichstätter Universitätsgesellschaft (Gesellschaft der Freunde und Förderer der Katholischen Universität) für die Gewährung eines Druckkostenzuschusses.

---

7 Bereits 2008 konnten wir gemeinsam in echt ökumenischem Geist den Sammelband »Christliche Lebenskunst« herausgeben. Siehe: BUBMANN, PETER – SILL, BERNHARD (Hrsg.): Christliche Lebenskunst, Regensburg 2008.

Vierte Szene

Heute ist der 23. Oktober 2021. Exakt vor 40 Jahren habe ich an meinem 26. Geburtstag im Jahre 1981 meine Frau Martina geheiratet. Heute ist also unser 40. Hochzeitstag. Vor ein paar Tagen nahm ich die 2013 von Florian Bruckmann und René Dausner herausgegebene Festschrift für Josef Wohlmuth (* 1938), Professor für Dogmatik an der Rheinischen Friedrich-Wilhelms-Universität Bonn bis zu seiner Emeritierung 2003, zu dessen 75. Geburtstag mit dem Titel »Im Angesicht der Anderen. Gespräche zwischen christlicher Theologie und jüdischem Denken« zur Hand[8] und entdeckte im Vorwort der beiden Herausgeber diesen lesens- und bedenkenswerten Textabschnitt:

»Zeit vergeht und sie ist ein wahrlich seltsam Ding. Wir können sie nicht aufhalten, wir werden einfach älter, ob wir es wollen oder nicht. Wir sind nicht die Herren unserer Zeit, sondern bekommen gleichsam jeden einzelnen Augenblick unseres Lebens geschenkt. Es ist seltsam zu merken, dass wir dem Tod entgegengehen. Gleichzeitig ermöglicht uns die Gabe der Zeit, sie einem anderen zu schenken: Sieh her, ich habe zwar wenig davon, aber genau diese Zeit widme ich Dir, weil Du es wert bist.«[9]

---

8 Bruckmann, Florian – Dausner, René (Hrsg.): Im Angesicht der Anderen. Gespräche zwischen christlicher Theologie und jüdischem Denken. Festschrift für Josef Wohlmuth zum 75. Geburtstag (Studien zu Judentum und Christentum; Band 25), Paderborn – München – Wien – Zürich 2013.
9 Vorwort, a. a. O. 11-12, 12 [Zitat].

Wenn ich meinen Student*innen zu erklären bzw. zu erläutern versucht habe, was es heißt, jemanden zu lieben, dann habe ich das stets mit etwa diesen Worten gesagt: »Einen Menschen lieben heißt ihm sagen: ›Ich liebe dich so sehr, dass ich mir nichts Besseres und Schöneres vorstellen kann, als die endliche, befristete Zeit meines Lebens mit dir zu verbringen.‹ Das ist der eigentliche ›Zeitindex‹ der Liebe. Liebende teilen die endliche Zeit, die sie als Menschen haben, miteinander. Das Glück der Liebe – es ist das Glück gemeinsam geteilter Zeit, die vielleicht gerade darum so ›unendlich‹ kostbar ist, weil sie nicht ›endlos‹ zur Verfügung steht.«

Das ist nicht zu bedenken, ohne sich zu bedanken. Und das tue ich gern. Ich widme meiner Frau Martina dieses Buch zu unserer Rubinhochzeit als Dank für ihr Leben, das sie mit mir teilt.

Eichstätt, 23. Oktober 2021
Bernhard Sill

Inhalt

»Gönne dich dir selbst!«

BERNHARD VON CLAIRVAUX

Ein echter Lebensrat
wider eine selbstvergessene Lebensart

Die Warner

Wenn Leute dir sagen:
»Kümmere dich nicht
soviel
um dich selbst«
dann sieh dir
die Leute an
die das sagen:
An ihnen kannst du erkennen
wie das ist
wenn einer
sich nicht genug
um sich selbst
gekümmert hat

Erich Fried

Es dürfte sein wacher Sinn für die großen und kleinen
Schwächen des Menschen gewesen sein, der EUGEN ROTH
(1895–1976) Mal um Mal dazu brachte, seine stets nachdenklich stimmenden Verse zu Papier zu bringen. Dieser
Schriftsteller, dem durchaus zu bescheinigen ist, dass er es
verstand, sich gekonnt den ihm ebenso bemerkens- wie be-
denkenswert erscheinenden Dingen des Lebens nachhaltig
zu widmen, sah sich einmal – wohl nicht ohne Grund –

veranlasst, eines seiner Gedichte jenem großen Begriff der Ethik, der »Pflicht« heißt, zu widmen. Das Gedicht lautet:

Allzu eifrig

Ein Mensch sagt – und ist stolz darauf –
Er geh in seinen Pflichten auf.
Bald aber, nicht mehr ganz so munter,
Geht er in seinen Pflichten unter.[1]

EUGEN ROTH will mit seinem Gedicht nichts gegen ein sich seiner Pflichten bewusstes Leben, das Menschen führen, sagen. Das weiß Gott nicht. Jedoch will er mit seinem Gedicht wohl eine gelegentlich dem Leben drohende Gefahr benennen, und das ist die Gefahr, dass die heutigen »Freuden der Pflicht« die morgigen »Plagen der Pflicht« sein können – und das in eben jenen Fällen, in denen es jemand mit der Erfüllung seiner Pflichten übertreibt. »Allzu eifrig« lautet ja nicht ohne Grund der Titel des Gedichts. Die Zielgruppe, die das Gedicht ansprechen will, ist damit eindeutig identifizierbar: Es ist nicht die Gruppe derer, die ihre Pflichten glauben *untererfüllen* zu dürfen; es ist die Gruppe derer, die ihre Pflichten glauben *übererfüllen* zu müssen.

Wie der Mensch mit seinen Pflichten umzugehen lernt, ohne dabei selbst unterzugehen, lautet die eigentliche Frage, vor die das Gedicht seine Leserinnen und Leser stellt. Und diese Frage ist buchstäblich eine *Lebensfrage*; nach der »Logik« des Gedichts ist sie sogar eine *Überlebensfrage*.

---

1 ROTH, EUGEN: Mensch und Unmensch (1948), in: DERS.: Sämtliche Werke, 8 Bände, Frankfurt am Main 1995, Band 1: Heitere Verse, 87-191, 166.

Gerade die Menschen, die ihre Pflichten ernsthaft wahrnehmen, fragen sich doch ab und zu, ob es auf Dauer wirklich gut und klug ist, sich selbst weniger wichtig zu nehmen als das, was sie als ihre Pflicht(en) erachten. Und sie wissen sich häufig genug keinen Rat in dieser Sache. Guter Rat ist stets teuer. Das scheint sich auch bei der Frage eines guten Umgangs mit den Dingen der Pflicht zu bestätigen. Und ein solcher guter Rat, der eben kein billiger Rat ist, findet sich bei einem der großen Theologen des Hoch-Mittelalters: bei BERNHARD VON CLAIRVAUX (1090–1153).

I.
Besinnlicher Lebensrat für PAPST EUGEN III.
BERNHARD VON CLAIRVAUX und seine Schrift
»Über die Besinnung«

Wer immer er war, dieser BERNHARD VON CLAIRVAUX, er war ganz gewiss jemand, der die Gabe des guten Rates besaß. Und es gab etliche unter den Großen und Größen seiner Zeit, die seinen Rat zu schätzen wussten und ihn auch eigens darum baten. Einer, dem gegenüber BERNHARD VON CLAIRVAUX sich als genialer Ratgeber zeigte, war PAPST EUGEN III., an den der Heilige seine Schrift »Über die Besinnung« [»De consideratione«] richtete. Diese Schrift ist buchstäblich eine »Denkschrift«, eine Schrift eben, die zu denken geben will und die daher durchaus auch diesen und jenen »Denkzettel« enthält. Einer von ihnen ist dieser an den damaligen Papst gerichtete »Denkzettel«:

»Wie kannst Du aber voll und echt Mensch sein, wenn Du Dich selbst verloren hast? Auch Du bist ein Mensch. Damit Deine Menschlichkeit allumfassend und vollkommen sein kann, mußt Du also nicht nur für alle andern, sondern auch für Dich selbst ein aufmerksames Herz haben. Denn was würde es Dir sonst nützen, wenn Du – nach dem Wort des Herrn (Mt 16,26) – alle gewinnen, aber als einzigen Dich selbst verlieren würdest? Wenn also alle Menschen ein Recht auf Dich haben, dann sei auch Du selbst ein Mensch, der ein Recht auf sich selbst hat. Warum solltest einzig Du selbst nichts von Dir haben? (...) Wie lange noch schenkst Du allen andern Deine Aufmerksamkeit, nur nicht Dir selber? Du fühlst Dich Weisen und Narren verpflichtet und verkennst einzig Dir selbst gegenüber Deine Verpflichtung? Narr und Weiser, Knecht und Freier, Reicher und Armer, Mann und Frau, Greis und junger Mann, Kleriker und Laie, Gerechter und Gottloser – alle schöpfen aus Deinem Herzen wie aus einem öffentlichen Brunnen, und Du selbst stehst durstig abseits? (...) Bist Du etwa Dir selbst ein Fremder? Und bist Du nicht jedem fremd, wenn Du Dir selbst fremd bist? Ja, wer mit sich selbst schlecht umgeht, wem kann der gut sein? Denk also daran: Gönne Dich Dir selbst. Ich sage nicht: tu das immer, ich sage nicht: tu das oft, aber ich sage: tu es immer wieder einmal. Sei wie für alle anderen auch für Dich selbst da, oder jedenfalls sei es nach allen anderen.«[2]

---

[2] BERNHARD VON CLAIRVAUX: De consideratione ad Eugenium Papam. Über die Besinnung an Papst Eugen, in: DERS.: Sämtliche Werke lateinisch/deutsch,

Die Schrift, der diese Sätze entstammen, hat BERNHARD VON CLAIRVAUX in seinen letzten Lebensjahren zwischen 1149 und 1153 geschrieben auf Wunsch des damaligen Papstes, seines ehemaligen Ordensschülers. Sie sollte der privaten Besinnung des Papstes dienen und stellt doch ganz und gar auch einen Traktat dar, in dem BERNHARD VON CLAIRVAUX gegen Ende seines Lebens noch einmal die ihm wichtig erscheinenden Dinge über den Menschen gebündelt zu Papier bringt. Grundlegendes und Grundsätzliches wird da von ihm ausgesagt.[3]

Ausgangspunkt seiner Überlegungen ist für BERNHARD VON CLAIRVAUX die extreme »Vielbeschäftigung« des Papstes. Das Wort, das da im lateinischen Text steht, lautet »occupatio«. In der guten Absicht, seine Amtspflichten gewissenhaft zu erfüllen – so befürchtet BERNHARD VON CLAIRVAUX –, drohe PAPST EUGEN III. früher oder später dabei selbst als Mensch auf der Stecke zu bleiben. Daher fühlt er sich gedrängt, dem Papst den Rat des »Gönne dich dir selbst!« zu geben. Und diesen guten Rat, der ja ein echter Lebensrat ist, weil er dem Gelingen des ganzen Lebens dient, weiß er für jeden Menschen bestimmt, dessen berufliche Stellung nun einmal viele Pflichten mit sich bringt, die den einzelnen dann über jedes

---

Band I-X. Herausgegeben von GERHARD B. WINKLER, Innsbruck 1990–1999, Band I, 611–841, 641 [Zitat!].

3 Der Würzburger Moraltheologe STEPHAN ERNST (* 1956) hat bereits vor einigen Jahren den gelungenen Versuch unternommen, die auch heute noch zu denken gebenden »be-sinn-lichen« Gedanken des heiligen BERNHARD VON CLAIRVAUX aus dessen Schrift »Über die Besinnung« [»De consideratione«] eingehend zu referieren und zu reflektieren. Siehe: ERNST, STEPHAN: »In sich selbst Stand nehmen«. Der Zusammenhang von Identität, Verantwortung und Glaube als Zentrum der Anthropologie Bernhards von Clairvaux, in: LAUBACH, THOMAS (HRSG.): Ethik und Identität. Festschrift für GERFRIED W. HUNOLD zum 60. Geburtstag, Tübingen – Basel 1998, 97-113.

gesunde Maß »okkupieren«. Folgerichtig betitelt Bernhard von Clairvaux diese »occupationes« dann auch so, wie sie denn häufig genug tatsächlich auch empfunden werden: als »occupationes maledictae« – als nicht gut zu heißende Dinge des beruflichen Lebens. Da spricht der Heilige eine deutliche Sprache.

Wo die Dinge der Pflicht(en) Überhand nehmen, droht das Leben aus dem Gleichgewicht zu geraten. Bernhard von Clairvaux weiß darum aus eigener leidvoller Erfahrung. Deshalb seine eindringliche Mahnung an den damaligen Papst, auch auf sich selbst aufzupassen, sich auch um sich selbst zu kümmern, auch für sich selbst Sorge zu tragen, damit er nicht den Verlust dessen erleide, was in heutiger Sprache »Work-Life-Balance« heißt.

Es ist ein Essential der »Lebenskunst« – so lehrt es die »Lebenslehre« des »Lebenslehrers« Bernhard von Clairvaux –, Sorge dafür zu tragen, dass eine »Work-Life-Balance« im eigenen Leben gegeben ist und bestehen bleibt, da ohne sie das Leben aus dem Gleichgewicht gerät. Tatsächlich begehen Menschen keinen kleinen »Lebenskunstfehler« (Odo Marquard), wenn sie übersehen und übergehen, dass es neben den Dingen der Arbeit und deren Pflichtenkreis weitere Dinge gibt, die um eines balancierten Gleichgewichts des Lebens willen eben auch wichtige Dinge sind.

II.
Die Balance zwischen Gebet und Arbeit
Ein benediktinisches »Lebensprinzip«

Innerhalb der geistlichen Tradition, in der BERNHARD VON CLAIRVAUX steht, sind neben den Dingen der Arbeit bekanntlich die Dinge des Gebets wichtige Dinge, denn das Prinzip, das geradezu als »das« benediktinische Lebensprinzip gelten kann, da es gewissermaßen die »Seele« der ganzen Ordensregel ist, nach der die Benediktinerinnen und Benediktiner bis auf den heutigen Tag leben, ist das Prinzip des »ora et labora«, des »bete und arbeite«.[4] Wenn Arbeit, dann Arbeit; wenn Gebet, dann Gebet, und beides in einem wohlgestalteten Wechsel – so ließen sich bündig und gültig Idee und Konzept einer benediktinischen Lebensbalance auf den Punkt bringen.

Ein gesunder, dem Geist des heiligen BENEDIKT VON NURSIA (um 480–547) gemäß sich gestaltender Lebensrhythmus gewinnt seine Gestalt durch den »geregelten« Wechsel zwischen dem Gebet und der Arbeit. Es gibt feste Zeiten des Gebets – und es gibt feste Zeiten der Arbeit, und das erwirkt dann »regelmäßig« die »Logik« einer Lebenskunst, die es dann tatsächlich effektiv verhindert, dass ein Benediktinermönch ertrinkt oder erstickt in seiner Arbeit bzw. – nach EUGEN ROTH – in seinen klösterlichen Pflichten untergeht. Davor bewahrt den Mönch die Welt seines Gebets als wichtiges Gegengewicht gegenüber der Welt seiner Arbeit, und

---

4 Vgl. RUPPERT OSB, FIDELIS – GRÜN OSB, ANSELM: Bete und arbeite. Eine christliche Lebensregel (Münsterschwarzacher Kleinschriften; Band 17) Münsterschwarzach 1982.

dadurch, dass er das Beten nicht weniger wichtig als das Arbeiten nimmt, verliert er dank einer guten geistlichen Balance auch nicht das Gleichgewicht.

Das Lebensprinzip des »ora et labora« brauchte BERNHARD VON CLAIRVAUX dem damaligen Papst wohl nicht in Erinnerung zu rufen; das dürfte diesem während der Jahre seines klösterlichen Lebens wohl vertraut genug geworden sein. Was BERNHARD VON CLAIRVAUX jedoch dem Papst mahnend und warnend in Erinnerung ruft, sind nach dem Wortlaut des Textes seiner Schrift »Über die Besinnung« diese Dinge:

◇ Es ist gut und tut gut, auch für sich selbst »ein aufmerksames Herz« zu haben, nicht herzlos zu sich selbst zu sein.

◇ Es ist gut und tut gut, auch sich selbst nicht »fremd« zu sein.

◇ Es ist gut und tut gut, auch (zu) sich selbst »gut« zu sein.

◇ Es ist gut und tut gut, auch für sich selbst »da« zu sein.

So oft es gelingt, den Gehalt dieser Sätze in seinem Leben umzusetzen, so oft dürfte sich erweisen, dass davon positive Wirkungen auf das eigene Leben ausgehen. Und das ist Grund genug, sich den Imperativ »Gönne dich dir selbst!«, den der heilige BERNHARD VON CLAIRVAUX gesagt hat, auch als heutiger Mensch gesagt sein zu lassen.[5] Wozu uns diese

---

5   Vgl. MÜLLER, WUNIBALD: Gönne dich dir selbst. Von der Kunst sich gut zu sein, 8. überarbeitete und neugestaltete Auflage, Münsterschwarzach 2001. Das Buch bietet eine erste lebensnahe Übersetzung des »Gönne dich dir selbst!« für Menschen der heutigen Zeit.

einzelnen Lebensregeln befähigen wollen, ist wieder und wieder dies: die geistliche »Logik« des Imperativs »Gönne dich dir selbst!« zu unserer eigenen existenziellen »Lebenslogik« werden zu lassen. Denn so oft das geschieht, so oft ist eine Lebenskunst gekannt und gekonnt, die uns davor bewahrt,

◇ irgendwann andere nicht mehr leiden zu mögen, weil wir uns selbst nicht mehr leiden mögen,

◇ irgendwann anderen mehr und mehr fremd zu werden, weil wir uns selbst mehr und mehr fremd geworden sind,

◇ irgendwann zu anderen nicht mehr gut sein zu können, weil wir nicht mehr gut zu uns selbst sein können,

◇ irgendwann nicht mehr mit anderen gut umgehen zu können, weil wir mit uns selbst nicht mehr gut umgehen können.

Doch was hat ein Mensch eigentlich zu tun, wenn er das tun will, wozu BERNHARD VON CLAIRVAUX rät, wenn er die Lebensregel »Gönne dich dir selbst!« ausruft und zu deren Befolgen aufruft? Was jemand zu tun hat, der sich auch sich selbst gönnt, ist auf alle Fälle, sich auch Zeit für sich selbst zu nehmen. Ein wenig schmunzeln wird jeder Leser, wenn er in dem Buch »Mein Weg in die Weite. Zum Grund des eigenen Lebens finden«, das ANSELM GRÜN OSB (* 14. Januar 1945), einer der bekanntesten deutschen Benediktiner, geschrieben hat, liest, dass dieser über sich selbst da schreibt: »Wichtig ist mir auch, dass ich die Arbeit loslasse, wenn ich in meine Klosterzelle komme. In die Zelle nehme ich nie Arbeit aus dem Büro mit. Und im Büro mache ich nie Überstunden.«[6]

Jeden, der beruflich gut zu tun hat, kann es schon nachdenklich stimmen, dass jemand so spricht, der lange Zeit als Cellerar für die wirtschaftlichen Belange des Klosters Münsterschwarzach zuständig war, das alles bestens auf die Reihe kriegte und daneben noch eine Tätigkeit als geistlicher Schriftsteller ausübte, der Bestseller schreibt. Und das ist längst noch nicht alles, was dieser häufig auch zu Vorträgen eingeladene Ordensmann mit durchaus passablen Managerqualitäten tut.

Vielleicht ist es gar nicht so dumm, sich von jemandem wie Pater ANSELM GRÜN OSB einfach einmal existenziell befragen zu lassen, ob unter den vielen Überstunden, die mal sein und mal auch nicht sein müssen, tatsächlich nicht doch eine Stunde zu erübrigen wäre, die wir uns als Stunde für uns selbst gönnen könnten. Denn als erstes heißt »Gönne dich dir selbst!« ganz gewiss auch: »Nimm dir Zeit für dich selbst!« Der früher einmal in Umlauf befindliche Slogan »Nimm dir Zeit und nicht das Leben!« stimmt eben auch in dem Sinn, dass die Zeit, die wir uns für uns selbst nehmen, Zeit ist, die wir zum Leben brauchen, da es Zeit ist, die uns Leben schenkt. Zufall ist es vielleicht nicht, dass gerade ein »führender« Benediktiner wie Abtprimas NOTKER WOLF OSB (* 21. Juni 1940) jüngst die Maxime »Gönn dir ZEIT. Es ist

---

6 GRÜN, ANSELM: Mein Weg in die Weite. Zum Grund des eigenen Lebens finden. Im Gespräch mit JAN PAULAS und JAROSLAV SEBEK (Herder spektrum; Band 5382), Freiburg im Breisgau 2003, 54.

DEIN LEBEN« als für uns Zeitgenossen maßgebliche Lebens-
maxime wieder in Erinnerung gerufen hat.[7]

Wenn heute Menschen mehr und mehr darauf bestehen,
sich durchaus einmal, einfach weil es sein muss, eine – berufliche – Auszeit zu nehmen, dann tun sie das wahrscheinlich deshalb, weil sie vor sich selbst zugeben müssen, dass
sie in gewissen Zeitabständen auch wieder einmal Zeit für
sich selbst brauchen. Der Terminus, der sich heute dafür
eingebürgert hat, lautet bekanntlich »Sabbatical«, und den
Hintergrund dieses Begriffs bildet der jüdische Sabbat, dessen Sinngehalt als »Ruhetag« (Ex 20,10; Dtn 5,14) auch im
christlichen Gedanken der Sonntagsruhe erhalten geblieben ist.

Der Schweizer Theologe PETER EICHER (* 5. Januar 1943)
hat in seinem bereits im Jahre 1979 für die Zeitschrift »Diakonia« geschriebenen Beitrag mit dem Titel »Der Tag des
Herrn für die Sklaven der Arbeitswelt« den beherzigenswer-
ten Gedanken entfaltet, dass die christliche Lebenspraxis,
den Sonntag zu begehen, eben »die totalitäre Herrschaft des
Arbeitsprinzips«[8] bestreitet und damit eine wahrlich gute
– da gut-tuende – Lebenspraxis ist. Tatsächlich will ja der
christliche Sonntag als Tag der Unterbrechung der Arbeit
uns Woche für Woche daran erinnern, dass es gut ist und
gut tut, (arbeits)freie Zeit zu haben als Zeit für Gott und
als Zeit für sich selbst. Feste freie Zeiten für sich selbst im
Ablauf der Woche und ebenfalls im Ablauf des Tages gilt

---

7   WOLF, ABTPRIMAS NOTKER: Gönn dir ZEIT. Es ist DEIN LEBEN, Freiburg – Basel –
    Wien 2009.
8   EICHER, PETER: Der Tag des Herrn für die Sklaven der Arbeitswelt, in: Diakonia
    10 (1979) 3-11, 4.

es sich zu sichern, denn einzig so gewinnt und behält das »Gönne dich dir selbst!« seinen festen Sitz im Leben.

Recht besehen ist alles, was auf der Sinnlinie des »Gönne dich dir selbst!« liegt, eine effektive präventive Maßnahme gegen jede Form der gern einmal auch als »workaholism« bezeichneten Arbeitssucht, die keine der kleinen Suchtgefahren unserer Zeit ist und damit eine ernst zu nehmende Sache darstellt.

Ein Mensch, der ein »Workaholic« ist, ist ein kranker Mensch. »Workaholismus« ist eine Krankheit, eine Suchtkrankheit. Gegenüber einem gesunden arbeitenden Menschen, der daneben Hobbys hat, Freundschaften und Beziehungen pflegt, verschiedene Interessen hat, für den die Dinge seiner Arbeit, die er durchaus schätzt, eben nicht alles in seinem Leben sind, kennt der Arbeitssüchtige eben nur einen Lebensinhalt, und das ist seine Arbeit. Dinge und Menschen jenseits seiner Arbeit interessieren ihn nicht und werden dementsprechend vernachlässigt. Früher oder später rächt sich das unweigerlich, wird das (lebens)gefährlich.

III.
Die Balance zwischen Liebe und Arbeit
Ein freudianisches »Lebensprinzip«

Es war kein Geringerer als Sigmund Freud (1856–1939), der Vater der Psychoanalyse, der wie Benedikt von Nursia, der Vater des abendländischen Mönchtums, der Auffassung war, dass das Gelingen des Lebens unbedingt ein Pendant zur Arbeit braucht. Der Wiener Seelenarzt brachte seine Sicht des adäquaten Stellenwerts der Arbeit im Leben des

Menschen auf die Formel »Lieben und Arbeiten«. Wie BE-
NEDIKT VON NURSIA, der seine programmatische Lebensformel
»Beten und Arbeiten« selbst nicht aufgeschrieben hat – sie
wird als sein Wort überliefert –, so hat auch SIGMUND FREUD
seine programmatische Lebensformel »Lieben und Arbeiten« selbst nicht aufgezeichnet. Dass sie uns Späteren erhalten geblieben ist, verdanken wir dem nach 1933 in die
USA emigrierten Psychoanalytiker ERIK HOMBURGER ERIKSON
(1902–1994), der in seinem »Wachstum und Krisen der gesunden Persönlichkeit« betitelten Beitrag für die Zeitschrift
»Psyche« diese Begebenheit berichtet:

> »*Sigmund Freud* wurde einst gefragt, was seiner Mei-
> nung nach ein normaler Mensch gut können müß-
> te. Der Frager erwartete vermutlich eine komplizier-
> te, ›tiefe‹ Antwort. Aber *Freud* soll einfach gesagt ha-
> ben: ›Lieben und Arbeiten‹. Es lohnt sich, über die-
> se einfache Formel nachzudenken; je mehr man es
> tut, um so tiefer wird sie. Denn wenn *Freud* ›lieben‹
> sagte, so meinte er damit ebensosehr das Verströmen
> von Güte wie die geschlechtliche Liebe; und wenn er
> sagte ›Lieben und Arbeiten‹, so meinte er damit eine
> Berufstätigkeit, die das Individuum nicht völlig ver-
> schlingt und ihm sein Recht und seine Fähigkeit, ein
> Geschlechtswesen und ein Liebender zu sein, nicht
> verkümmert.«[9]

---

9 ERIKSON, ERIK HOMBURGER: Wachstum und Krisen der gesunden Persönlichkeit,
in: Psyche 7 (1953/54) 1-31 und 112-139, 135.

So verwunderlich es ist, dass auch ein Mann wie SIGMUND FREUD einen seiner wichtigsten Gedanken selbst nicht schriftlich zu Papier gebracht hat, so verwunderlich ist es eben dann gerade nicht, dass er – wie übrigens ja BENEDIKT VON NURSIA auch – eine »Lebensphilosophie« vertritt, die das umfassend gelungene gute Leben jeweils im Zeichen eines doppelten Könnens sieht: Bei dem Vater des abendländischen Mönchtums ist es das »Beten und Arbeiten«; bei dem Vater der Psychoanalyse ist es das »Lieben und Arbeiten«. In beiden Fällen – und das ist unzweideutig das Gemeinsame der Sichtweisen beider großer Männer – ist der vertretene Standpunkt der, dass die »Partie« der Arbeit im Leben des Menschen keine »Solopartie« sein darf.

Es muss im Leben um des – gelingenden – Lebens willen – und das heißt auch: um der Gesundheit des Menschen willen – unbedingt etwas neben der Arbeit geben: sei es das Gebet, sei es die Liebe, oder was immer es sei, damit der Mensch als Mensch sich selbst nicht abhanden kommt, sich nicht selbst bei und in aller Arbeit vergisst und so in den Gefahrenkreis eines Syndroms gerät, das heute als »Burnout-Syndrom« gekannt und gefürchtet ist.

IV.
Das Burnout-Syndrom und seine Opfer

Der »FOCUS«, jenes wöchentlich erscheinende Magazin, das sich der journalistischen Devise »Fakten, Fakten, Fakten« verpflichtet weiß, hat in der Ausgabe Nr. 49 vom 4. Dezember 2006 als Titelgeschichte das Burnout-Syndrom gehabt – und das nicht ohne Grund, wissen sich heutzutage doch mehr und mehr Menschen als Opfer dieses gefährlichen Syndroms.

Die wissenschaftliche Forschung zum Burnout-Syndrom ist ein weites Feld, und weit verzweigt sind demgemäß auch die Wege dieser Forschung. Immerhin ist bemerkenswert, dass es einen Zweig der Burnout-Forschung gibt, der bei der Suche nach den Ursachen des Burnout-Syndroms das geltend macht, wofür der englische Fachterminus »occupational stress« steht. Da sind sie wieder – die »occupationes« –, die BERNHARD VON CLAIRVAUX einst als Gefahrenquelle kenntlich machte und der er durch seine eindringlich und eindrücklich mahnende Empfehlung »Gönne dich dir selbst!« vorbeugend begegnen wollte. Es ist daher überhaupt nicht übertrieben zu behaupten, BERNHARD VON CLAIRVAUX habe, ohne den Begriff »Burnout« zu kennen, die Sache »Burnout« durchaus gekannt und mit dem Verweis auf das »Gönne dich dir selbst!« die Verbreitung dieses Syndroms – durch bewusste Vorbeugung – nachhaltig unterbinden wollen.

»Burnout« ist eine Metapher, die das schreckliche Ende eines seelischen Vorgangs beschreibt, der heute mehr und mehr Opfer zu kennen scheint. Ein ganzes Bündel von Symptomen ist es, das dann das berühmt-berüchtigte Burnout-Syndrom bildet. Das Buch »Das Burnout-Syndrom. Theorie der inneren Erschöpfung« des am Fachbereich Psychologie der Universität Hamburg lehrenden Dr. MATTHIAS BURISCH (* 1944) – in der Fachwelt gilt er als einer der besten Kenner der Burnout-Forschung und wird darum salopp gelegentlich auch Mr. Burnout genannt – ist inzwischen in der 3., überarbeiteten Auflage im Buchhandel als ein exzellent gearbeitetes Standardwerk erhältlich, das den aktuellen For-schungsstand übersichtlich darstellt.[10]

Der Untertitel des Buches lässt unschwer erkennen, um welche Erfahrung es sich bei der keinem Menschen zu wün-schenden Erfahrung des Burnout eigentlich handelt. Es geht um die Erfahrung einer inneren Erschöpfung, zu der dann Symptome wie Lustlosigkeit, Lethargie, Überdruss, fehlen-de bzw. mangelnde Energie, chronische Müdigkeit, Desin-teresse und Desillusion gehören. »Burnout« gibt es überall da, wo Menschen den subjektiven Eindruck gewinnen, sie seien – um es mit Worten des Dichters RAINER MARIA RILKE (1875–1926) zu sagen – »entwürdigt durch die Müh, sinnlo-sen Dingen ohne Mut zu dienen«[11], denn besser als mit die-ser sprachlichen Wendung lässt sich das Lebensgefühl eines Menschen, der unter Burnout leidet, nicht beschreiben.

Burnout gebe es wirklich, sagt Dr. MATTHIAS BURISCH und teilte bereits 1994 in einem eigens für die Zeitschrift »Psy-chologie Heute« geschriebenen Beitrag dazu den Leser*innen die Beobachtung mit, dass Burnout nicht auf einmal aus-breche, vielmehr als ein »Prozeß«[12] zu sehen sei, »ein altes, wahrscheinlich sogar sehr altes Phänomen«[13] darstelle und als »Leiden ... zu häufig (sei), um als seltene Ausnahmeer-scheinung abgetan zu werden«[14].

---

10 BURISCH, MATTHIAS: Das Burnout-Syndrom. Theorie der inneren Erschöpfung. 3., überarbeitete Auflage, Heidelberg 2006.
11 RILKE, RAINER MARIA: Das Stunden-Buch, in: DERS.: Sämtliche Werke. Her-ausgegeben vom Rilke-Archiv in Verbindung mit RUTH SIEBER-RILKE besorgt durch ERNST ZINN, 6 Bände, Frankfurt am Main 1987, Band 1, 249-366, 346.
12 BURISCH, MATTHIAS: Ausgebrannt, verschlissen, durchgerostet, in: Psychologie Heute 21 (1994) Heft 9, 22-26, 24.
13 A. a. O. 26.
14 Ebd.

V. Veto gegen die Verdächtigung einer Liebe zu sich selbst

Mit dem Bild-Wort »Burnout« ist jedenfalls eine Bezeichnung gefunden für etwas, das viele Menschen als drohende Gefahr für ihr Leben sehen. Gern wüssten etliche Zeitgenossen, wie sie davon verschont blieben. Ihnen ist zu sagen: Es gibt ein Mittel, und es ergibt sich aus einer Lebensart als LebensArt, die die »Logik« des »Gönne dich dir selbst!« tatkräftig befolgt.

BERNHARD VON CLAIRVAUX empfiehlt jedenfalls sozusagen als wirksame Maßnahme gegen jedwede Form des Burnout das »Gönne dich dir selbst!«, denn er ist sich dessen vorbeugender Kraft gegen Burnout und dessen heilender Kraft bei Burnout sicher. Denn er selbst wusste aus eigenem – leidgeprüften – Erleben, wovon er redete, wenn er über das Lebensproblem sprach, dass Menschen sich eines wenig guten Tages vollkommen ausgebrannt und völlig erschöpft fühlen, weil sie bei der Sorge um alles und alle sich selbst dabei einfach ausgeklammert, ausgespart und ausgesperrt haben.

Wenn BERNHARD VON CLAIRVAUX als vorbeugende und heilende Maßnahme angesichts der Gefährdung, früher oder später völlig ausgebrannt und erschöpft zu sein, das »Gönne dich dir selbst!« empfiehlt, tut er das wahrlich nicht ohne guten – biblischen – Grund. Denn sein Wort »Gönne dich dir selbst!« will lediglich dafür Sorge tragen, dass gemäß dem biblischen Liebesgebot, das uns dazu auffordert, unseren Nächsten zu lieben wie uns selbst (vgl. Lev 19,18; Mt 19,19), neben der Nächstenliebe auch die Selbstliebe ihr eigenes Recht hat und behält.[15]

---

15 Vgl. HOFFMANN, MONIKA: Selbstliebe. Ein grundlegendes Prinzip von Ethos (Abhandlungen zur Philosophie, Psychologie, Soziologie der Religion und Ökumenik: N.F.; Heft 50), Paderborn – München – Wien – Zürich 2001.

V.
Veto gegen die Verdächtigung
einer Liebe auch zu sich selbst

Unmissverständlich ruft BERNHARD VON CLAIRVAUX den Papst dazu auf, auch die Liebe sich selbst gegenüber als eine »heilige« Pflicht zu begreifen und sich doch bitte diese Worte gesagt sein zu lassen: dass jeder Mensch auch »ein Recht« auf sich selbst habe, auch für sich selbst »ein aufmerksames Herz« haben dürfe, auch für sich selbst »da« und zu sich selbst »gut« sein dürfe, ja müsse.

Die Sprache, die BERNHARD VON CLAIRVAUX da spricht, ist eine Sprache, die auch Jahrhunderte später die Menschen heute erreicht und betrifft, denn taugliches Lebenswissen – Wissen, das hilft, gut zu leben – veraltet eben nicht, hat kein Verfallsdatum. Das Wort »Gönne dich dir selbst!«, das er zu seiner Zeit gesagt hat, enthält einen nachhaltig lebenswerten Rat und verkörpert darum auch für unsere heutige Zeit ein beherzigenswertes Lebenswissen, dessen Lebensbonus lebenspraktisch einzuholen und einzulösen sich in jedem Fall lohnen dürfte.

Was der Satz »Gönne dich dir selbst!« gebietet, soll(te) der Mensch tun; denn was sich dann früher oder später einstellt, ist ein Leben, das zu etwas Gutem führt und dem Menschen dann auch gut tut. So jedenfalls hat BERNHARD VON CLAIRVAUX die Dinge gesehen. Es gilt die ethische »Logik«: Gut ist, was gut tut. Nichts ist gut, was letztlich(!) nicht auch gut tut. Doch welche Dinge des Lebens sind es denn – so ist zu fragen –, die dem Menschen gut tun? Es mag gerade uns Heutigen zu denken geben, dass BERNHARD VON CLAIRVAUX im Zuge seiner Überlegungen, was denn alles dazugehört, das »Gönne dich dir selbst«! in die Tat(en) des Lebens zu übersetzen, ganz bewusst von »der wohltuenden Stille«[16] spricht.

»Gönne dich dir selbst!« – dazu gehört unerlässlich auch, so BERNHARD VON CLAIRVAUX, sich im Getriebe der tagtäglichen Dinge, das ja häufig genug auch ein lautes Getöse ist, Räume der Stille zu gönnen. Wenn, wie BERNHARD VON CLAIRVAUX betont, der Mensch auch ein Recht auf sich selbst hat, dann muss er auch ein Recht auf Stille haben. Denn Stille tut gut. Wie immer es sich zu Lebzeiten des heiligen BERNHARD VON CLAIRVAUX mit dem Verhältnis der Menschen zur Stille verhalten haben mag, heute dürfte das Verhältnis der Zeitgenossen zur Stille wohl eher ein gespaltenes sein. Denn die eine Seele des Menschen hat heutzutage, wenn der Schein nicht trügt, sowohl den Wunsch nach Stille als auch Angst vor der Stille.

Stille bewirkt, dass ich vor mich selbst gerate, dass ich auf mich selbst treffe – und das ist bisweilen unheimlich und ängstigt darum auch den Menschen. Wo Stille herrscht, besteht die reelle Chance, zu Gast zu sein bei sich selbst, als Gast einzukehren bei sich selbst. Es war der ungemein geschätzte und beliebte bayerische Komödiant KARL VALENTIN (1882–1948), der unnachahmlich einmal den Satz zum Besten gegeben haben soll: »Heute Abend besuche ich mich selbst. Hoffentlich bin ich zu Hause.« Es dürfte dann tatsächlich eine spannende existenzielle Frage sein, ob jemand »zu Hause« ist, wenn ich bei mir selbst einkehre, und wie

---

16 BERNHARD VON CLAIRVAUX: De consideratione ad Eugenium Papam. Über die Besinnung an Papst Eugen, a. a. O. 629.

groß die Wiedersehensfreude beim Besuch dieses eventuell doch (zu) lange nicht gesehenen Gastes dann letztlich ist.

Menschen brauchen Räume der Stille, wenn sie noch ein ehrliches Interesse daran haben, die Innenräume ihres eigenen seelischen Lebensgebäudes kennenzulernen, und wissen wollen, wie es drinnen in ihnen ausschaut und was drinnen in ihnen eigentlich so alles los bzw. nicht los ist. Stille ermöglicht dem Menschen den Weg zu sich selbst, und diesen Weg gehen heißt einen inneren Weg gehen, der sicher für Überraschungen von uns selbst mit uns selbst gut ist. Es wäre auf alle Fälle ganz im Sinne dessen, was BERNHARD VON CLAIRVAUX dazu zu sagen wüsste, von Zeit zu Zeit ein Still(e)halte-Abkommen mit sich selbst zu vereinbaren und dieses auf keinen Fall zu brechen. Stille aushalten heißt sich aushalten, und das ist weiß Gott nicht leicht. Leichter ist es, vor der Stille und damit dann auch vor sich selbst davonzulaufen. Doch wer vor sich selbst davonläuft, kann nachweislich lange laufen.

Warum sind so viele Menschen, die gern ins Kino gehen, so begeistert von dem Film »Die große Stille«, den PHILIP GRÖNING (* 7. April 1959) über die »Grande Chartreuse«, das Mutterkloster des legendären Schweigeordens der Kartäuser in den französischen Alpen, gedreht hat, der im November 2005 Premiere hatte und in etlichen Kinos gezeigt wurde? Hat die Begeisterung darin ihren Grund, dass es in dieser Welt das noch in reichem Maße gibt – Stille eben –, was in der Welt, in der wir leben, längst eine überaus knappe Ressource geworden ist?

Stille-Halten und Still-Halten – beides ist ein essentieller Teil der Lebenskunst, die das »Gönne dich dir selbst!« meisterhaft beherrscht. Und das hat einen guten theologischen Grund. Denn wann und wo wir Stille halten und still halten, da bekommen wir es nicht nur mit uns selbst, da bekommen wir es auch mit Gott zu tun. Keiner hat das besser gewusst und besser erklärt als MARTIN LUTHER (1483–1546) in einer seiner Predigten, als er seine Zuhörerschaft einmal mit einem Gottesbild, das zugegebenermaßen aus dem Rahmen fällt, konfrontiert hat. Seine Zuhörerinnen und Zuhörer dürften wohl nicht wenig erstaunt gewesen sein, als der, der da predigte, ihnen Gott als »Wirt« und nicht als »Hirt« vorstellte, was dann so klang:

»Gott wollte gern geben, aber wir stehen da wie ein verrückter Bettler. Wir halten den Hut auf, damit er uns etwas hineinwerfe, und rütteln doch den Hut ohne Unterlaß und wollen nicht stillhalten. Wenn du eine Kanne oder Flasche in Händen hättest und begehrtest, man solle dir Wein hineingießen, und würdest sie nun mit der Hand immer hin und her schleudern, – das würde einen sehr unwilligen Wirt machen, vor allem dann, wenn er dir den Wein schenken und kein Geld dafür nehmen wollte. Er würde sagen: Trolle dich! Meinst du, ich wolle den Wein auf die Erde gießen?«[17]

---

17 Dieser Textabschnitt findet sich in der so genannten »Hauspostille« aus dem Jahre 1544. Diese stellt eine Sammlung und Bearbeitung von Predigten Martin Luthers durch seinen Schüler VEIT DIETRICH dar. Siehe: D. Martin Luthers Werke. Kritische Gesamtausgabe, 52. Band, Weimar 1915, wo die »Hauspostille« auf den Seiten 1-733 abgedruckt ist: Die Predigt, der der Textabschnitt entnommen ist, ist auf den Seiten 403-468 nachzulesen, der Textabschnitt selbst auf der Seite 464. Was gewissermaßen den »Urtext« der Predigt betrifft, so handelt es sich um eine Predigt Martin Luthers vom

Die Zeit, die wir Menschen uns gönnen zum Stille-Halten und zum Still-Halten, gönnen wir uns selbst und – so die These dieses Textes – wir gönnen sie Gott. Und so oft wir uns selbst wenigstens von Zeit zu Zeit eine Zeit der Stille *verordnen* und diese Zeit als feste Zeit in unserem Leben *verorten*, so oft geben wir Gott damit die Chance, sich so an uns zu wenden und so in uns zu wirken, wie Er sich wenden und wirken will. »Gönne dich dir selbst!« – das heißt demnach auch, sich von Gott, dem guten – da spendierfreudigen – »Wirt«, großzügig einschenken zu lassen, was er einschenken will: seine »gratia« – seine Gnade –, die Er immer »gratis« gibt. Wer sich demnach sich selbst gönnt, tut sich damit etwas Gutes, weil er so Gott die Chance gibt, ihm etwas Gutes zu tun.

Eines der geistreichsten Gedichte, die der Augsburger Dichter Bertolt Brecht (1898–1956) geschrieben hat, lautet:

Keinen verderben lassen, auch nicht sich selber
Jeden mit Glück zu erfüllen, auch sich, das
Ist gut.[18]

Der Geist dieses kleinen Gedichts ist auch der Geist des »Gönne dich dir selbst!«. Bernhard von Clairvaux hätte es selbst nicht besser sagen können.

---

14. September 1533 am 14. Sonntag nach Trinitatis über Lukas 17, 11-19. Siehe: D. Martin Luthers Werke. Kritische Gesamtausgabe, 37. Band, Weimar 1910, wo die Predigt auf den Seiten 146-148 abgedruckt ist.

18 Brecht, Bertolt: Gedichte über die Liebe. Ausgewählt von Werner Hecht, Frankfurt am Main 1982, 219.

Vom Glück der Freundschaft
Erkundungen und Erkundigungen

»Es gab, hatte Arthur Daane gelernt, verschiedene Arten von Freundschaft, doch nur eine, die auf so etwas Altmodischem wie gegenseitiger Achtung basierte, war die Mühe wert.«

> CEES NOOTEBOOM: Allerseelen. Roman. Aus dem Niederländischen von HELGA VON BEUNINGEN (suhrkamp taschenbuch 3163), Frankfurt a. M. 1999, 88.

»Man braucht nicht viele Freunde, aber auf die, die man hat, sollte man sich verlassen können.«

> HENNING MANKELL: Treibsand. Was es heißt, ein Mensch zu sein. Aus dem Schwedischen von WOLFGANG BUTT, Wien 2015, 158.

»Das Letzte, was man findet, wenn man ein Werk schreibt, ist, dass man weiß, womit man anfangen soll.« schreibt der französische Mathematiker und Philosoph BLAISE PASCAL (1623–1662) in einer seiner berühmten »Pensées« einmal. Sein Gedanke trifft wohl auf jedes Anfangen zu: das Anfangen von Seminararbeiten, von Bachelor- und Masterarbeiten, von Doktorarbeiten und ganz sicher auch auf das Anfangen eines kleinen Essays zu den Dingen der Freundschaft. Stets ist da die Frage: Womit anfangen? Gelegentlich kommt einem dann doch der Zufall zur Hilfe. Mir erging es jedenfalls so. Denn als ich so überlegte, was wohl ein guter Anfang, ein geeigneter »Aufhänger«, sein könnte, den

Leser*innen das »Glück der Freundschaft« gedanklich nahezubringen, entdeckte ich ganz zufällig etwas, das mir ein passender Schlüssel zu sein schien, die Tür zu den Dingen der Freundschaft und dem Glück, das sie verspricht, zu öffnen.

I.
»Hello darkness, my old friend« – eine wahre Geschichte

Manchmal ergeht es einem so, dass man etwas dort nicht findet, wo man es sucht, und manchmal so, dass man etwas dort findet, wo man es gar nicht gesucht hat. Mir geschah das Letztere. Ich fand, was ich suchte; doch fand ich es nicht dort, wo ich (es) gesucht hatte, vielmehr dort, wo (es) zu suchen mir überhaupt nicht in den Sinn gekommen wäre.

Ort meines dankbaren Fundes war die Nummer 49 der Zeitschrift »tv hören und sehen« des Jahres 2018, wo auf den Seiten 6 und 7 unter dem Titel »Ein Freund in der Finsternis« diese Geschichte erzählt wurde:

Als sich Arthur Garfunkel und Sanford Greenberg begegnen, ist es Freundschaft auf den ersten Blick. Es ist ihr erster Tag an der Columbia University in New York, damals 1958. Heute sind Art und Sandy beide Ende 70. Sie haben fast ihr ganzes Leben miteinander verbracht: der eine ein Weltstar, der andere einer der erfolgreichsten Manager und Erfinder der USA. Doch dass sie zu den Menschen wurden, die sie heute sind, verdanken sie allein einander – und einem Pakt zwischen zwei Teenagern, die geschworen hatten, sich in Krisenzeiten niemals im Stich zu lassen.

Aus Licht wird Dunkelheit

Als das Schicksal zuschlägt, sind aus den Freunden und Zimmergenossen längst so etwas wie Brüder geworden. Sie denken gleich, sie fühlen gleich. Doch dann wird Sandy krank. Immer wieder trübt sich ohne Vorwarnung sein Blick. Er kann dann die Welt um sich nur noch schwer wahrnehmen. Die Ärzte vermuten zunächst eine harmlose Bindehautentzündung. Doch als Sandy mitten in der Abschlussprüfung nichts mehr sehen kann, ahnt er Böses. Er fliegt nach Hause und erhält dort die niederschmetternde Diagnose Glaukom (»Grüner Star«). Dabei handelt es sich um eine Krankheit, bei der der Sehnerv oft durch einen zu hohen Augeninnendruck geschädigt wird. Sandy lässt sich operieren – ohne Erfolg.

1961, mit gerade einmal 20 Jahren erblindet Sandy. Dem jungen Mann aus armen Verhältnissen, der mit nur einem Koffer, aber dafür einem Stipendium nach New York kam und sich damals für den glücklichsten Menschen auf der Welt hielt, kommt der Lebensmut abhanden. Er weigert sich, sein Schlafzimmer zu verlassen. Nur zwei Menschen dürfen zu ihm: Sue, seine Freundin seit der zehnten Klasse und spätere Frau. Und natürlich Art, er beschwört ihn: »Du musst an die Uni zurück. Ich werde für dich sorgen, ich habe es dir doch versprochen!«

Ein Freund in der ewigen Nacht

»In erster Linie hat sich Arthur um mich gekümmert«, erinnert sich Sandy. Art nimmt ihn mit in den Unterricht, führt ihn hierhin und dorthin. Er repariert das Tonbandgerät, auf das Sandy Vorlesungen aufnimmt, wenn es kaputtgeht. Wenn Sandy sich die Schienbeine blutig stößt, was oft vorkommt, bandagiert Art sie. Oder er liest ihm aus seinen Lehrbüchern vor. Art bezeichnete sich dann selbst immer als ›Dunkelheit‹. Er sagte dann Dinge wie ›Die Dunkelheit wird dir heute helfen. Sie wird dir aus Virgil's Aeneis vorlesen.‹ Seine Stimme hatte die Macht, die Schwärze um mich herum zu durchdringen, darum nannte er sich selbst ›Dunkelheit‹.« Das alles tut er für seinen Freund neben seinem Architektur-Studium und seiner wahren Leidenschaft: Seit er 12 Jahre alt ist, macht er nämlich Musik mit seinem Schulfreund Paul Simon.

Wenn aus Verzweiflung neuer Lebensmut wächst

»Über die ganze Sache hat Art nie ein Wort verloren«, sagt Greenberg. »Was er für mich getan hat, tat er ohne darum gebeten worden zu sein und doch mit solch einer Hingabe ... ich stehe tief in seiner Schuld. Das ist eine Schuld, die ich nie richtig begleichen kann, weil sie sich überhaupt nicht bemessen lässt.«

Besonders ein Ereignis ist Sandy dabei in lebhafter Erinnerung geblieben. Denn auch wenn er unter Arts Bemühungen schnell aufzublühen scheint, wieder Bestnoten an der Uni schreibt, so hat er jegliches Selbstvertrauen verloren. Sandy wagt es nicht, nur einen Schritt allein zu machen. Und dann geschieht das Folgende: Eines späten Nachmittags findet sich Sandy nach einem Streit mit Art plötzlich allein in der New Yorker Grand Central Station wieder. Für einen kurzen Moment hofft er, dass ihn einfach ein Zug treffen würde, nur um alles zu beenden. So groß ist seine Verzweiflung. Sandy steht wütend, allein, blind und desorientiert in einem der verkehrsreichsten Bahnhöfe der Welt. Er rempelt eine Frau an. Er stolpert über einen Kinderwagen. »Ich wollte sowohl tot als auch lebendig sein«, erinnert sich Greenberg. Irgendwie schafft er es dennoch, in den richtigen Zug zu steigen und in der Nähe von Broadway und 116th Street auf dem Columbia-Campus aufzutauchen. Dort stößt ein Mann gegen ihn und entschuldigt sich mit: »Hoppla, es tut mir leid.« Die vertraute Stimme seines Freundes Art Garfunkel. Er ist ihm nicht nur die ganze Zeit gefolgt, sondern hatte die ganze Situation sogar inszeniert, um ihm zu zeigen, dass der Blinde sehr wohl für sich selbst sorgen kann. »Diese Episode definiert mich bis heute«, sagt Sandy. »Als ich aus der U-Bahn an der Uni ausstieg, hatte ich augenblicklich eine andere Weltanschauung. Ich hatte keine Zweifel und keine Angst mehr.«

Eine gute Tat, die dein Leben verändert

Sandy schließt sein Studium mit Auszeichnung ab und bekommt ein Stipendium für die Elite-Universität Oxford. Dort ruft ihn Art Garfunkel an: »Sandy, ich bin wirklich unglücklich. Ich will das alles nicht mehr machen. Ich schmeiße mein Studium hin ...« »Was willst du stattdessen tun?« »Wenn ich etwas wirklich liebe, dann zu singen. Ich habe einen Highschool-Freund, der Gitarre spielt. Wir wollen unser Glück im Musikgeschäft versuchen. Kannst du mir Geld für die Album-Aufnahmen leihen?« Sandy hat damals exakt 404 Dollar auf dem Konto. Sein gesamtes Erspartes. »Art bat mich um 400 Dollar. Ich habe keinen Moment gezögert.« Sandy wird es nie bereuen. Im Gegenteil. Das Album »The Sound of Silence« wird ein Welterfolg. Für »Simon & Garfunkel« ist es der Beginn einer beispiellosen Karriere. Doch als Sandy »The Sound of Silence« zum ersten Mal hört, weiß er, dass dieses Album weit mehr ist als das. Denn der gleichnamige Song beginnt mit den Zeilen ihrer Freundschaft: »Hello darkness, my old friend, I've come to talk with you again.« Ein Lied als Denkmal für die Freundschaft.

»Ziemlich beste Freunde« – ja, das waren die beiden: Art und Sandy. Und ihre Freundschaft hat ihnen Glück beschert. Gemeinsam sind sie durch dick und dünn gegangen, haben gerade auch in schweren Zeiten zueinander gehalten, konnten sich aufeinander verlassen, waren füreinander da.

II.
Eine geliehene Bücherkiste
und ein zauberhaftes Märchen

Dass einem eine Kollegin, ein Kollege einmal ein Buch leiht, das kommt vor. Dass es einmal eine ganze Bücherkiste ist, ist eher selten. Doch auch das gibt es. Vor einiger Zeit überließ mir die Präsidentin unserer Universität, Frau Kollegin Prof. Dr. GABRIELE GIEN – sie ist Inhaberin des Lehrstuhls für Didaktik der deutschen Sprache und Literatur –, eine ganze Kiste voller Bücher – Kinderbücher. »Nimm doch einmal dieses oder jenes Kinderbuch in die Hand und lies darin! Da werden wunderbare Geschichten erzählt«, sagte sie mir, als ich mich verabschiedete und die ganze Kiste mit den Kinderbüchern mitnahm.

Gleich das erste Buch, das ich der Bücherkiste – einer wahren Schatzkiste – entnahm, um es zu lesen, war ein Buch, das den Titel trug »Die vier Glückssucher«. Verfasst hat es die 1977 in Rotenburg an der Wümme geborene, beruflich in einer Kindertagesstätte als Erzieherin tätige MAREN KIEPSEL. Das Kinderbuch ist ihr literarisches Debüt, und darin erzählt sie eine Geschichte von einer Schildkröte, einem Igel, einem Maulwurf, einem Hasen und dem, was diese phantastischen Vier so alles miteinander erleben.[19]

Eine Schildkröte macht sich auf den Weg – so beginnt die Geschichte –, um ihr Glück zu suchen. Unterwegs begegnet sie zunächst einem Igel, dann einem Maulwurf und dann noch einem Hasen, die sich zu ihr gesellen. Viele Tage

---

19 Die vier Glückssucher. Eine Geschichte von MAREN KIEPSEL mit Bildern von BARBARA RZEPA-LEICHSENRING, Zürich 2008.

und Nächte sind die vier Glückssucher gemeinsam unterwegs, und eines Abends erzählt die Schildkröte ihren tierischen Weggefährten wieder einmal die uralte Geschichte vom Glück:

»Das Glück«, so sagte sie, »ist in einer Truhe in einem großen, dunklen Wald versteckt. Und wer sie öffnet, soll sein ganzes Leben lang nur noch Glück haben.«

In dieser Nacht schliefen die vier Freunde besonders tief.

Doch als die vier Freunde die Schatztruhe des Glücks endlich mitten in einem großen Wald entdecken, sind sie maßlos enttäuscht, denn die Schatztruhe ist leer.

Die Schildkröte sank zusammen und begann bitterlich zu weinen:

»Warum ist die Truhe leer? Ist uns jemand zuvorgekommen und hat das Glück genommen? Sind wir nun den ganzen weiten Weg umsonst gegangen?«

Auch die anderen ließen die Köpfe hängen.

Plötzlich sagte der Maulwurf: »Auch wenn in der Truhe kein Glück ist, ich bin froh, dass ich mit euch gehen durfte. Ohne euch hätte ich es niemals so weit geschafft.«

»Das stimmt«, sagte der Hase. »Auch ich hätte nie eine so glückliche Zeit erlebt, wenn ich euch nicht vor die Füße gerollt wäre.«

Der Igel dachte nach: »Nie habe ich mich so wohl gefühlt wie mit euch. Auch wenn ich stachelig bin, haltet ihr zu mir und stört euch nicht daran.«

Die Schildkröte hob den Kopf und lächelte:

»Hm, ihr habt Recht. Wenn man Freunde hat, ist es einfacher, langsam, stachelig, blind oder ungeschickt zu sein. Wir wissen zwar nicht, was in der Truhe war, oder ob je etwas drin gewesen ist, aber wir vier haben doch das Glück gefunden.«

Die Freunde sahen einander zufrieden an und umarmten sich.

Dann machten sie sich auf den Heimweg.

Bald schon stolperte der Hase über eine Baumwurzel.

»Wie ungeschickt von mir!« sagte er, sprang aber auf und rief:

»Lasst uns gemeinsam das nächste Abenteuer suchen!«

»Spitze«! rief der Igel, »Gute Idee.«

»Ist es noch weit?« fragte der Maulwurf.

»Immer mit der Ruhe«, antwortete die Schildkröte.

Damit endet die Geschichte, die MAREN KIEPSEL in ihrem Kinderbuch »Die vier Glückssucher« erzählt, das ebenso, wie es ein Buch für die Kleinen ist, auch ein Buch für uns Große ist. Und welches Motto würde zu der Geschichte dieses Buches besser passen als das Motto »Gemeinschaft, die Freu(n)de macht«. Denn die Geschichte gibt denen nicht Recht, die mit FRIEDRICH NIETZSCHE (1844–1900) meinen, dass jede Gemeinschaft irgendwie, irgendwo, irgendwann gemein macht[20], sie gibt denen nicht Recht, die mit ARTHUR SCHOPENHAUER (1788–1860) der Auffassung sind, dass die Freundschaft den »kolossalen Seeschlangen« gleiche, von denen man auch nicht sicher wisse, ob sie lediglich ins Reich der Fabeln gehören oder tatsächlich existieren.[21] Recht gibt die Geschichte denen, die wissen, dass die Gemeinschaft echter Freundschaft wahrlich nicht gemein macht, vielmehr dort, wo sie tatsächlich existiert, als gelungene Umgangsform eine Kostbarkeit darstellt, in welcher »mehr Glück, als man verkraften kann«[22], steckt.

Kein Zweifel, dass gute Freundschaften ein großes Glück sind. Doch wo wohnt dieses Glück, wie lässt es sich suchen und entdecken? Die Freundschaftsgeschichte, die MAREN KIEPSEL erzählt, ist – und dies wohl keinesfalls zufällig – eine Weggeschichte. Denn so ist es ja tatsächlich: Freundschaften entstehen unterwegs – da, wo Menschen ihre(r) Wege gehen – quasi nebenbei und nebenher. Die Sache, die sich Mal um Mal begibt, ist die: Wenn man es bemerkt, ist man es schon: befreundet.

---

20 »Jede Gemeinschaft macht, irgendwie, irgendwo, irgendwann – ›gemein‹.« So FRIEDRICH NIETZSCHE in seiner 1886 erschienenen Schrift »Jenseits von Gut und Böse«. NIETZSCHE, FRIEDRICH: Jenseits von Gut und Böse. Vorspiel einer Philosophie der Zukunft, in: DERS.: Werke. Herausgegeben von KARL SCHLECHTA, 5 Bände, Frankfurt am Main – Berlin – Wien 1976, Band III, 9–205, 195 [Neuntes Hauptstück. Was ist vornehm Nr. 284].

21 SCHOPENHAUER, ARTHUR: Aphorismen zur Lebensweisheit, in: DERS.: Werke in fünf Bänden, herausgegeben von LUDGER LÜTKEHAUS, Band IV, Zürich 1988, 450.

22 STRAUSS, BOTHO: Paare, Passanten, München 1984, 81.

III.
»Wahre« Freundschaft und nicht »Ware« Freundschaft

Freundschaft ist ein ernstes Wort. Mit ihm ist etwas bezeichnet, das nicht erzwungen und errungen werden kann, wohl jedoch etwas, das man sich schenken lassen kann, mit dem man beschenkt werden kann. Freundschaft ist ein wechselseitiges Geschenk, das Freunde einander machen und sich so das Band einer Gemeinschaft, die sie beglückt, erwirken.

Wahre Freundschaft ist daher eines auf gar keinen Fall: ein käuflich(es) Ding. Keiner hat das besser gewusst als der französische Dichterpilot Antoine de Saint-Exupéry (1900–1944), dem die Welt Worte verdankt, die etlichen Menschen unendlich viel bedeuten. Die vielleicht wichtigsten und bekanntesten dieser Worte stehen wohl in seinem Märchen »Der kleine Prinz«[23], und darunter sind nicht zuletzt auch Worte darüber, wie es sich mit der Freundschaft verhält.

Der siebente Planet, den der kleine Prinz auf seiner Tour d'Horizon eines Tages besucht, ist unser Planet: die Erde. Dort macht er die Bekanntschaft eines Fuchses, der ihm nach und nach zu einem wahren Lehrmeister in Sachen Freundschaft wird während eines Gesprächs, das beide miteinander führen:

»Ich suche die Menschen«, sagte der kleine Prinz. »Was bedeutet ›zähmen‹?«

»Die Menschen«, sagte der Fuchs, »die haben Gewehre und schießen. Das ist sehr lästig. Sie ziehen

---

23 Saint-Exupéry, Antoine de: Le petit prince, Paris 1946, dt.: Der kleine Prinz. Mit Zeichnungen des Verfassers, Düsseldorf 1956.

auch Hühner auf. Das ist ihr einziges Interesse. Du suchst Hühner?«

»Nein«, sagte der kleine Prinz, »ich suche Freunde. Was heißt ›zähmen‹?«

»Das ist eine in Vergessenheit geratene Sache«, sagte der Fuchs. »Es bedeutet: sich ›vertraut machen‹.«

»Vertraut machen?«

»Gewiß«, sagte der Fuchs. »Du bist für mich noch nichts als ein kleiner Knabe, der hunderttausend kleinen Knaben völlig gleicht. Ich brauche dich nicht, und du brauchst mich ebenso wenig. Ich bin für dich nur ein Fuchs, der hunderttausend Füchsen gleicht. Aber wenn du mich zähmst, werden wir einander brauchen. Du wirst für mich einzig sein in der Welt. Ich werde für dich einzig sein in der Welt ...«

»Ich beginne zu verstehen«, sagte der kleine Prinz. [...]

Der Fuchs verstummte und sah den Prinzen lange an:

»Bitte ... zähme mich!« sagte er.

»Ich möchte wohl«, antwortete der Prinz, »aber ich habe nicht viel Zeit. Ich muss Freunde finden und viele Dinge kennenlernen.«

»Man kennt nur die Dinge, die man zähmt«, sagte der Fuchs. »Die Menschen haben keine Zeit mehr, irgendetwas kennenzulernen. Sie kaufen alles fertig in den Geschäften. Aber da es keine Kaufläden für Freunde gibt, haben die Leute keine Freunde mehr. Wenn du einen Freund willst, so zähme mich!«

»Was muß ich da tun?« sagte der kleine Prinz.

»Du mußt sehr geduldig sein«, antwortete der Fuchs.
»Du setzt dich zuerst ein wenig abseits von mir ins
Gras. Ich werde dich so verstohlen, so aus dem Augen-
winkel anschauen, und du wirst nichts sagen. Die Spra-
che ist die Quelle aller Missverständnisse. Aber jeden
Tag wirst du dich ein bißchen näher setzen können ...«[24]

Vor sprachlichen Missverständnissen ist wohl am ehesten
dort zu warnen, wo es um das »einander brauchen« in der
Freundschaft geht. Denn brauchen und brauchen sind ja
nicht einfach dasselbe. Gewiss gilt: Ein Freund ist der, der
zur Stelle ist, wenn man ihn braucht. Doch wie verhält es
sich damit – näherhin betrachtet? Mit einigem Recht lässt
sich wohl unmissverständlich diese Behauptung vertreten:
Unechte und unreife – und damit noch eine Vorstufe zu
wahrer und echter – Freundschaft folgt dem Grundsatz: »Du
bist mein Freund, weil ich dich brauche.« Echte und reife
Freundschaft hingegen folgt dem Grundsatz: »Ich brauche
dich, weil du mein Freund bist.«[25]

In einem Brief an seinen besten Freund, LÉON WERTH
(1878–1955), dem er einst auch sein Buch »Der kleine Prinz«
widmete, hat ANTOINE DE SAINT-EXUPÉRY nach Art eines Be-
kenntnisses unzweideutig ausgedrückt und ausgeführt, was

---

24 A. a. O. 66f.
25 Inspiriert ist diese gedankliche Gegenüberstellung durch die Unterschei-
dung die ERICH FROMM (1900–1980) in Bezug auf die unreife und die reife
Liebe trifft, wenn er schreibt: »Die kindliche Liebe folgt dem Grundsatz: ›Ich
liebe, weil ich geliebt werde.‹ Die reife Liebe dagegen folgt dem Grundsatz:
›Ich werde geliebt, weil ich liebe.‹ Die unreife kindliche Liebe sagt: ›Ich liebe Dich, weil ich Dich brauche.‹ Die reife Liebe sagt dagegen: ›Ich brauche
Dich, weil ich Dich liebe.‹« FROMM, ERICH: Die Kunst des Liebens (Ullstein
Buch Nr. 258), Frankfurt a. M. – Berlin – Wien 1978, 63.

einzig und allein »brauchen« in der Freundschaft heißen kann und darf, und zwar so:

»Darum, mein Freund, brauche ich so sehr Deine Freundschaft. Ich dürste nach einem Gefährten, der, jenseits der Streitfragen des Verstandes, in mir den Pilger dieses Feuers sieht. Ich habe das Bedürfnis, manchmal die künftige Wärme vorauszukosten und mich auszuruhen, ein bißchen außerhalb meiner selbst, in der Zusammenkunft, die wir haben werden. Ich bin aller Streite, aller Abschließungen, aller Glaubensnot so müde! Zu Dir kann ich kommen, ohne eine Uniform anzuziehen oder einen Koran hersagen zu müssen; kein Stück meiner inneren Heimat brauche ich preiszugeben. In Deiner Nähe habe ich mich nicht zu entschuldigen, nicht zu verteidigen, brauche ich nichts zu beweisen, ich finde den Frieden wie in Tournus. Über meine ungeschickten Worte, über die Urteile hinweg, die mich irreführen können, siehst Du in mir einfach den Menschen. Du ehrst in mir den Boten eines Glaubens, gewisser Gewohnheiten und besonderer Zuneigungen. Wenn ich auch anders bin als Du, so bin ich doch weit davon entfernt, Dich zu beeinträchtigen; ich steigere Dich vielmehr. Du befragst mich, wie man den Reisenden befragt.

Ich, der ich wie jeder das Bedürfnis empfinde, erkannt zu werden, ich fühle mich in Dir rein und gehöre zu Dir. Ich muß dorthin gehen, wo ich rein bin. Weder meine Bekenntnisse noch meine Haltung haben Dich darüber belehrt, wer ich bin. Dein Jasagen zu dem, was ich bin, hat Dich gegen Haltung und Bekenntnis nachsichtig gemacht, sooft es nötig war. Ich weiß Dir Dank dafür, daß Du mich so hinnimmst, wie ich bin. Was habe ich mit einem Freunde zu tun, der mich wertet? Wenn ich einen Hinkenden zu Tisch lade, bitte ich ihn, sich zu setzen, und verlange von ihm nicht, daß er tanzte.

Mein Freund, ich brauche Dich wie eine Höhe, in der man anders atmet.«[26]

Der beste Freund ist der feste Freund. »Ziemlich beste Freunde« sind ziemlich feste Freunde. Feste Freundschaften sind darum erklärtermaßen ein erhofftes, ein erwünschtes, ein erträumtes, ein ersehntes Glück des Menschen. Und weil dem so ist, brauchen freundschaftliche Verbindungen auch ein gewisses Maß an Verbindlichkeit, das um der bestehenden Freundschaft willen nicht unterschritten werden darf, ohne diese selbst in ihrem Bestand zu gefährden.

IV.
Hoher Stellenwert der Freundschaft

Jemand, der einmal die ebenso schmerzliche wie traurige Erfahrung machen musste, dass (s)ein Freund offenkundig den verbindend-verbindlichen Charakter ihrer scheinbar als fest geglaubten freundschaftlichen Beziehung nicht so einstufte, ist der bayerische Kabarettist GÜNTER GRÜNWALD (* 27. November 1956). Einem neuen Programm, mit dem er einst

---

26 SAINT-EXUPÉRY, ANTOINE DE: Lettre à un otage, Paris 1941, dt.: Bekenntnis einer Freundschaft, Düsseldorf 1955, 36f.

von Bühne zu Bühne zog, hatte er den Titel »Definitiv vielleicht« gegeben, und dieser geht auf eine selbst erlebte – unglückliche – Begebenheit zurück, die GÜNTER GRÜNWALD so erzählt:

»Als ich vor einigen, ganz wenigen Jahren, die Einladungen zu den Feierlichkeiten anlässlich meines 60. Geburtstages verschickte, um zu ermitteln, ob ich nach Auswertung der Rückmeldungen für das Fest die Saturn-Arena in Ingolstadt mieten muss oder ob das Nebenzimmer vom Schutterwirt reicht, bekam ich von einem Herrn, der bis zum Tag seiner Rückmeldung mein Freund war, folgende Antwort: ›Mensch Günter, vielen Dank für die Einladung, ich komme definitiv vielleicht.‹«[27]

Das ist eine vermeintlich lustige Geschichte; eher wohl eine solche, die nachdenklich stimmt. Und das gilt auch für die Geschichte, die jetzt folgt. LADISLAUS BOROS (1927–1981), einst einer der vielen begeisterten Hörerinnen und Hörer des Münchener Religionsphilosophen ROMANO GUARDINI (1885–1968), erzählt in seinem Buch »Offenheit des Geistes. Begegnungen« davon, dass während einer Vorlesung, die ROMANO GUARDINI hielt, sich plötzlich die Tür des Hörsaals öffnete.

»Ein Mann kam hastig herein und stieg zu Romano Guardini aufs Podium. Er sagte ihm ein paar Worte, worauf Guardini sich zum Auditorium mit den Worten wand-

---

27 Definitiv unterhaltsam: GÜNTER GRÜNWALD tritt mit neuem Programm »Definitiv vielleicht« in Münchsmünster auf, in: Eichstätter Kurier Nr. 233, Mittwoch, 9. Oktober 2019, 17.

te: ›Meine Damen und Herren! Eben erhalte ich die Nachricht, daß ein Freund von mir in Not ist. Freundschaft bedeutet für mich mehr als Vorlesung. Seien Sie mir bitte nicht böse, wenn ich nun die Vorlesung unterbreche, um einem Freund zu helfen!‹ Und niemand fühlte sich beleidigt. Alle verstanden die Beweggründe Guardinis und auch die Vornehmheit, welche seine Handlungsweise diktierte, aber auch was darin zum Ausdruck kam: die innere Rangordnung der Dinge und der Verpflichtungen.«[28]

Ein Freund ist jemand, der für mich da ist, wenn ich ihn brauche. Das Ethos des »Ich bin für Dich da, mein Freund, wenn Du mich brauchst« ist das Ethos der Freundschaft. So hat offenkundig ROMANO GUARDINI die Dinge der Freundschaft gesehen und gelebt. Unübersehbar und unübergehbar ist jedenfalls der entscheidende Hinweis, den die Logik dieser kleinen Geschichte gibt. In jeder echten Freundschaft lebt etwas von der Sehnsucht nach einem, der zu mir steht und da ist, wenn ich ihn brauche, nach einem, auf den Verlass ist. Das Einstehen des einen für den anderen und das des anderen für den einen – that's what friends are for. Es ist anzunehmen, dass jene Stunde, als ROMANO GUARDINI sich spontan entschloss, die Vorlesung Vorlesung sein zu lassen, um zu seinem Freund zu eilen, seinen damaligen Student*innen als eine Sternstunde unter seinen Vorlesungsstunden im Gedächtnis blieb, da sie ihnen über das hinaus, was Worte und Sätze über Freundschaft zu sagen vermögen, direkt er-

---

28 BOROS, LADISLAUS: Vornehmheit. Romano Guardini, in: DERS.: Offenheit des Geistes. Begegnungen, Olten und Freiburg im Breisgau 1977, 115-133, 117.

schloss, was es heißt, eines Freundes Freund, einem Freund ein Freund zu sein.

Ganz sicher formulierte der griechische Philosoph ARISTOTELES (384–322 v. Chr.) einst eine zeitlos gültige Einsicht, als er gleich zu Beginn des achten Buches seiner Nikomachischen Ethik schrieb: »Denn ohne Freunde möchte niemand leben, auch wenn er die übrigen Güter alle zusammen besäße«[29]. Die zeitgenössische Dignität seiner philosophischen These wird durch die aktuelle soziologische Forschung, die sich der Sozialform der Freundschaft widmet und deren hohen gesellschaftlichen Stellenwert eindeutig nachweisen kann, belegt.

Eine 2013 in Hamburg erschienene Studie, die sich eingehend mit dem Gebiet einer Soziologie der Freundschaft befasst, nähert sich dem Thema Freundschaft über 26 biografische Interviews.[30] Neben einer ganzen Reihe weiterer Fragen wurde auch die Frage gestellt: Was ist etwas Wichtiges, das ein guter Freund oder eine gute Freundin für dich getan hat? Erwartet hatte der Forscher, wie er versichert, »die Beschreibung sehr partikulärer Situationen und eine Reihe sehr spezifischer Unterstützungspraktiken (etwa: Der Freund/die Freundin hat mir geholfen, mich auf eine schwere Prüfung vorzubereiten, hat mich unterstützt, als meine Eltern schwer krank waren und so weiter). Das Antwortspektrum war aber keineswegs weit und variabel. Ganz im Gegenteil: Viele Befragte gaben – oft ohne das geringste Zögern – folgende

---

29 ARISTOTELES: Nikomachische Ethik. Übersetzung und Nachwort von FRANZ DIRLMEIER. Anmerkungen von ERNST A. SCHMIDT, Stuttgart 1969, 213.
30 SCHOBIN, JANOSCH: Freundschaft und Fürsorge. Bericht über eine Sozialform im Wandel, Hamburg 2013.

mitunter bis in die Wortwahl identische Antwort: Er/Sie war einfach für mich da.«[31]

Eines ist klar und deutlich: Freundschaft lebt von Präsenz, und vielleicht ist gerade das das eigentliche Präsent, das sich Freundinnen und Freunde machen können: das Geschenk gegenseitiger Gegenwart.

V.
Freundschaften mit Büchern

Um einen guten Umgang mit seinen Freunden zu haben, muss man sie um sich haben. Denn einzig so sind sie wirklich präsent. Zugegebenermaßen geht das nicht immer – und auch nicht immer gut. Doch es gibt Freunde, die man stets gut um sich haben kann, und das sind Bücher. Jede und jeder von uns besitzt eine kleine »Präsenz-Bibliothek« daheim, und wer sie besucht, wird da und dort in der Bücherwand einige Bücher stehen haben, mit denen sie/er einmal eine echte Freundschaft geschlossen hat. »Ich habe acht oder zehn Bücher, die meine besonderen Freunde sind. In sie mache ich zum Beispiel keine Eselsohren, aber ihr Text ist mit vielen Unterstreichungen und Anmerkungen versehen. Sie stehen an bevorzugter Stelle in meinem Regal, und ich leihe sie nur ungern aus.«[32] So schreibt der frühere Hamburger Professor für Religionspädagogik FULBERT STEFFENSKY (* 7. Juli 1933). Wie viele mögen es bei Ihnen, liebe Leser*innen,

---

31 A. a. O. 391.
32 STEFFENSKY, FULBERT: Freundschaft – Die Besiedelung der Welt, in: RIESS, RICHARD (HRSG.): Freundschaft, Darmstadt 2., durchgesehene Auflage 2015, 19–24, 20.

wohl sein – die Bücher, von denen Sie sagen würden: »Das sind meine Freunde«?

Doch wodurch werden Bücher Menschen eigentlich zu lieben Freunden? Ohne sie zu lesen geht das wohl nicht. Doch mit Büchern und deren Lektüre ist das heute so eine Sache. Die Zahl der ungelesenen Bücher überwiegt die der gelesenen um ein Vielfaches. Das ist in einer Zivilisation, die alle Kennzeichen einer »Zuvielisation« trägt, wie MIRIAM MECKEL (* 18. Juli 1967), die Chefredakteurin der Wirtschaftswoche, sagt, eben so. Es gibt von allem zu viel – viel zu viel, eben auch viel zu viele Bücher. Die kann man ja unmöglich alle lesen. Braucht man auch nicht, sagt der Philosoph ODO MARQUARD (1928–2015). Denn es gibt eine Lösung, und die heißt: »Wissenschaftstourismus«. Wie und warum diese Lösung bestens funktioniert, erläutert er dann so:

»Man reist von Kolloquium zu Kongress, von Kongress zur Podiumsdiskussion; und was man dort mitbekommt, ist u. a. dieses: Am ersten Ort erzählt Kollege A von einem Buch, das man noch nicht kennt, von dem am zweiten Ort Kollege B – sonst immer ganz anderer Meinung als Kollege A – sehr Ähnliches erzählt; dadurch weiß man schon, woran man ist und was drinsteht. Am dritten Ort – wenn Kollege C über dasselbe Buch zu sprechen beginnt – kann man schon mitreden; und am vierten Ort macht man selbst energisch auf dieses Buch aufmerksam, obwohl man es immer noch nicht gelesen hat und – da man es ja inzwischen kennt – auch nicht mehr lesen wird. Das bedeutet, dass man bei durchschnittlich 20–40 Tagungen pro Jahr und 25 Büchergesprächen pro Tagung 500 bis 1.000 Bücher jährlich zur Kenntnis nimmt, ohne sie zu lesen ... .«[33]

Dass Bücher jemandem zu Freunden werden auf den Wegen eines solchen »Wissenschaftstourismus«, ist allerdings eher unwahrscheinlich. Ein Buch, das vielleicht einmal mein Freund werden kann, muss ich aus erster und nicht aus zweiter Hand kennenlernen wollen. Die Devise »Selber lesen und nicht lesen lassen!« galt und gilt daher allen (noch) Lesewilligen als »heilige« Pflicht.

Zwar ist es so, dass die einzelnen Kolleg*innen in meiner Fakultät, der Fakultät für Religionspädagogik / Kirchliche Bildungsarbeit der Katholischen Universität Eichstätt-Ingolstadt – einige häufiger, einige seltener – inländisch wie ausländisch unterwegs sind zu Kongressen, Symposien, Konferenzen, Tagungen und Sitzungen, wo sie auf Vertreter*innen ihres jeweiligen Fachs treffen, mit denen sie über gerade erschienene Bücher sprechen. Doch haben die Kolleg*innen meiner Fakultät ihr ganzes Buchwissen nicht aus zweiter Hand. Sie machen es sich nicht so leicht, erst einmal abzuwarten, bis Fachkolleg*innen die Bücher gelesen haben, die sie eigentlich auch selbst einmal lesen wollten, um sich deren Inhalt erzählen zu lassen und sich so die eigene Lektüre zu ersparen. Dafür lege ich als Linkshänder meine linke Hand ins Feuer.

---

33 MARQUARD, ODO: Die Krise des Lesens als die Chance des Buches, in: BREUNINGER, RENATE (HRSG.): Philosophie der Subjektivität und das Subjekt der Philosophie. Festschrift für KLAUS GIEL zum 70. Geburtstag, Würzburg 1997, 224-226, 224.

Und auch die Studierenden meiner Fakultät lassen sich widerstandslos von Fall zu Fall zu selbstgeleitetem Lesen ermutigen: zum Lesen des Buchs der Bücher, der Heiligen Schrift, als verbindend-verbindlichem »Erstbuch«, und der Vielzahl der »Zweitbücher« aus den Leselisten der Fachdozent*innen, die alle gut vernehmlich sagen: »Nimm mich! Lies mich!«

Das erste der »Kinder- und Hausmärchen«, die die beiden Brüder JACOB GRIMM (1785–1863) und WILHELM GRIMM (1786–1859) gesammelt und so der Nachwelt bewahrt haben, weiß von »den alten Zeiten, wo das Wünschen noch geholfen hat«, zu erzählen. Ich denke, »die Zeiten, wo das Wünschen noch geholfen hat«, sind keine vergangenen Zeiten.

So wünsche ich Ihnen, verehrte Leser*innen, – und ich tue das wirklich gern – ein Leben nicht ohne Freundschaften (zu Menschen, zu Büchern usw. usf.) –, die halten und sich so dadurch bewähren, dass sie währen. Denn die Freude, die Ihnen darin geschenkt werden wird, wird einfach eine »gute Jahreszeit über dem Herzen« (RAINER MARIA RILKE) sein. Definitiv!!!

Deus incognito
Versuch über Philoxenie und Theoxenie

Gastfreundschaft

wir
halten
immer
einen platz
frei
bei tisch
für den fremden
den freund
den bettler
den heiligen gast

wir halten
immer
ein bett
bereit
ein not-
lager
eine bleibe

für den fremden
den freund
den bettler
den heiligen gast

denn
wer
weiß
wer
zu uns
unterwegs
ist

gott
und
das glück
kommen
incognito

Wilhelm Willms

»Das Letzte, was man findet, wenn man ein Werk schreibt, ist, dass man weiß, womit man beginnen soll.« So schreibt der französische Mathematiker und Philosoph BLAISE PASCAL (1623-1662) in einer seiner berühmten »Pensées sur la religion et autres sujets«. Sein Gedanke mag auf manches Beginnen zutreffen, doch nicht auf jedes. Denn es kann durchaus einmal auch so sein, dass einem das, womit sich beginnen lässt, nicht zuallerletzt, vielmehr zuallererst einfällt. Bei der Gastfreundschaft verhält es sich jedenfalls wohl so. Darüber ein eher größeres oder eher kleineres Werk schreiben, heißt klipp und klar zu wissen, womit zu beginnen – und wobei dann wohl auch zu bleiben – ist. Und das sind Geschichten.

I.

Geschichten als Ur-Kunde

Wer damit beginnt, die Wirklichkeit der Gastfreundschaft zu bedenken und zu beschreiben, weiß schon bald, dass sich das gar nicht tun lässt, ohne jene uralten und zugleich urjungen, da in Gehalt und Gestalt völlig unverbrauchten, Geschichten nachzuerzählen, die beurkunden, was den Menschen Gastfreundschaft bedeutet hat und wie sie sie gedeutet haben.

Die Quantität und Qualität solcher »geschicht«-licher Urkunden, die erzählerisch die Dinge der Gastfreundschaft umkreisen und umschreiben, ist beachtlich. Wer also entdecken will, worin das Glück gewährter und das Unglück verweigerter Gastfreundschaft eigentlich besteht, kann nicht umhin, sich um eine kundige Lesart bzw. LesArt jener Geschichten zu bemühen, die mal von ganz geglückten und mal von gar nicht geglückten Weisen der Gastfreundschaft handeln. Sooft es gelingt, das zu entfalten, was der Geist des Erzählens da sprachlich verdichtet hat, sooft besteht jedenfalls beste Aussicht, ein doch immerhin einigermaßen adäquates Verständnis davon zu gewinnen, was das eigentlich ist: Gastfreundschaft.

II.
Den Ohren ein Licht
Die Welt der Märchen

Ur-Kunde von der Gastfreundschaft kommt gewiss aus der Welt der Märchen. Diese ursprünglich von Generation zu Generation mündlich überlieferten Geschichten haben ihre eigene Wahrheit und sind Speicher wertvoller Lebenserfahrungen. Was in ihnen zur Sprache kommt, sind Spiegelungen menschlicher Ur-Erfahrungen mit den beglückenden und bedrückenden Seiten des Lebens, in denen sich heutige Hörerinnen und Hörer dieser uralten Geschichten mit ihrem Leben durchaus wiederzuerkennen vermögen.

»Ohrenlichter« sagen die östlichen Völker Sibiriens zu den Märchen, die sie sich in ihren Reihen erzählen. Und wenn Märchen etwas sind, dann doch wohl Lichter, die denen, die ihnen ihr Ohr leihen und ein offenes Ohr für sie haben, etwas zu sagen haben, das ihr Dasein erhellt, sodass ihnen tatsächlich beim Zuhören plötzlich oder allmählich ein Licht aufgeht und sie jetzt plötzlich oder allmählich etwas zu verstehen glauben, was sie bislang nicht verstanden haben.

»Kinder brauchen Märchen« lautet der Titel eines Buches des bekannten Kinderpsychologen BRUNO BETTELHEIM (1903-1990).[1] Daneben, nicht dagegen lässt sich mit Recht sagen: Menschen brauchen Märchen, und das aus dem Grund, dass diese ihnen eben als »Ohrenlichter« dienen. Und ohne Zwei-

---

[1] BETTELHEIM, BRUNO: The Uses of Enchantment. The Meaning and Importance of Fairy Tales, New York 1976, dt.: Kinder brauchen Märchen. Aus dem Englischen von LISELOTTE MICKEL und BRIGITTE WEITBRECHT, München ³³2015.

65

fel ist die Botschaft der Märchen gerade da eine brauchbare, wo diese das Ihre dazu tun, die Bewandtnis, die es mit der Gastfreundschaft hat, näherhin zu belichten.

Tatsächlich fällt viel Licht von den Märchen her auf das, was einem Verständnis der Gastfreundschaft als menschlicher Umgangsform dienlich ist. Im Licht einzelner Märchen zu betrachten, was Gastfreundschaft im Sinne des »Es war einmal ...«, das wohlverstanden ein »Es ist – es gilt – so immer« ist, macht daher unbedingt Sinn.

III.
Ein äthiopisches Märchen

Ein Märchen, das in einer wahrlich gelungenen Weise das Geschehen der Gastfreundschaft erzählerisch belichtet, ist ein Märchen, das ursprünglich aus Äthiopien stammt, von der in Paris lebenden Künstlerin PRALINE GAY-PARA (* 1956) im Juli 2004 auf dem Wales International Storytelling Festival »Beyond The Border« erzählt wurde und dort der in deutschsprachigen Märchenkreisen als »Frau Wolle« bekannten Innsbrucker Erzählerin KARIN TSCHOLL (* 1968) zu Ohren kam. Das Märchen trägt den Titel »Hühnersuppe und Rosenduft« und erzählt die Geschichte eines armen Bauern, der »ein kleines Haus«, doch »ein großes Herz« hatte und deshalb auch einem Fremden, der als Reiter auf einem stolzen Pferd sich offenkundig verirrt hat und den Weg zur Hauptstadt nicht weiß, anbietet, über Nacht sein Gast zu sein. Sichtlich bemüht, ein guter Gastgeber zu sein, schlachtet er für den Fremden »sein letztes Huhn«, um ihn gut zu verköstigen, und überlässt ihm zum Schlafen sein eigenes Bett.

Da der Weg zur Hauptstadt nicht ganz einfach zu beschreiben ist, bittet der Fremde den Bauern, er möge ihn doch des Weges dorthin begleiten. Der willigt ein mit den Worten: »Aber du bist mein Gast. Ich sollte dafür sorgen, dass du gesund nach Hause kommst.« Gesagt, getan. Beide besteigen den Pferderücken, machen sich auf den Weg und bereits gegen Mittag sehen sie die Mauern und Tore der Hauptstadt. Sie haben die Stadttore noch nicht erreicht, da wagt der Bauer eine große Bitte: »Ich war noch nie innerhalb der Stadtmauern und würde gar zu gern einmal den König sehen. Kannst du ihn mir zeigen?« Worauf der fremde Reitersmann ihm erwidert: »Ja, ja, das wird sich wohl einrichten lassen. Er ist leicht zu erkennen. Denn er ist der, der nicht das tut, was alle andern tun.«

Während sie dann so durch die Stadt ritten, blieb dem Bauern »vor Staunen der Mund offen stehen« ob der vielen Dinge, die es dort zu bestaunen gab. Und ihm fiel auf, dass alle Menschen, wenn sie vorbeiritten, das Gleiche taten: »sie senkten ihre Köpfe«. Als beide dann vom Pferd stiegen, traute sich der Bauer, seine Frage, wie er den König denn erkennen könne, zu wiederholen, und wiederum erhielt er von dem Fremden, dem er ein treuer Weggefährte geworden war, die Auskunft, der König »sei der, der das nicht tut, was alle anderen tun«.

Es gibt Antworten, die sind wie Rätsel, und was den Bauern angeht, so ist diese Antwort ihm ein einziges Rätsel – jedenfalls vorläufig noch. Bald jedoch soll er des Rätsels Lösung erfahren. Denn als der arme Bauer das den Eindruck eines Palastes machende Haus des fremden Reiters betritt, spielt sich eine verblüffende Szene ab, die das Märchen wörtlich dann so erzählt:

Gemeinsam betraten die beiden das Haus. Sie gingen über Stufen, durch Gänge und Türen, bis sie in einen reich geschmückten, großen Saal kamen.

Der Boden war aus Marmor, kostbare Schnitzereien aus Elfenbein und edlen Hölzern zierten die Wände, bunte Glasornamente an den Fenstern brachen das Licht tausendfach.

Hier standen die Edlen und Reichen des Landes versammelt. Wie auf ein geheimes Zeichen senkten alle ihre Köpfe. Der Bauer folgte dem Jäger durch den Saal bis ans andere Ende. Dort setzten sie sich an einen niederen Tisch.

Sie beide saßen, die andern aber standen.

Da sagte der Bauer: »Jetzt habe ich nur noch eine Frage – bin ich es oder bist du es?«

Da lachte der König, so wie ihr jetzt lacht, und meinte:

»In deinem Haus bist du ein König und hier bin ich es. Sei du heute mein Gast.«[2]

Die Geschichte endet mit einer Überraschung für den armen Bauern und nicht weniger für die Hörer- bzw. Leserschaft dieser Geschichte. Geschichten, die von Gastfreundschaft handeln, seien es Mythen, Märchen, Sagen, Legenden oder solche in Werken der Dichtung und Literatur enthalte-

---

2 Hühnersuppe und Rosenduft. Ein Märchen von der Gastfreundschaft erzählt von Frau Wolle, illustriert von ANNA VIDYSYKINA, Innsbruck – Wien ²2009. In französischer Sprache ist das Märchen nachzulesen bei: GAY-PARA, PRALINE: Le prince courageux et autres contes d'Éthiopie. Illustrations de SOPHIE DUTERTE (Collection Paroles de Conteurs dirigée par ILONA ZANKO), Paris 2003.

ne, bieten stets diesen einmaligen Überraschungseffekt, der darin besteht, dass ein Fremder, dem Gastfreundschaft gewährt wird, eines Tages sein Inkognito lüftet und sich als der zu erkennen gibt, der er wirklich ist.

IV.

Vom Kairos der Gastfreundschaft

Was so als die erzählerische Überraschung, dass sich die wahre Identität eines fremden Gastes erst später entpuppt, daherkommt, bildet das eigentlich unverwechselbare Motiv eines großen Teils jener weitverbreiteten Geschichten, deren Absicht es ist, zu schildern, was sich dort ergibt, wo es sich begibt, dass einer Gastfreundschaft übt. Es empfiehlt sich, Geschichten von der Gastfreundschaft stets so zu lesen, dass bei den Figuren der um Gastfreundschaft bittenden Fremden die Frage »Who's who« als erste zu stellen ist, denn wer der fremde Gast dann konkret ist, ist ja von erheblicher Bedeutung.

Zu dem Motiv des unbekannten und (zunächst) unerkannten Fremden gesellen sich in Geschichten der Gastfreundschaft Mal um Mal weitere Motive wie etwa das, dass es ein Armer ist, der ohne Ansehen der Person gastfreundliche Aufnahme dem, der ihrer bedarf, gewährt, und das Motiv, dass unentgeltlich gewährte Gastfreundschaft – Gast*freund*schaft und Gast*wirt*schaft sind ja verschiedene Paar Schuhe – in keinem Fall ohne Dank und ohne Lohn bleibt. Das ganze Gegenteil ist der Fall. Wenn es nach den Geschichten geht, die uns etwas von den Folgen und Erfolgen gewährter Gastfreundschaft wissen lassen, dann verhält es sich Mal um Mal doch so: Wer das Wenige, das er noch besitzt, mit seinem Gast zu teilen weiß, es herzugeben und herzuschenken vermag, der darf sich bald seinerseits beschenkt erfahren; ihm wird Dank, Lohn, Glück und Segen zuteil – und das in reichem Maße. RUTH SCORALICK (* 1960), Professorin für Altes Testament an der Theologischen Fakultät der Eberhard Karls Universität Tübingen, kann daher die gemeinsamen Motivelemente, die konstitutiv zum narrativen »Story-Muster« jener Geschichten, die das Geschehen der Gastfreundschaft entfalten, gehören, mit einigem Recht so bündeln:

»Zahlreiche Geschichten aus ganz verschiedenen Zeiten sprechen darum gerade im Gegenteil davon, wie die Aufnahme von Fremden unerwartet den eigenen Horizont weitet, neue Möglichkeiten eröffnet, sogar zu einer Begegnung wird, die alles verändert. Erzählt wird das in einer Weise, dass die Gäste sich als mächtig herausstellen: Sie geben Wünsche frei und können sie erfüllen, sie erweisen sich als der König oder Herrscher selbst, sie entpuppen sich als Engel oder Götter (vgl. als Grundlage dafür z. B. Odyssee, XVII 485–487). Hätte man sie nicht schon als unscheinbare Fremde aufgenommen, wäre die große Chance des eigenen Lebens vertan gewesen.«[3]

Wie in nahezu allen Geschichten gibt es auch bei jenen Geschichten, die von Gastfreundschaft handeln, eine »Mo-

---

3 SCORALICK, RUTH: Von Mehltöpfen, die nicht leer werden, und Gästen, die nicht schlürfen dürfen, in: Katechetische Blätter 130 (2005) 204–207, 205.

ral von der Geschicht'«, und die ist eindeutig an der Stelle zu suchen, wo die Geschichten erkennen lassen, dass jedes Gewähren von Gastfreundschaft seinen Kairos hat, und der kann als einmalige, nicht wiederkehrende Gelegenheit erkannt und beim Schopf ergriffen oder eben leider auch verkannt und verpasst werden.

Von solcher – verkannter und verpasster – Gelegenheit zur Gastfreundschaft wissen die Märchen ebenfalls so manches Wort zu sagen. Wer den Kairos verspielt – jenen Moment, da ein Fremder vorbeikommt und um Gastfreundschaft ansucht –, da er ihm nicht zu essen und zu trinken gibt und auch kein Lager für die Nacht bereitet, verspielt das Glück der Gastfreundschaft, das letztlich – und da gibt es kein Vertun – das Glück einer Begegnung ist – einer Begegnung mit sich in das Gewand eines Fremden kleidenden Königen, Engeln oder Göttern.

V.
Einäuglein, Zweiäuglein und Dreiäuglein
(KHM Nr. 130)

Wer sich in der Welt der »Ohrenlichter«, welche die Sammlung der Kinder- und Hausmärchen (KHM) der Brüder Grimm[4] darstellt, umsieht, kann dort eine ganze Reihe von Märchen entdecken, in deren Erzählduktus die Gastfreundschaft wahrlich keine kleine Rolle spielt, so etwa in den Märchen

---

4 Kinder- und Hausmärchen. Ausgabe letzter Hand mit den Originalanmerkungen der Brüder Grimm. Mit einem Anhang sämtlicher, nicht in allen Auflagen veröffentlichter Märchen und Herkunftsnachweisen herausgegeben von Heinz Rölleke, 3 Bände, Stuttgart 1984.

»Einäuglein, Zweiäuglein und Dreiäuglein«[5], »Der undankbare Sohn«[6] und »Der Arme und der Reiche«[7].

Das Märchen »Einäuglein, Zweiäuglein und Dreiäuglein« erzählt von einer Frau, »die hatte drei Töchter, davon hieß die älteste *Einäuglein*, weil sie nur ein einziges Auge mitten auf der Stirn hatte, und die mittlere *Zweiäuglein*, weil sie zwei Augen hatte wie andere Menschen, und die jüngste *Dreiäuglein*, weil sie drei Augen hatte, und das dritte stand ihr gleichfalls mitten auf der Stirne.« Da Zweiäuglein aussah wie alle Menschenkinder, mochten es Mutter und Schwestern überhaupt nicht. So wurde es hart angefasst, musste schlechte Kleider tragen und bekam lediglich das zu essen, was nach den Mahlzeiten übrigblieb. Und Böses musste es bei jeder sich bietenden Gelegenheit erdulden.

Als Zweiäuglein eines Tages beim Hüten der Ziege wieder einmal ihr Unglück beweinte, gesellte sich eine weise Frau zu ihr, die sie einen Spruch lehrte, der – zur Ziege gesagt – ihr Tag für Tag ein Tischleindeckdich bescherte. Doch bald schon kamen ihre Mutter und ihre Schwestern »hinter die Wahrheit«, was die Ziege mit dem Leben büßen musste. Sie wurde umgehend geschlachtet. Doch schließlich kam dann doch der Tag, da das Schicksal sich für Zweiäuglein zum Guten wendete. Dank glücklicher Umstände konnte es Hochzeit mit einem »schönen Rittersmann« feiern, war erlöst von »Hunger und Durst, Kummer und Not« und »lebte lange Zeit vergnügt« fortan sein Leben als Schlossherrin.

---

5   Ebd., Band II, 206–214 (KHM Nr. 130).
6   Ebd., Band II, 256 (KHM Nr. 145).
7   Ebd., Band II, 13–17 (KHM Nr. 87).

Und dann begab sich eines Tages etwas, das das Märchen wörtlich so erzählt:

> Einmal kamen zwei arme Frauen zu ihm auf das Schloss und baten um ein Almosen. Da sah ihnen Zweiäuglein ins Gesicht und erkannte ihre Schwestern Einäuglein und Dreiäuglein, die so in Armut geraten waren, dass sie umherziehen und vor den Türen ihr Brot suchen mussten. Zweiäuglein aber hieß sie willkommen und tat ihnen Gutes und pflegte sie, also dass die beiden von Herzen bereuten, was sie in der Jugend ihrer Schwester Böses angetan hatten.[8]

Die moralische Gleichung des Märchens ist eindeutig. Es lehrt, Böses nicht mit Bösem zu vergelten. »Einfache Sittlichkeit«[9] – das ist es, was das Märchen lehrt, und das ist eine Sittlichkeit, die sich in schlichten Gesten und Gebärden kundtut wie eben denen einer Güte, die sich gastfreundlich gegenüber dem zeigt, der ihrer bedarf. Die Großzügigkeit und Großherzigkeit, wie sie Zweiäuglein in Handlung und Haltung sicht- und spürbar werden lässt, ist Zeugnis einer Menschlichkeit, deren Großartigkeit selbst die Herzen der ehemals doch so bösen Schwestern zu erreichen und dort echte Reue über ihre einstige Bosheit ihrer Schwester gegenüber zu erwirken vermag.

---

8   Ebd., Band II, 214.
9   BOLLNOW, OTTO FRIEDRICH: Einfache Sittlichkeit. In: DERS.: Einfache Sittlichkeit. Kleine philosophische Aufsätze, Göttingen ²1957, 20–30.

VI.
Der undankbare Sohn
(KHM Nr. 145)

Das wohl textlich kürzeste Märchen aus der Sammlung der Grimmschen Märchen dürfte das Märchen »Der undankbare Sohn« sein. Es erzählt unverkürzt diese hässliche »Shortstory«:

> Es saß einmal ein Mann mit seiner Frau vor der Hausthür, und hatten ein gebraten Huhn vor sich stehen, und wollten das zusammen verzehren, da sah der Mann, wie sein alter Vater daher kam, geschwind nahm er das Huhn und versteckte es, weil er ihm nichts davon gönnte. Der Alte kam, that einen Trunk und ging fort. Nun wollte der Sohn das gebratene Huhn wieder auf den Tisch tragen, aber als er darnach griff, war es eine große Kröte geworden, die sprang ihm in's Angesicht, und saß da und ging nicht wieder weg, und wenn sie jemand wegthun wollte, sah sie ihn giftig an, als wollt' sie ihm in's Angesicht springen, so daß keiner sie anzurühren getraute. Und die Kröte mußte der undankbare Sohn alle Tage füttern, sonst fraß sie ihm aus seinem Angesicht, und also ging er in der Welt hin und her.[10]

Verweigerte Gastfreundschaft – so sieht sie aus und so rächt sie sich. Das Märchen greift da zu drastischen Mitteln der Darstellung. Und das hat seinen Grund. Denn was das Mär-

---

10 BRÜDER GRIMM 1984 [Anm. 4], Band II, 256.

chen wohl beurkunden will, kreist sowohl darum, dass Gastfreundschaft *keine Ansichtssache* ist dergestalt, dass es eine Frage wäre, ob man sie gewährt oder nicht, als auch darum, dass Gastfreundschaft *eine Angesichtssache* ist dergestalt, dass sie ein freundliches Gesicht ihr eigen nennt, das sie dem Gast zuwendet – noch dazu, wenn es der eigene alte Vater und gar kein Fremder ist –. Was Wunder, dass sich dem, der der Gastfreundschaft kein Gesicht gibt in seinem Verhalten, buchstäblich das Gesicht so entstellt, dass es kein ansehnliches mehr ist, weil es zu jemandem gehört, der dem Ansehen der Gastfreundschaft nachweislich Schaden zugefügt hat!

VII.
Der Arme und der Reiche
(KHM Nr. 87)

Mit dem Märchen »Der Arme und der Reiche« hat ein Märchen Eingang in die Sammlung der Brüder Grimm gefunden, das von den Dingen der Gastfreundschaft so zu erzählen weiß, dass dabei unübersehbar und unübergehbar theologische Belange und Bezüge mit im Spiel sind. Die »Logik«, die das erzählerische Interesse dieses Märchens leitet, ist durch und durch eine »Theologik«, deren Gesetze geschickt eingefädelt sind in den Gang des erzählten Geschehens, in dem »der liebe Gott« wahrlich keine Nebenfigur darstellt.

Das Märchen liebt es, alle, die es hören oder lesen, in eine Zeit vor unserer Zeit zurückzuversetzen und ihnen eine »Menschwerdung« Gottes derart vorzustellen, dass dieser in der Gestalt eines Menschen, näherhin in der eines Wanders manns, unter den Menschen weilt und wandelt. Das eigentliche Thema, das damit das Märchen »Der Arme und der Reiche« als Sujet hat, ist das bereits in der Welt des Mythos beheimatete Motiv der »Theoxenie«. Wesentlich darum geht es (in) diesem Märchen: Wie steht es um die Gastfreundschaft Gott gegenüber, der bei den Menschen zu Gast sein will, doch vorbeikommt in der Gestalt eines unbekannten Fremden und so zunächst der unerkannte Gott bleibt.

Mit den Worten »Vor alten Zeiten, als der liebe Gott noch selber auf Erden unter den Menschen wandelte« beginnt das Märchen »Der Arme und der Reiche« und entführt uns damit in die Welt einer Geschichte, die davon handelt, was der »Herr« so erlebte bei seiner Suche nach einem Nachtlager, da der Weg zu einer Herberge ihm eines Abends doch zu weit erschien. Als zwei Häuser seinen Weg säumen – das große eines reichen und das kleine eines armen Mannes –, wie uns das Märchen wissen lässt, klopfte der »Herrgott« an die Haustür des reichen Mannes, doch der »guckte den Wandersmann von Haupt bis zu den Füßen an, und weil der liebe Gott schlichte Kleider trug und nicht aussah wie einer, der viel Geld in der Tasche hat«, verwehrte der reiche Mann ihm seine Gastfreundschaft. Als er jedoch an die Haustür des armen Mannes klopfte, hatte »der liebe Gott« Glück.

Der arme Mann und seine Frau bitten den müden Wandersmann einzutreten, teilen mit ihm ihr bescheidenes Abendessen und bestehen darauf, dass er in ihrem Bett schläft, während sie selbst sich »eine Streu auf die Erde« machen. Doch ehe der unbekannte Gast sich am anderen Morgen bei seinen Gastgebern verabschiedet, um weiter seiner Wege zu ziehen, soll das arme alte Ehepaar zu seinem großen Erstaunen noch eine Überraschung erleben, die das Märchen wunderbar so erzählt:

> Am andern Morgen standen sie vor Tag schon auf und kochten dem Gast ein Frühstück, so gut sie es hatten. Als nun die Sonne durchs Fensterlein schien und der liebe Gott aufgestanden war, aß er wieder mit ihnen und wollte dann seines Weges ziehen. Als er in der Türe stand, kehrte er sich um und sprach: »Weil ihr so mitleidig und fromm seid, so wünscht euch dreierlei, das will ich euch erfüllen.« Da sagte der Arme: »Was soll ich mir sonst wünschen als die ewige Seligkeit, und daß wir zwei, solang wir leben, gesund dabei bleiben und unser notdürftiges tägliches Brot haben; fürs dritte weiß ich mir nichts zu wünschen.« Der liebe Gott sprach: »Willst du dir nicht ein neues Haus für das alte wünschen?« »O ja«, sagte der Mann, »wenn ich das auch noch erhalten kann, so wär mirs wohl lieb.« Da erfüllte der Herr ihre Wünsche, verwandelte ihr altes Haus in ein neues, gab ihnen nochmals seinen Segen und zog weiter.[11]

Der Reiche will seinen Augen nicht trauen – so erzählt das Märchen dann weiter –, als er am helllichten Tag da ein schmuckes Haus stehen sieht, wo gestern noch eine »alte, elende Hütte« stand. Und ein Schrecken fährt ihm in die Glieder, als er erfährt, dass es der von ihm herzlos abgewiesene »Fremdling« des gestrigen Abends ist, dem der Arme das alles zu verdanken hat.

---

11 Ebd., 14.

So jagt er dem Fremdling – weit kann dieser ja noch nicht gekommen sein – mit seinem Pferd nach, holt ihn tatsächlich ein und bittet diesen, ihm sein abweisendes Verhalten nicht übelzunehmen, und gibt ihm zu verstehen, er möge doch, wenn er des Weges zurückkäme, unbedingt bei ihm einkehren.

Da »der liebe Gott« ihm verspricht, das demnächst einmal gern tun zu wollen, erdreistet der Reiche sich, sich – wie der Arme auch – die Erfüllung dreier Wünsche zu erbitten. Gott gibt ihm wider Erwarten drei Wünsche frei, jedoch nicht ohne den guten Rat, das sei nicht gut für ihn, er solle »sich lieber nichts wünschen« – einen Rat, den der Reiche erwartungsgemäß in den Wind schlägt.

Das Märchen wäre kein Märchen, wenn die wenig Gutes ahnen lassende Prophezeiung sich nicht erfüllen würde. Und so kommt es denn auch: Der Reiche vertut die ersten beiden Wünsche. Auf seinem Heimritt wünscht er dem störrischen Pferd, dass es sich den Hals breche. Der erste Wunsch, der sich ebenso umgehend erfüllt wie der zweite, dass seine Frau daheim festsitze auf dem Sattel des toten Pferdes, den er mühsam nach Haus schleppt. Ob er nun will oder nicht: Der Reiche muss seinen dritten und letzten Wunsch einsetzen, um seine Frau wieder vom Sattel loszubekommen. Was die Wünsche dem Reichen gebracht haben, lässt – alles in allem – tatsächlich zu wünschen übrig. Doch was ist mit dem armen Mann und seiner Frau? Das Märchen hat sie nicht vergessen. Den beiden Alten hat es seinen letzten Satz – »die Armen aber lebten vergnügt, still und fromm bis an ihr seliges Ende«[12] –

---

12 Ebd., 17.

gewidmet und so das Seine dazu getan, dass auch diese Geschichte ein »happy end« hat.

VIII.

Vom Glück der Gottesbegegnung

Die schlechteste Eigenschaft von Geschichten aus aller Welt,
wie es die Märchen sind, ist sicherlich nicht die, dass sie
uns, wenn wir uns mit ihnen vertraut machen, mit sanftem
Druck zwar nicht dahin zu zwingen, doch zu bringen vermögen, in so mancher – auch theologischer – Hinsicht umzudenken. So erfährt im Märchen »Der Arme und der Reiche« des Menschen Frage *»Wie komme ich zu Gott?«* eine
Umkehrung in die Frage *»Wie kommt Gott zu mir?«* – eine
Frage, die theologisch doch immerhin einige Bedeutung hat.
In der Schule des Märchens ist etwas zu lernen, das in dieser Sache doch von einiger grundlegender Richtigkeit und
Wichtigkeit ist. Und dieses »etwas« lässt sich auf die Formel bringen, dass Gott der ist, der den Menschen sucht, ehe
dieser ihn sucht. Analog zu der These der Schriftstellerin
FELICITAS HOPPE (* 1960), die sie in einem Essay aus dem Jahre
2008 vertreten hat, dass es nicht darauf ankomme, »dass wir
Gott nicht aus den Augen verlieren, sondern darauf, dass
ER UNS nicht aus den Augen verliert«[13], wäre mithin zu sagen, im Vordergrund müsse die Frage stehen, wie es denn
gehen kann, dass Gott zu uns kommt, und nicht die, wie wir
zu ihm. Es könnte ja sein, dass, wenn die erste Frage geklärt

---

13 HOPPE, FELICITAS: Man muss eben ein Sohn Gottes sein – Erinnerung an J. D.
Salinger, in: KALKA, JOACHIM (Hrsg.): Schreiben / Glauben. Miszellen zu Literatur und Religion, Göttingen 2008, 19–23, 22f.

ist, die zweite sich erübrigt. Das Märchen »Der Arme und der Reiche« scheint so zu denken und sich tatsächlich von der Absicht leiten zu lassen, zu ergründen, wie das zugehen und zutreffen kann: dass Gott kommt und die Menschen ihrerseits (zu) ihm sagen können: »Patent cor et porta.«

Es ist offenkundig überhaupt nicht gleichgültig, lehrt das Märchen, ob man sich diese oder jene Frage stellt, denn nicht weniger als das Glück der Gottesbegegnung hängt ja davon ab, damit zu rechnen, dass Gott selbst es ist, der zu uns kommen will. Der bekannte Mediziner, Kabarettist, Fernsehmoderator und Schriftsteller ECKART VON HIRSCHHAUSEN (* 1967) hat in seinem Buch, das er der Frage des Glücks gewidmet hat, eindringlich und eindrücklich betont, dass wir Menschen unserem Glück im Wege stehen, weil wir uns fragen: »Wie kommen wir zum Glück?« und eben – leider – nicht: »Wie kommt das Glück zu uns?« Wörtlich schreibt er:

»Stellen Sie sich vor, Sie selbst wären das Glück. Würden Sie dann gern bei sich vorbeikommen?

Die Perspektive umzudrehen überrascht. Automatisch fällt uns vieles ein, was wir tun können, um dem Glück eine Freude zu machen, damit es eher zu uns kommt. Und in welchen Ecken unseres Lebens wir noch besser aufräumen für den Fall, dass das Glück über Nacht bleiben will.«[14]

---

14 HIRSCHHAUSEN, ECKART VON: GLÜCK kommt selten allein ..., Reinbek bei Hamburg 2009, 13.

Wer das nach- und weiterdenkt, was Eckart von Hirschhausen so vordenkt, wird früher oder später darauf kommen, dass derjenige einen entscheidenden existenziellen »Rechenfehler« macht, der nicht damit »rechnet«, es könne tatsächlich einmal so sein, dass das Glück eines guten Tages vorbeikomme und als Gast vorübergehend bleiben wolle.

Die »Lebensfrage«, die der mit Bedacht so formulierte Text jeder glücksuchenden Leserin und jedem glücksuchenden Leser stellt, ist die: Gesetzt den Fall, das Glück steht vor Deiner Tür: Würdest Du ihm die Tür öffnen? Wärest Du ihm ein guter Gastgeber? Hättest Du ein Gästezimmer, wo Du es unterbringen könntest, oder würde es an Platz in Deinem Lebenshaus gänzlich fehlen?

Die so entfalteten Gedanken auf das Glück der Gottesbegegnung zu übertragen, legt sich unbedingt nahe und empfiehlt sich theologisch allemal. Die Haltung, die einzunehmen sich theologisch nahelegen würde, wäre dann wohl eindeutig die einer mit dem Kommen Gottes rechnenden Erwartung. Gastfreundliche Menschen wären damit im eigentlichen Sinn »adventliche« Menschen. Wenn die christlichen Kirchen »alle Jahre wieder« im liturgischen Festkreis des Jahres die Adventszeit begehen und während dieser Zeit feiern, »dass Gott wieder im Kommen ist«, dann singen die Gläubigen das Lied »Macht hoch die Tür, die Tor macht weit«, wo es in dessen fünfter Strophe heißt:

Komm, o mein Heiland Jesu Christ,
meins Herzens Tür dir offen ist.
Ach zieh mit deiner Gnade ein,
dein Freundlichkeit auch uns erschein.

Da ist es dann wieder, jenes »Patent cor et porta«, ohne das keine Gastfreundschaft wahre, echte Gastfreundschaft sein kann.

Die adventliche Zeit des Kirchenjahres, so lehrt es die Liturgiewissenschaft, sei eine Zeit der Bereitung, der Vorbereitung auf die Ankunft Gottes in dieser Welt in der Menschwerdung seines Sohnes. Gott will kommen, will ankommen. Da gilt es, sich zu bereiten, sich vorzubereiten, und die Weise, wie sie besser nicht sein kann, das zu tun, ist die, welche der »kategorische Imperativ« der Gastfreundschaft gebietet: Tür und Herz dem zu öffnen, der da kommen will und kommen wird. Das »Herz-Werk« (RAINER MARIA RILKE) der Gastfreundschaft beginnt mit dem Öffnen der »Herz-Tür«, wenn Gott anklopft, sodass er eintreten und bei den Menschen wohnen kann.

Ist es da wirklich Zufall, dass »aus dem Gesamt der Weihnachtsgeschichte kein Detail einen so breiten Widerhall in der Frömmigkeit des Volkes gefunden hat wie das Motiv der Herbergssuche?«[15] Sicher wohl nicht. Dem noch ungeborenen Gottessohn wird zusammen mit Maria und Josef eine gastliche Aufnahme versagt; »die Welt erkannte ihn nicht« und »die Seinen nahmen ihn nicht auf«, schreibt der Evangelist Johannes im Prolog seines Evangeliums (Joh 1,10-11).

---

15 ZERFASS, ROLF: Seelsorge als Gastfreundschaft, in: Diakonia 11 (1980) 293–305, 299.

IX.
Die Sache der rechten Gotteserkenntnis

Gott als Gott zu erkennen, daran scheint alles gelegen, und eben daran, dass Menschen nicht die rechte »Gotteserkenntnis« haben, scheint alles zu scheitern. Ja, wenn man denn wüsste, dass es Gott »höchstselbst« ist, der da vor der Tür von Haus und Herz steht und um Einlass bittet, dann wäre ja alles klar. Dann wäre eine Gastfreundschaft von unüberbietbarer Art die reinste Selbstverständlichkeit. Doch eben diesen Knackpunkt hat das Grimmsche Märchen »Der Arme und der Reiche« ja im Auge, gibt es doch zu bedenken, dass die Sache der rechten »Gotteserkenntnis« keine so ganz einfache Sache ist, da »Gotteserkenntnis« wohl- und nachweislich keine Sache »auf den ersten Blick« ist. Der erste Blick sieht jemanden, der so gar nicht nach »Gott« aussieht, und damit ist die Gastfreundschaft im Fall des Reichen schon beendet, ehe sie überhaupt begonnen hat.

Die eigentliche Botschaft des Märchens »Der Arme und der Reiche« an alle diejenigen, die es hören und lesen, ist daher die, das, was der Reiche für eine Zumutung hält, einen dahergelaufenen »Fremdling« als willkommenen Gast zu begrüßen, zu begreifen und zu ergreifen als eine einmalige Gelegenheit, sich dem Glück einer wirklichen Gottesbegegnung nicht zu verweigern.

X.
Eine sich empfehlende Bibelkunde

Wäre der Reiche, den das Märchen schildert, ein wenig bibelkundig gewesen, hätte ihn dies bewahren können vor dem schlimmen Fauxpas, den er beging, als er den unbekannten Fremdling, in dem er wen auch immer, doch im Traum nicht Gott vermutete, von der Schwelle wies. Er hätte seine Bibel beizeiten einmal einfach aufschlagen müssen, um im Buch Genesis 18,1-15 die Geschichte nachzulesen, die davon zu erzählen weiß, dass Gott, der Herr, sich offenbar inkognito unter den drei Männern befand, denen Abraham und seine Frau Sara bei den Eichen von Mamre in ihrem Zelt vollendete Gastfreundschaft zuteilwerden ließen und als Lohn die Verheißung empfingen, in einem Jahr das Wunder, einen Sohn zu haben, zu erleben.

Empfehlenswert wäre weiterhin gewesen, der Reiche hätte seine Bibel – nach dem Alten Testament jetzt das Neue Testament – aufgeschlagen, um im Matthäus-Evangelium Jesu Gleichnis vom Großen Weltgericht (Mt 25,31-46) nachzulesen[16] – ein Gleichnis, das eindeutig und unmissverständlich eine Mahn- und Warnrede darstellt.

Dann wird der König denen auf der rechten Seite sagen: Kommt her, die ihr von meinem Vater gesegnet seid, nehmt das Reich in Besitz, das seit der Erschaffung der Welt für euch bestimmt ist. Denn ich war

---

16 DREWERMANN, EUGEN: Das Matthäus-Evangelium, Drei Teile, Olten und Freiburg im Breisgau 1992-1995, Dritter Teil: Mt 20,20–28,20, 222–244 (Mt, 25,1–46: Das große Weltgericht oder: Der einzig gültige Maßstab).

hungrig, und ihr habt mir zu essen gegeben; ich war durstig, und ihr habt mir zu trinken gegeben; ich war fremd und obdachlos, und ihr habt mich aufgenommen; ich war nackt, und ihr habt mir Kleidung gegeben; ich war krank, und ihr habt mich besucht; ich war im Gefängnis, und ihr seid zu mir gekommen. Dann werden ihm die Gerechten antworten: Herr, wann haben wir dich hungrig gesehen und dir zu essen gegeben oder durstig und dir zu trinken gegeben? Und wann haben wir dich fremd und obdachlos gesehen und aufgenommen oder nackt und dir Kleidung gegeben? Und wann haben wir dich krank oder im Gefängnis gesehen und sind zu dir gekommen? Darauf wird der König ihnen antworten: Amen, ich sage euch: Was ihr für einen meiner geringsten Brüder getan habt, das habt ihr mir getan.

Und dann wird er sich auch an die auf der linken Seite wenden und zu ihnen sagen: Weg von mir, ihr Verfluchten, in das ewige Feuer, das für den Teufel und seine Engel bestimmt ist! Denn ich war hungrig, und ihr habt mir nichts zu essen gegeben; ich war durstig, und ihr habt mir nichts zu trinken gegeben; ich war fremd und obdachlos, und ihr habt mich nicht aufgenommen; ich war nackt, und ihr habt mir keine Kleidung gegeben; ich war krank und im Gefängnis, und ihr habt mich nicht besucht. Dann werden auch sie antworten: Herr, wann haben wir dich hungrig oder durstig oder obdachlos oder nackt oder krank oder im Gefängnis gesehen und haben dir nicht geholfen? Darauf wird er ihnen antworten: Amen, ich sage euch: Was ihr für einen dieser Geringsten nicht getan habt, das habt ihr auch mir nicht getan. (Mt 25,34-45)

Es sind klare, harte und ernste Worte – die Mahn- und Warnworte der matthäischen Gerichtsrede, unter denen ein Mahn- und Warnwort zum Umgang mit einem (König!), der »fremd und obdachlos« ist, nicht fehlt. Das im gastwirtschaftlichen Gewerbe gebräuchliche Wort »Der Gast ist König« gewinnt im Duktus der Gerichtsrede den Status, Kennzeichen einer praktizierten Gastfreundschaft zu sein, die ihr unverkennbares Profil dadurch gewinnt, dass sie die »Geringsten« davon nicht ausschließt und aussperrt.

Jeder Mensch tut gut daran – das ist wohl die eigentliche Mahnung und Warnung der Gerichtsrede im Matthäus-Evangelium –, sich zeit seines Lebens zu fragen, in der Gestalt welches Menschen bzw. welcher Menschen ihm Gott bzw. der Sohn Gottes, der »Menschensohn«, begegnen will. Grundsätzlich kann das die Gestalt eines jeden Menschen sein, da ja jeder Mensch »Ebenbild Gottes« (Gen 1,27) ist. Doch gerade in der Gestalt des Menschen, der »fremd und obdachlos« ist, will Gott als Gott erkannt und als Gast unter uns zugegen sein.

XI.
Die russische Volkserzählung
»Wo Liebe ist, da ist Gott«

Den Gedanken, dass Gott uns während unseres Lebens in einer Gestalt begegnet, in der wir ihn nicht vermuten, teilt übrigens eine jener »Volkserzählungen«, deren Stoff vornehmlich die mündlich überlieferten Legenden der frommen russischen Volksseele bilden. Die Erzählung aus dem einfachen Volk, deren schlichte Sprache einer der bedeutendsten russischen Schriftsteller des 19. Jahrhunderts, Leo Tolstoi (1828-1910), bewusst beibehält, trägt den Titel »Wo Liebe ist, da ist Gott«[17].

Die 1885 entstandene Erzählung erzählt ein kleines Stück der Lebensgeschichte des Schusters Martyn Awdejitsch. Dieser lebte in einem kleinen Kellerraum, der ihm Wohn- und Werkstatt in einem war. In frühen Jahren schon starb ihm seine Frau und bald danach sein kleiner Sohn. Zwar hatte er einst mit Gott gehadert ob seines Unglücks, doch je älter er wurde, desto mehr begann er daran zu denken, wie er sich Gott nähern könne. Dass es – ganz im Gegenteil – so kommen würde, dass Gott sich ihm näherte, konnte er zu der Zeit noch nicht ahnen, als ihn »ein Bauer aus seiner Heimat« besuchte, dem er sein Leid klagte und der ihn dann lehrte, »für Gott zu leben«. Der Schuster befolgte den guten Rat des Bauern, »kaufte sich ein Neues Testament – eines, das mit großen Buchstaben gedruckt war – und begann darin zu lesen«.

Die ersten Abende verbrachte er mit der Lektüre des Lukas-Evangeliums, und da ihn das, was er in dessen sechsten Kapitel las, so ungemein beeindruckt hatte, schlug er auch noch das siebte Kapitel auf. Dort las er dann die Geschichte »von dem reichen Pharisäer ..., der unseren Herrn zu Gast hatte«, und das ließ ihn innehalten.

---

17 Tolstoi, Leo: Wo die Liebe ist, da ist Gott, in: Ders.: Volkserzählungen. Übersetzt und herausgegeben von Guido Waldmann, Stuttgart 2005, 115–133.

Wieder setzte Awdejitsch seine Brille ab und legte sie auf das Buch und dachte darüber nach, was er gelesen hatte: »Da war also der Pharisäer nicht anders, als ich es bin ... Auch ich habe nur für mich selbst gesorgt, wie ich zu einem Glas Tee, zu einer warmen Stube komme, daran aber habe ich nicht gedacht, was ich für den Gast tun könne. Für sich selbst hat er auch gesorgt, der Pharisäer, nur für den Gast hat er nichts getan. Wer aber war dieser Gast? Der Herr selbst! Wenn er zu mir gekommen wäre, ich hätte nicht so gehandelt!«[18]

Während er so seinen Gedanken nachging, befiel ihn die Müdigkeit, und halb im Schlaf drang plötzlich eine Stimme an sein Ohr, die ihm zu verstehen gab:

»Martyn! Martyn! Schau morgen auf die Straße, ich werde zu dir kommen.«[19]

Der Schuster weiß nicht recht, ob er geträumt oder die Stimme wirklich zu ihm gesprochen hat, doch er tut, wie ihm geheißen, und schaut immer wieder einmal von seiner Arbeit auf durch das kleine Kellerfenster nach dem Kommen und Gehen auf der Straße. Und wie er so wartet und wartet auf den Besuch des Herrn, bekommt er gleich drei Mal Besuch.

Sein erster Besuch ist der schon ziemlich gebrechliche alte Hausknecht Stepanytsch, der seiner Arbeit, Schnee zu fegen, kaum noch gewachsen ist. Der Schuster bittet den

18 Ebd., 120.
19 Ebd., 120.

frierenden Mann herein und schenkt ihm ein wärmendes Glas Tee ein. Gerade ist sein erster Besuch wieder gegangen, da steht schon sein zweiter Besuch vor der Tür. Es ist die junge Frau eines Soldaten, die nicht weiß, wie sie sich und »ihr Kindlein« vor der grimmigen Kälte draußen schützen soll. Der Schuster verfährt ebenso wie bei dem alten Hausknecht. Er bittet die junge Frau mit ihrem »Herzenskind« herein und sorgt sich um deren Wohlergehen, so gut er es vermag. Warm ist es ja in seiner Stube, etwas zu essen hat er auch in einem Topf auf dem Ofen und ein Stück Kleidung kann er auch erübrigen, worin die junge Mutter ihr Kind einwickeln kann. Und auf sich warten lässt sodann auch sein dritter Besuch nicht: eine alte Frau, die als Obsthändlerin von Haus zu Haus zieht und der ein »Lausbub« vor seiner Haustür einen Apfel zu stehlen versucht hat. Dem Schuster gelingt es, Schlimmeres zu verhüten und vermittelnd einzugreifen.

Warten lässt allerdings noch der Besuch auf sich, der sich für diesen Tag ihm, Martyn Awdejitsch, angekündigt hat. Immer noch hat er die Stimme dessen im Ohr, der ihm gesagt hat, er werde an diesem Tag kommen. Inzwischen ist es schon dunkel geworden und damit Zeit, ein wenig »Licht zu machen«. Und wie der Schuster sich in seiner kleinen Behausung umsieht, erscheinen ihm in einer dunklen Ecke fünf Menschen – es sind der Hausknecht Stepanytsch, die junge Soldatenfrau mit ihrem Kind und die alte Obsthändlerin mit dem kleinen Dieb –, die der Schuster erst allmählich wiedererkennt. Doch was er unmittelbar wiedererkennt, ist jene Stimme, die schon einmal zu ihm gesprochen hat und die sich jetzt wieder zu Wort meldet:

»Martyn, Martyn, hast du mich erkannt?«

»Wen erkannt?« murmelte Awdejitsch.

»Mich«, sagte die Stimme. »Ich bin es doch!«

Und es trat aus der dunklen Ecke der Stepanytsch hervor, lächelte Awdejitsch zu und zerging wie eine Wolke.

»Auch das bin ich«, fuhr die Stimme fort, und es kam aus der dunklen Ecke die Frau mit dem Kindlein auf dem Arm auf Awdejitsch zu, und ein Lächeln lag auf dem Gesicht der Frau, und es lachte auch das Kindlein. Und auch sie beide entschwanden seinen Blicken.

»Und das bin ich auch«, sagte die Stimme. Und es trat die Alte mit dem Knaben aus der Dunkelheit hervor. Der Knabe hielt den Apfel in seiner Hand, und auch sie beide lächelten – und auch sie verschwanden.

Da erfüllte reine Freude die Seele des Awdejitsch. Er schlug ein Kreuz, setzte seine Brille auf und begann dort zu lesen, wo sich das Buch geöffnet hatte. Und sein Blick fiel auf die Worte:

»Denn ich bin hungrig gewesen, und ihr habt mich gespeiset. Ich bin durstig gewesen, und ihr habt mich getränket. Ich bin ein Gast gewesen, und ihr habt mich beherberget.«

Und weiter unten las Awdejitsch die Worte:

»Was ihr getan habt einem unter diesen meinen geringsten Brüdern, das habt ihr mir getan.«

Und da erkannte Awdejitsch, dass ihn sein Traum nicht getäuscht hatte, und er wurde dessen gewiss, dass es der Heiland gewesen war, den er an diesem Tage aufgenommen und in seinem Haus empfangen hatte.[20]

XII.
Der verkleidete Gott und seine Wohnorte

Von der französischen Philosophin SIMONE WEIL (1909-1943), die sich zu einer vielbeachteten Mystikerin entwickelte, soll das Wort stammen, Gott könne »nur verkleidet erscheinen«. Bemerkens- und beachtenswert ist dabei, die Gestalt welcher Verkleidung Gott wählt, um den Menschen zu erscheinen. Dass weithin Kunde davon geht, dass Gott im Kleid des Fremden unter den Menschen umhergeht – unbekannt und unerkannt –, anklopft an die Türen der Bewohner seiner Erde, darum bittend, ihr Gast sein zu dürfen, sollte zu denken geben.

Die jüdischen Gelehrten haben sich den Kopf darüber zerbrochen, wo Gott wohnt. Eine kleine Geschichte aus der Welt des Chassidismus gibt da einen ebenso eindeutigen wie einleuchtenden Bescheid. Es ist die Geschichte

Gottes Wohnung

»Wo wohnt Gott?«

Mit dieser Frage überraschte der Kozker einige gelehrte Männer, die bei ihm zu Gast waren. Sie lachten über ihn: »Wie redet ihr! Ist doch die Welt seiner Herrlichkeit voll!«

---

20 Ebd., 133.

Er aber beantwortete die eigene Frage:
»Gott wohnt, wo man ihn einläßt«.[21]

Gott ein(zu)lassen – damit ist für den jüdischen Religionsphilosophen MARTIN BUBER (1887-1965), der in einem kleinen Buch die Lehre des Chassidismus, die ganz in das »Lehramt« zahlreicher kleiner Geschichten gefasst ist, nachgezeichnet hat[22], gesagt, was zu sagen ist. Gott kann dort und nur dort einkehren, wo Menschen ihn einlassen – und das tun dank einer Menschlichkeit, die in jedem heruntergekommenen Fremdling, der vorbeikommt, den vom Himmel zur Erde »heruntergekommenen Gott« (OTTMAR FUCHS) zu erkennen vermag. Wer das als wahr erkennt und damit Ernst macht in seinem Leben, muss gelernt haben, theologisch umzudenken, und das heißt: sein Gottesbild zu überdenken. So jemand weiß jetzt, dass die Vorstellung Gottes, die ihn als starken Helfer – »Unsere Hilfe ist im Namen des HERRN, der Himmel und Erde erschaffen hat« (Ps 124,8) – zeigt, bei allem Recht, das sie hat, doch auch eine Verstellung der Seite seiner Wirklichkeit ist, die sich einkleidet in die Gestalt der Hilfe Bedürftigen. Einzig die Gottesrede, die Gotteslehre, die das gewichtet, hätte dann theologisches Gewicht.

»Gast im Haus, Gott im Haus«. So sagt ein polnisches Sprichwort. Da ist wahrlich etwas dran, und was es exakt ist, formulierte der frühere Würzburger Pastoraltheologe ROLF

---

21 BUBER, MARTIN: Die Erzählungen der Chassidim (Manesse Bibliothek der Weltliteratur), Zürich 1949, 784f.
22 BUBER, MARTIN: Der Weg des Menschen nach der chassidischen Lehre, Heidelberg ⁹1986.

ZERFASS (1934–2022) pointiert einmal so: »Gastfreundschaft ist nicht ein Mittel, heilig zu werden, sondern dem Heiligen zu begegnen.«[23] Sicher will er mit seiner These nicht bestreiten, dass die Gastfreundschaft »eine wichtige Tugend«[24] und ihr Tun ein verdienstvolles Tun ist, doch kann er nicht umhin, entschieden zu betonen, dass der große Gewinn aller Gastfreundschaft der ist, in nahe Berührung mit Gott, dem Göttlichen, »dem Heiligen« zu kommen.

Es sind die »hochmütigen jungen Männer«, die im Haus des Odysseus um dessen Ehefrau Penelope werben, die immerhin, wie der Dichter HOMER nicht zu erwähnen unterlässt, noch über so viel religiösen Anstand verfügen, dass sie einen der Ihren schelten, der einfach einen Stein nach einem Menschen warf, und das mit den Worten tun:

> »Antinoos, das war nicht recht, dass du nach einem armen Herumstreicher geworfen hast! Unseliger! Wenn er nun vielleicht irgendein Gott vom Himmel ist! Durchwandern die Götter doch, Fremdlingen gleichend, die von weit her sind, in mancherlei Gestalt die Städte und blicken auf den Frevel der Menschen und ihr Wohlverhalten.«[25]

---

23 ZERFASS 1980 [Anm. 16], 299.
24 NOUWEN, HENRI J. M.: Reaching out. The three Movements of Spiritual Life, New York 1975, dt.: Der dreifache Weg. Übertragen aus dem Englischen von P. Dr. RADBERT KOHLHAAS OSB (Herderbücherei 1737), Freiburg im Breisgau 1984, 60.
25 HOMER: Die Odyssee, XVII 485–487. Übersetzt von WOLFGANG SCHADEWALDT, mit einem Nachwort von RAINER NICKEL (Bibliothek der Alten Welt), Düsseldorf – Zürich 2001, 321.

XIII.
Die Metamorphose von Philemon und Baucis

Dass den Römern wie den Griechen das erzählerische Motiv der »Theoxenie« ebenfalls durchaus vertraut war, ist keine Frage. Und es gibt keinen besseren Beleg dafür als die uralte Geschichte von Philemon und Baucis, die der römische Dichter PUBLIUS OVIDIUS NASO (43 v. Chr. – 17 n. Chr.) einem phrygischen Mythos entnommen und in seinem Hauptwerk, den »Metamorphosen«, in einmaliger poetischer Versform der Nachwelt erhalten hat.[26] Episch lassen sich die »Verwandlungen« dieser Geschichte so erzählen:

Jupiter und Merkur, denkbar hohe Vertreter des römischen Götterhimmels, besuchen »in Menschengestalt« inkognito als Wanderer die Erde. Keiner weiß, wer sie sind. Eines Tages kommen sie in eine Stadt und suchen dort eine Herberge. OVID schreibt:

»An tausend Türen pochten sie und baten um Unterkunft und Nachtlager; tausend Türen blieben verriegelt. Ein Haus nahm sie dennoch auf. Es war zwar nur klein und mit Stroh und Sumpfrohr gedeckt. Aber die fromme Greisin Baucis und der gleichaltrige Philemon hatten sich, als sie noch jung waren, in dieser Hütte vermählt und waren darin alt geworden. Aus

---

26 OVID: Metamorphosen. Lateinisch / Deutsch. Übersetzt und herausgegeben von MICHAEL VON ALBRECHT. Durchgesehene und bibliographisch ergänzte Ausgabe (Reclams Universal-Bibliothek Nr. 1360), Stuttgart 2010, (VIII 611-724) 444-453.

ihrer Armut machten sie keinen Hehl und ertrugen sie ohne Murren: So ward sie ihnen leicht.«[27]

Die Eheleute nehmen die beiden Wanderer auf und gewähren ihnen Gastfreundschaft, so gut sie es eben vermögen. Sie bereiten ihren Gästen ein köstliches Mahl, erweisen sich in jeder Hinsicht als vollendete Gastgeber und machen noch während des Mahles die überraschende Entdeckung, »wie sich der Mischkrug, aus dem man schon so oft geschöpft hat, selbsttätig wieder füllt und wie sich der Wein von selbst ergänzt«[28]. Mit den Worten »Götter sind wir«[29] geben sich die Besucher nach genossener Mahlzeit ihren Gastgebern zu erkennen und verhängen umgehend »die verdiente Strafe« über deren »gottlose Nachbarschaft«[30], die sie vor der Tür hatte stehen lassen, als sie in Gestalt fremder Wanderer umher wandelten und um Gastfreundschaft baten. Die ganze Ortschaft wird mit Wassermassen überflutet, worin die Reichen mit all ihrem Hab und Gut versinken. Kein Haus, das nicht in den Fluten verschwindet. Einzig die kleine Hütte, die Philemon und Baucis ihr eigen nennen, bleibt von diesem Unheil verschont.

Und die beiden Götter sparen nicht mit Dank für die ihnen so wohltuend erwiesene Gastfreundschaft. Ehe Philemon und Baucis sich versehen, hat sich ihre kleine Hütte, die »sogar schon für zwei Eigentümer zu eng gewesen war«[31] und in der trotzdem doch noch Platz genug für die beiden

---

27 VIII, 629–634.
28 VIII, 679–680.
29 VIII, 689.
30 VIII, 690.
31 VIII, 699.

göttlichen Gäste war dank der weiten Herzen ihrer beiden Bewohner, in einen Tempel verwandelt. Und als sei das noch nicht Dank genug, stellen die Götter obendrein den beiden liebenswerten Alten noch die Erfüllung eines Wunsches in Aussicht.

>Sagt, gerechter Greis, und du, Frau, die des gerechten Greises würdig ist, sagt, was ihr euch wünscht.« Mit Baucis wechselt Philemon wenige Worte und eröffnet dann den Göttern den gemeinsamen Beschluss: »Eure Priester zu sein und euren Tempel zu hüten, darum bitten wir. Und da wir all unsere Jahre in Eintracht gelebt haben, möge beide dieselbe Stunde hinraffen. Nie möge ich meiner Gattin Grab sehen und auch selbst nicht von ihr bestattet werden müssen.«[32]

Und buchstäblich zu guter Letzt kann die Geschichte erzählen, dass sich dieser Wunsch auf wunderbare Weise erfüllt. Die Götter sorgen dafür, dass beide, als das Ende ihres Lebens gekommen ist, verwandelt werden: Philemon in eine Eiche und Baucis in eine Linde.

Dass es sich bei dieser Geschichte um eine Metamorphose handelt, ist überhaupt keine Frage, denn »Verwandlung« ist da verschiedentlich ein Thema: verwandelte Götter, die als Fremde über die Erde wandern; der Wandel der kleinen Hütte in einen großen Tempel und der Wandel der beiden alten Liebenden in zwei nebeneinander stehende und miteinander verwachsene Bäume.

---

32 VIII, 703–710.

Das eigentliche Movens dieser Geschichte der »Verwandlungen« jedoch ist das Motiv der Gastfreundschaft, das darin stimmig und gültig »verdichtet« erscheint. Diese mythisch inspirierte und präfigurierte Geschichte von Philemon und Baucis, wie sie Ovid erzählt, teilt mit den unzähligen Geschichten, die wie diese auch von Gastfreundschaft erzählen, eine menschliche »Urahnung ..., vielleicht auch eine Ursehnsucht, nämlich, dass es für jeden Menschen einmal eine ganz dichte Situation gibt, in der sich vieles entscheidet. Dass jeder wenigstens oder nur einmal in seinem Leben eine Chance bekommt, in der er alles gewinnt oder vielleicht auch alles verspielt«[33].

XIV.
Offene Haus- und Herz-Tür

Wo und wann Gastfreundschaft geschieht, geht es um einiges: um »vieles«, wenn nicht »alles«. Denn es entscheidet sich, ob die göttliche Welt Zutritt zu unserer menschlichen Welt erhält. Größeres, um das es entscheidend gehen könnte, kann eigentlich nicht gedacht werden. Wesentlich und maßgeblich geht es alsdann um den positiven Verdacht, mit dem Fremden, der da an die Tür des eigenen Lebens klopft, komme jemand, der mir Gutes will, und nicht um den negativen Verdacht, da komme jemand, der mir Böses will. Philemon und Baucis sind da vorbildlich: Das Wahrnehmungsschema, fremd sei gleich Feind, bestimmt nicht ihr Verhaltensschema. Und es geht um eine Lebensdevise, die nach dem Schema

---

33 Fuchs, Ottmar: Gastfreundschaft als Gotteserfahrung. In: Ders.: »Von solcher Hoffnung kann ich leben ...«. Predigten, Luzern 1997, 21–26, 23.

»Platz ist in der kleinsten Hütte« verfährt und darum bereit ist, den eigenen Lebensraum mit Gästen zu teilen. Räumliche Enge gibt es eben da nicht, wo es herzliche Weite gibt. Auch die Einsicht in diese Herzenssache kann die Ovidsche Geschichte ihren Leserinnen und Lesern vermitteln.

Ein Haus der Gastfreundschaft ist »ein Haus der offenen Tür«. So und nur so kann es sein. Seine Bewohner*innen sind offene und offenherzige Menschen, die nicht daran denken, sich zu verschließen, und die es lieben, dass Menschen bei ihnen aus- und eingehen. Sie freuen sich über Besuch, der vorbeikommt, und sind glücklich, wenn diejenigen, die zu Besuch kommen, das Kostbarste als Geschenk mitbringen, was sie mitbringen können: sich selbst. Auch dies ist ein Merkmal gelingender Gastfreundschaft und zählt damit zu ihren konstitutiven Elementen, die ein menschliches Miteinander entstehen lassen, das sich wahrlich – um es mit einem Begriffspaar, das der österreichische Schriftsteller ROBERT MUSIL (1880-1942) geprägt hat, zu sagen – einer »Plusvariante« und keiner »Minusvariante« der Menschlichkeit verdankt.

Gastfreundschaft zu pflegen ist für die mythischen Gestalten Philemon und Baucis, die OVID und weitere Dichter nach ihm mit ihren Dichtungen »verewigt« haben – »Was bleibet aber, stiften die Dichter« (FRIEDRICH HÖLDERLIN) –, ein Stück Kultur, das sich buchstäblich von selbst versteht: kultivierte Menschlichkeit bzw. – besser gesagt – Mitmenschlichkeit als schlichte Selbstverständlichkeit, als eine in und durch sich selbst evidente Haltung, die keiner Begründung bedarf, doch die maßgeblich darüber mitentscheidet, was wir für Menschen sind: solche, von denen sich sagen lässt, sie seien »dem Menschen ein Helfer«[34], oder solche, von denen sich das nicht sagen lässt.

Doch bei alledem ist und bleibt die »alles« entscheidende Sache die, dass das offene Geheimnis nahezu aller Geschichten aus der Welt der Dichtung und Literatur, die den urkundlichen Erzählfaden der Mythen und Märchen weiterspinnen, eben das ist, dass sie Mal um Mal die Erfahrung bezeugen, zu welchem – guten(!) – Ende sie überhaupt erzählen, was sie erzählen. Und dieses unüberbietbare Ende, worum sich letztlich alles in den Geschichten dreht, ist das glückliche Ende, dass via gewährter Gastfreundschaft die allerbesten Chancen eröffnet sind, dass uns so das Himmlische und Göttliche, das Heilige, die Boten Gottes oder Gott selbst nahe kommen – näher, als wir es uns je hätten ausdenken und ausmalen können.

XV.
Gottes Realpräsenz als sein Gastpräsent

Gott ist uns im Gast nahe. Sein Gastpräsent für den, der Ihm die Tür öffnet, ist Er selbst: seine »Realpräsenz«. Er kehrt ein mit seiner Gegenwart, wo man ihn erwartet und einlässt. Was geschieht, wenn es geschieht, dass Gott vorbeikommt, vor der Tür steht und »der« Gast unseres Lebens sein will, hat der schottische Schriftsteller und Pfarrer GEORGE MACDONALD (1824-1905), ein echter »Theopoet«, als seine Sicht der »Theoxenie« einmal bildlich so in Worte gefasst:

---

34 BRECHT, BERTOLT: An die Nachgeborenen, in: DERS.: Gedichte. Ausgewählt von Autoren. Mit einem Geleitwort von ERNST BLOCH (suhrkamp taschenbuch 251), Frankfurt am Main 1975, 36–38, 38.

»Gott wird keine Tür aufbrechen, um einzutreten. Vielleicht schickt er einen Sturm um das Haus; der Wind seiner Warnung mag Türen und Fenster sprengen, ja das Haus in seinen Fundamenten erschüttern; aber er kommt nicht dann, nicht so. Die Türe muss von freiwilliger Hand geöffnet werden, bevor der Fuß der Liebe über die Schwelle tritt. Gott wartet, bis die Türe von innen aufgeht. Jeder Sturm ist ein Angriff der belagernden Liebe. Der Schrecken Gottes ist nur die Kehrseite seiner Liebe; es ist Liebe draußen, die innen sein möchte. – Liebe, die weiß, das Haus ist kein Haus, nur ein Ort, solange er nicht eintritt.«[35]

Es empfiehlt sich durchaus, in dem so geschilderten Geschehen das Wirken des Heiligen Geistes zu sehen. Der Heilige Geist ist der Geist, in dem Gott uns nahe kommen, nahe sein will – jener Geist, dessen Gaststatus die alte Pfingstsequenz »Veni Sancte Spiritus« mit den Worten »dulcis hospes animae« – »Gast, der Sinn und Herz erfreut« – beschreibt. Dieser Gast, der Gott als Heiliger Geist ist, wird, so wir ihn »einlassen«, sich bei uns einrichten, bei uns als »Gottes Tempel« wohnen (1 Kor 3,16), um dort zuhause zu sein, wo wir Menschen zu Hause sind.

Gottes Geist will sich mit unserem Geist verbinden – nicht ohne und nicht gegen unseren Willen. Wir können Gottes Geist jedoch gewinnen, weil er sich gewinnen lassen will. Sein Angebot steht, denn er steht mit ihm bei uns vor der

---

35 Lewis, C. S.: Die Weisheit meines Meisters. Anthologie aus George MacDonald. Übertragen von Martha Gisi und Hans Urs von Balthasar (Kriterien; Band 78), Einsiedeln 1986, 56.

Tür. Unsere Sache ist die Annahme dieses Angebots dadurch, dass wir ihm Raum in unserem Leben geben, ihm Platz einräumen, Leere schaffen für seine Fülle. »Wie dies geschieht? Hauptsächlich und in erster Linie in und durch unser Gebet. Dies ist die vornehmste Einlassstelle, die bewusst und willentlich geöffnete Pforte.«[36] Kein Gebet, das daher näherliegender wäre als das Gebet »Komm, heiliger Geist ...«.

Es muss eine Stelle in uns geben, die eine Leerstelle in uns ist für diesen göttlichen Geist als Gast, und Sinn aller Rede von Gotteserfahrung im Zeichen der Gastfreundschaft als Geheimnis der »Theoxenie« ist der, uns dies bewusst und bewusster zu machen: dass Sternstunden der Gastfreundschaft Sternstunden der Begegnung und Berührung mit Gott, seinem Sohn Jesus Christus und seinem Heiligen Geist sind.

XVI.
Der richtige Dreh
Schlüsselerfahrung Gastfreundschaft

Wer sich in der Gastfreundschaft üben will, muss wie bei vielen praktischen Dingen sonst auch »den richtigen Dreh raushaben«, um zu wissen, wie es geht. Stets geht es um den »richtigen Dreh«. Den hat in den Dingen der Gastfreundschaft jemand dann raus, wenn er die Schlüssel seines Lebenshauses so dreht, dass er dessen Tür(en) nicht zu-, sondern aufgeschlossen hält. Tut er das, tut er das Richtige, denn dann hat er seine Schlüssel menschen- und gottzugewandt gedreht, und das ist die ganze Bewandtnis, die es mit

---

36 SCHALLER, HANS: Der Heilige Geist. Zu Gast im eigenen Haus, in: Geist und Leben 91 (2018) 307–310, 309.

der Gastfreundschaft hat. So einfach ist das. Zu einfach? Wohl nicht! Denn alles Große ist einfach. Gastfreundschaft ist eine große Sache: Sie ist eine aufgeschlossene Lebensart, ja LebensArt, gibt sich menschenoffen, lässt uns damit rechnen, dass Gott uns inkognito entgegenkommt, und berechnen, dass kein Heim so klein sein kann, dass dort nicht auch noch Gott daheim sein könnte.

Gastfreundschaft: einfach großartig.

Von der Leidfrage
als einer Leitfrage des Lebens

Kreuz und quer Gedachtes

»Die Fülle der Nächstenliebe besteht einfach in der Fähigkeit, den Nächsten fragen zu können: ›Welches Leiden quält dich?‹ Sie besteht in dem Bewusstsein, dass der Unglückliche existiert, nicht als Einzelteil einer Serie, nicht als ein Exemplar der sozialen Kategorie, welche die Aufschrift ›Unglückliche‹ trägt, sondern als Mensch, der völlig unseresgleichen ist und dem das Unglück eines Tages einen unnachahmbaren Stempel aufgeprägt hat. Hierzu genügt es – aber das ist zugleich auch unerlässlich –, dass man versteht, einen gewissen Blick auf ihn zu richten. Dieser Blick ist vor allem ein aufmerksamer Blick, wobei die Seele sich jedes eigenen Inhalts entleert, um das Wesen, das sie so betrachtet, so wie es ist, in seiner ganzen Wahrheit, in sich aufzunehmen. Eines solchen Blickes ist nur fähig, wer der Aufmerksamkeit fähig ist.«

SIMONE WEIL

»Leiden« – so lautete einst die Thematik, der sich der 27. Internationale Fachkongress für Moraltheologie und Sozialethik im September 1995 widmete.[1] PETER FONK (* 29. Juni 1955) gehörte zu den Fachkolleg*innen, die damals dort

---

1 HÖVER, GERHARD (Hrsg.): Leiden. 27. Internationaler Fachkongress für Moraltheologie und Sozialethik (September 1995 – Köln/Bonn) (Studien der Moraltheologie; Band 1), Münster 1997.

vortrugen. Und bezeichnenderweise nahm er in seinem Vortrag »Gegen-Finalitäten – die Ethik des gelingenden Lebens vor der Frage nach dem Leiden«[2] direkt Bezug auf einen Mann, dem die *Leid*frage zur *Leit*frage seines Lebens wurde und der über sein(e) Fragen ein ganzes Buch schrieb, das in den Vereinigten Staaten, womit der Verlag überhaupt nicht gerechnet hatte, zu einem echten Bestseller wurde. Der Titel des Buches hieß: »When Bad Things Happen to Good People«, und verfasst hatte es der 1935 in Brooklyn, New York, geborene Rabbiner HAROLD S. KUSHNER[3], nachdem ein Kinderarzt ihm und seiner Frau die infauste Diagnose eröffnet hatte, dass ihr Sohn Aaron unter der seltenen genetisch bedingten Krankheit »Progerie« leide, was bedeute, dass er überschnell »vergreisen« werde und mit ziemlicher Wahrscheinlichkeit noch im Kindesalter (höchstens 12 Jahre Lebenserwartung) sterben werde.

Das Buch des US-amerikanischen jüdischen Gottesgelehrten ist ein Buch voller Fragezeichen, denn was sollte ein Buch, in dem die *Leid*thematik die *Leit*thematik ist, sonst sein?! HAROLD S. KUSHNER tut in seinem Buch etwas ebenso Eigenartiges wie Eigenwilliges. Er befragt rund(her)um alle biblisch-theologischen, philosophischen und literarischen Quellen, die ihm zur Hand sind, um sich zu vergewissern, ob ihm dort ein Wort entgegensprudeln wird, das ihm sein unerklärliches Leid(en) erklärt. Doch was er auch erkundet

---

2 A. a. O. 73-93.
3 KUSHNER, HAROLD S.: When Bad Things Happen to Good People, New York 1981, dt.: Wenn guten Menschen Böses widerfährt. Aus dem Amerikanischen übersetzt von Dr. ULLA GALM-FRIEBOES. Bearbeitet von HEINZ SPONSEL, München 1983.

und wo er sich erkundigt, überall Fehlanzeige. Nichts, das überzeugende Antwort auf das Wort seiner Leidfrage wäre.

Die Mühe eines nicht lockerlassenden Fragens, das bohrt und bohrt, ohne zu wissen, ob es jemals gelingen wird, den gesuchten Quellgrund wirklich zu erreichen, zeichnet das Fragen des leidgeprüften jüdischen Gottesdieners aus, und darin ist dieser sicherlich ein Vorbild, und wer täte nicht gut daran, sich an ihm ein Beispiel zu nehmen?!

»Glühende Rätsel« – so lautet der Titel eines Gedichtbandes der 1891 in Berlin geborenen und 1970 in Stockholm gestorbenen jüdischen Dichterin NELLY SACHS.[4] Den glühenden Rätseln seines Lebens begegnet der Mensch, wenn er jenen Fragen begegnet, die darum Lebensfragen heißen, weil das Leben sie uns stellt und nicht wir sie dem Leben. Dass zu diesen stets rätselhaft bleibenden Fragen die Frage nach dem Leid gehört, ist ebenso gewiss wie die Tatsache, dass Menschen sich selbst sooft zur Frage werden bzw. sich selbst Frage sind, sooft sie einem dieser glühenden Rätsel ihres Lebens begegnen. »Factus eram ipse mihi magna quaestio ...«. So schrieb nicht von ungefähr der Kirchenvater und Kirchenlehrer AURELIUS AUGUSTINUS (354–430) in seinen »Confessiones«, sich erinnernd daran, wie es ihm einst ging, als er um seinen verstorbenen Freund trauerte.[5]

---

4   SACHS, NELLY: Glühende Rätsel, Frankfurt am Main 1968.
5   AURELIUS AUGUSTINUS: Bekenntnisse. Lateinisch und deutsch. Eingeleitet, übersetzt und erläutert von JOSEPH BERNHART. Mit einem Vorwort von ERNST LUDWIG GRASMÜCK (insel taschenbuch 1002), Frankfurt am Main 1987, IV 4,9.

I.

Die Utopie der leidfreien Gesellschaft

> »Wenn es einen Ort gäbe ohne Leiden und wenn ich
> Kinder hätte, ich würde mit allen Mitteln verhin-
> dern, dass meine Kinder diesen Ort finden.«
>
> *Thich Nhat Hanh*

MARCUS PORCIUS CATO der Ältere (234–149 v. Chr.), so wird berichtet, habe jede seiner Reden, die er als Senator hielt, mit
den Worten »Ceterum censeo Carthaginem esse delendam«
beschlossen. Und damit hatte er auch Erfolg, denn es gab
dann den dritten punischen Krieg (149-146 v. Chr.), der mit
der vollständigen Zerstörung Carthagos endete.

Es wäre gewiss eine lohnende Sache, einmal gründlich
zu recherchieren, welches »Cetero censeo« Frauen und Männer in hohen Staatsämtern heute leitet. Doch haben wohl
auch Philosophen und Theologen ein »Ceterum censeo«, das
als ihr ureigenes ipsissimum verbum gelten kann. Nicht alle
wissen es selbst, und nicht von allen weiß man es.

Der ehemalige Tübinger Philosoph ERNST BLOCH (1885–
1977) kannte sein »Ceterum censeo«, und alle kennen es. Es
hat mit seinem Utopie-Begriff zu tun. Für ihn galt, »utopiam
esse historice creandam«, und dieses »Ceterum censeo« hat
er – gelegen oder ungelegen – gern wiederholt in den Mund
genommen.[6]

Utopie ist das, was in der Welt (noch) keinen Ort hat,
doch unbedingt einmal einen geschichtlichen Ort haben

---

6   BLOCH, ERNST: Tübinger Einleitung in die Philosophie, in: DERS.: Gesamtausga-
    be in 16 Bänden, Band 13, Frankfurt am Main 1977, 367.

sollte. So hat der Philosoph, welcher der Welt das dreibändige Werk »Das Prinzip Hoffnung«, das ursprünglich »The Dreams of a better Life« heißen sollte, vermachte, die Dinge gesehen. Prinzipiell ist Utopie in der Sicht dieses Philosophen »Realutopie«, was (be)sagen will: das, was als Gedachtes, Geplantes jetzt noch keinen Ort in der »realen« Welt hat, möge »realiter« dann eben doch einmal eines künftigen Tages seinen Ort haben, und zwar unbedingt.

Eine der in aktuellen moralphilosophischen wie moraltheologischen Debatten und Diskursen konfrontativ bedachte und behandelte Realutopie ist jene Utopie, welche die Bezeichnung »Utopie der leidfreien Gesellschaft« trägt.

Die Utopie der leidfreien Gesellschaft ist als Realutopie darauf aus, dass das Leid einmal keinen Ort mehr in der Welt hat und damit die Existenz des Menschen eine von Leid befreite sein wird. Diese Utopie ist eine mächtige Utopie, denn sie hat viel Verheißung im Gepäck und gewinnt damit eine quasi religiöse Dignität.

Wenn es denn stimmt, dass diejenigen Recht haben, die sagen, dass neben die Traumfabrik Hollywood inzwischen längst die Traumfabrik »Dollywood«[7] getreten ist, dann kann kein Zweifel daran sein, dass Bio- und Gentechnik mit nicht geringen Heilserwartungen – Heilung bislang als unheilbar geltender Krankheiten – überfrachtet und überzogen werden. Unbegrenzte, unendliche Erwartungen an die Leistungskapazität und Leistungsqualität der Bio- und Gentechnik sind eines der untrüglichen Zeichen unserer Zeit. Denn

---

7 LASSEK, REINHARD: Traumfabrik Dollywood. Die Erwartungen an die Biotechnologie sind überzogen, in: zeitzeichen. Evangelische Kommentare zu Religion und Gesellschaft 2 (2001) Heft 9, 8–11.

massive Heil(ung)sversprechen binden sich an erhoffte, erwartete, ja ersehnte künftige Leistungen dieser Technik(en). Ob diese überhaupt jemals diesen ihnen gegenüber gehegten Erwartungen werden genügen können, ist gleichwohl eine keineswegs unberechtigte Frage.

Wird es Bio- und Gentechnikern – bald – gelingen, das Los des Leidens, »das Gen des Altern(müssen)s« zu eliminieren oder eventuell gar »das Gen des Sterben(müssen)s« – das »Gen des Todes«, das nach GOTTFRIED BENN (1886-1956) alle Menschen in sich tragen –? So lässt sich fragen. Doch daneben lässt sich ebenfalls fragen: Soll bzw. darf ihnen das gelingen? Wäre es tatsächlich ein Gewinn für die Menschen, nicht altern und nicht sterben zu können als Kinder dieser Welt? Es sind nicht die Dümmsten, die bezweifeln, dass das wirklich ein menschlicher Gewinn wäre.

Der sloganhafte Satz »Wer heilt, hat recht«[8], der in jüngerer und jüngster Zeit mehr und mehr in Umlauf befindlich ist, hat als Zwillingsbruder mehr und mehr den Satz bei sich: Sooft – und wenn auch vage – Heilungsziele, Heilungsabsichten als sich auftuende kenntlich gemacht werden können, sooft darf es auch für die Forschung bzw. für die Forscher keine Grenzen – weder Grenzen des Rechts noch Grenzen der Ethik – geben. Die gute Heilungsabsicht »heiligt« gemäß dieser Logik letztlich jedes Mittel. So ist es längst nach und nach, wie HANS GLEIXNER (* 1935), der frühere Ordinarius für Moraltheologie an der Theologischen Fa-

---

8   Zur Kritik des Satzes siehe: BECK-GERNSHEIM, ELISABETH: Wer heilt, hat recht?, in: ELSTNER, MARCUS (HRSG.): Gentechnik, Ethik und Gesellschaft, Berlin – Heidelberg – New York – Barcelona – Budapest – Hongkong – London – Mailand – Paris – Santa Clara – Singapur – Tokio 1997, 81-95.

kultät Paderborn, bemerkt hat, zur Bildung zweier Fraktionen in der Debatte um Pro und Contra der Bio- und Gentechnik gekommen, und zwar erstens zur Fraktion derer, die eine Ethik des Heilens vertreten, und zweitens zur Fraktion derer, die eine Ethik des Lebensschutzes vertreten, so dass »fortschrittsfreundliche Heiler« und »fortschrittsfeindliche Lebensschützer« einander gegenüberstehen.[9]

Wenn es um eine Realutopie geht, deren Vertreter und Anhänger vorgeben, früher oder später künftig praktisch alle Krankheiten heilen zu können und so einen gesellschaftlichen Zustand der Leidfreiheit herbeiführen zu können, dann müssen sich diese Realutopisten wohl oder übel die Frage gefallen lassen, wie realistisch die Dinge sind, die vorgeblich erreichbare Dinge einer nahen Zukunft sein sollen. Skeptiker aus den eigenen Reihen der Wissenschaftler bezweifeln, dass sich schon sehr bald spektakuläre Heilungsmöglichkeiten als Sensation abzeichnen werden dank gemachter bahnbrechender bio- und gentechnischer Durchbrüche, verweisen eher auf eine ferne(re) Zukunft und halten eben das für eine realistische(re) Prognose.

So sehr zeitnahe Erfolge bio- und gentechnischen Bemühens wünschbar sind, so sehr ist doch auch jenen Wissenschaftsjournalist*innen und deren Schreibe zu wehren, die bei ihren Leser*innen, Hörer*innen oder Zuschauer*innen den nachweislich falschen Eindruck entstehen lassen, als sei die heutige bio- und gentechnische Forschung bereits morgen in der Lage, ihre Verheißungen

---

9   GLEIXNER, HANS: Ethik des Genoms? Moderne Gentechnik und Biomedizin auf dem ethischen Prüfstand, in: ERNST, JOSEF (Hrsg.): Kirche im Übergang, Paderborn 2003, 225-251.

wahr zu machen und ihre Versprechungen einzulösen. Und sollte es dennoch tatsächlich so sein, dass etliche der gemachten Versprechen sich als wahre, da wirklich einzuhaltende, Versprechen entpuppen, dann wäre die Frage immer noch die, was davon die Menschheit wirklich zu begrüßen hätte.

Noch ist es nicht so weit, dass Bio- und Gentechnik uns diese Welt »bescheren«. Doch zu fragen bleibt: Wäre diese neue Welt dann wirklich eine »schöne« Bescherung, eine wirklich »schöne, neue Welt« (Aldous Huxley)? Wäre sie eine menschlich bewohnbare Welt und wäre sie – alles in allem – wirklich eine Welt, deren vollendete »Realisation« wir wirklich – ernstlich – wollen sollten?

Es gibt Stimmen, die sagen: Das kann keine Welt sein, die als wirklich verortete Welt gewollt sein kann.[10] Denn eine Welt, in der es kein Leid gibt und demnach auch keine Leidenden, wäre eine Welt, in der es auch kein Mitleid gibt – denn da, wo es kein Leid gibt, braucht es auch kein Mitleid. Und eine vom Leid und dann auch vom Mitleid befreite bzw. freie Welt wäre eine zwischenmenschlich unterkühlte und damit keine »wohltemperierte« Welt. Die Frage bleibt so oder so die: Ist der Geist dieser Utopie ein guter Geist oder ist er das nicht?

»Kinder brauchen Märchen«, so schrieb Bruno Bettelheim (1903–1990) einst.[11] Daneben, nicht dagegen ist zu sagen: Erwachsene brauchen Märchen. Brauchen jene sie zum Ein-

---

10 Böckle, Franz: Leidfreie Gesellschaft? Kritische Anmerkungen, in: Renovatio 32 (1976) 153-155.
11 Bettelheim, Bruno: The Uses of Enchantment: The Meaning and Importance of Fairy Tales, New York 1976, dt.: Kinder brauchen Märchen. Aus dem Englischen von Liselotte Mickel und Brigitte Weitbrecht, München ^{27}2006.

schlafen, so diese zum Aufwachen. Vom Nutzen der Märchen zum philosophischen Gebrauch war jedenfalls der Philosoph ODO MARQUARD (1928–2015) überzeugt, und es lohnt sich, eine seiner märchenhaften Überlegungen, die er als »Transzendentalbelletristiker«, wie er sich selbst gern bezeichnete, einmal anstellte, zu zitieren und zu inspizieren.

Dem früheren Gießener Philosophen ist es tatsächlich gelungen, eine Lesart eines der berühmtesten Märchen des dänischen Schriftstellers HANS CHRISTIAN ANDERSEN (1805-1875), des Märchens »Die Prinzessin auf der Erbse« aus dem Jahre 1837, zu entdecken und zu entfalten, welche eine bislang so nicht gekannte und bekannte Sicht medizinischer Verhältnisse, wie diese derzeit gelagert sind, besser zu verstehen gestattet. Ohne selbst Mediziner zu sein, hat ODO MARQUARD dennoch ein heikles Syndrom, das unter den Zeitgenossen grassiert, diagnostiziert und es als »Prinzessin-auf-der-Erbse-Syndrom« so klassifiziert:

»Das Prinzessin-auf-der-Erbse-Syndrom: Wo Fortschritte – auch und gerade medizinische Fortschritte – wirklich erfolgreich sind und Übel wirklich abschaffen, da wecken sie selten Begeisterung. Sie werden vielmehr selbstverständlich, und die Aufmerksamkeit konzentriert sich dann ganz und gar auf jene Übel, die übrigbleiben. Da wirkt das Gesetz der zunehmenden Penetranz der Reste. Je mehr Negatives aus der Wirklichkeit verschwindet, desto ärgerlicher wird – gerade weil es sich vermindert – das Negative, das übrig bleibt. (...) Wer – fortschrittsbedingt – unter immer weniger zu leiden hat, leidet unter diesem

111

Wenigen immer mehr. Das – denke ich – ist der Fall der Prinzessin auf der Erbse, die, weil sie unter nichts anderem mehr zu leiden hatte, nun unter einer Erbse litt. Darum vermag sie zur Parabel des fortgeschrittenen, des modernen Menschen zu werden, sie und jenes Syndrom, das sie repräsentiert: das Prinzessin-auf-der-Erbse-Syndrom.«[12]

Jeder Zeitgenosse, welcher der Logik dieser zugegebenermaßen skizzenhaften Syndrom-Beschreibung folgt, entdeckt da bald ein Narrativ, das ihm, ob er will oder nicht, unter der Hand zum Spiegel wird, der ihn erkennen lässt: Die Prinzessin dieses Märchens zeigt dich dir selbst. Sie ist eine »Sensibilissima«[13], als diese völlig übersensibilisiert und eben darum unglücklich. Die Geschichte der Prinzessin auf der Erbse ist deine Geschichte. »Tua res agitur, Tua fabula narratur.«[14] Das bitte nicht vergessen! Die übersensitive Natur dieses unglücklichen Sensibelchens ist auch die deine.

Der moderne Mensch denkt, wirklich glücklich könne er erst sein, wenn auch noch die Erbse als Leidensquelle wegfalle, der medizinische Fortschritt mithin an sein endgültiges Ziel gelangt sei und damit alle Leidensquellen erfolgreich ausgeschaltet habe. Billige philosophische Sophistik ist es sicher nicht, wenn jemand wie Odo Marquard gegen eine solche menschlich zwar verständliche Überzeugung, wie sie die

---

12 Marquard, Odo: Medizinerfolg und Medizinkritik. Die modernen Menschen als Prinzessinnen auf der Erbse, in: Ders.: Skepsis und Zustimmung. Philosophische Studien, Stuttgart 1994, 99–109, 105f.
13 A. a. O. 99.
14 Bloch, Ernst: Literarische Aufsätze, in: Ders.: Gesamtausgabe in 16 Bänden, Frankfurt am Main 1977, Band 9, 282.

Moderne im Schilde führt, den – so scheint es – doch berechtigten Einwand erhebt, ob wir Menschen dieser Zeit, wenn alle Leidensquellen beseitigt seien, dann ersatzweise wohl unter dem zu leiden hätten, was uns »die Leidensmöglichkeiten nimmt und das Leiden erspart: also etwa unter dem Fortschritt, und zwar gerade dann, wenn er erfolgreich ist«[15].

Eigentlich müsste es sich erwartungsgemäß doch so verhalten, dass wir mit der Medizin, die wir haben, umso glücklicher sind, je erfolgreicher sie ist. Doch das ganze Gegenteil ist ja bekanntlich der Fall. In dem Maße, wie die Medizin darin erfolgreich ist, krankheitsbedingtes Leid aus der Welt zu schaffen, wächst zugleich der Unmut unter uns Menschen darüber, was sie alles noch nicht geschafft hat. Die Mediziner*innen, die sich tagaus tagein um Fortschritt(e) bemühen, werden trotz der Tatsache, dass einige wenige unter ihnen ehrenhalber den Nobelpreis verliehen bekommen, weniger bewundert für die Fortschritte, die sie schon erzielt haben, als vielmehr kritisch beäugt für die noch nicht getanen Schritte, die auch noch den letzten Rest des Leids beseitigen, der scheinbar (nicht: anscheinend!) das vollkommene Glück noch zu verhindern scheint.

Wer hinter die Kulissen einer solchen Denke schaut, wird bald gewahr, dass diese ganz im Zeichen des epochalen Umbruchs steht, innerhalb dessen ein Mentalitätswechsel dabei ist sich zu vollziehen, dessen Eigenart es ist, dass sich im Leben und Erleben moderner Menschen die Gewichte zwischen Schicksal (Fatum) und Machsal (Faktum) verschieben. Und die Richtung, in welche die Züge dieses Verschiebe-

---

15 Ebd.

bahnhofs fahren, ist eindeutig. Die Gleise der zurückzulegenden Strecke sollen an einen bestimmten Ort führen – noch ist er U-topos –[16]: mit der planmäßigen Ankunft dort wäre dann das »Ende des Schicksals« erreicht und besiegelt. In sprachlicher Anlehnung an ein Wort des Begründers der Psychoanalyse SIGMUND FREUD (1856–1939) wäre als Beschreibung der Richtung, wohin der Zeitgeist driftet, zu sagen: »Wo Fatum war, soll Faktum werden.« Oder eben so, wie mit ODO MARQUARD und seinem unnachahmlich wortschöpferischem Geist zu verlaut(bar)en wäre: Wo »Schicksal« war, soll »Machsal« werden.

Der Zug der Moderne, so die Fahrplan-Auskunft, die ODO MARQUARD kundig erteilt, hat eine klare Wegstrecke. Und diese »führt vom Fatum zum Faktum; vom Schicksal zum Machsal«. Der Zug hat seine Fahrt schon aufgenommen, und seine Zeitreise führt nach und nach direkt ins »Zeitalter der Machbarkeit«[17], das als erreicht gilt, wenn alle Wirklichkeit gleichsam »defatalisiert«[18] ist und es nichts (mehr) gibt, das nicht im Zeichen des Machens und der Macher steht.

ODO MARQUARD hat einmal über sich als Philosoph gesagt, es komme ihm gelegentlich doch so vor, als denke er Gedanken, die lediglich ihm selbst noch einleuchteten. Seine Gedanken zum »Prinzessin-auf-der-Erbse-Syndrom« wie die zu Schicksal (Fatum) und Machsal (Faktum) gehören wohl nicht zu dieser Kategorie. In guter Wahlverwandtschaft zur skep-

---

16 GEISSLER, HEINER: Ou Topos. Suche nach dem Ort, den es geben müßte, Köln ²2009.

17 MARQUARD, ODO: Ende des Schicksals? Einige Bemerkungen über die Unvermeidlichkeit des Unverfügbaren, in: DERS.: Abschied vom Prinzipiellen. Philosophische Studien, Stuttgart 1981, 67–90, 67.

18 A. a. O. 70.

tischen Philosophie eines ODO MARQUARD, dem die Zukunft einer Illusion, wie sie die Utopie der leidfreien Gesellschaft verkörpert, keine gute, keine glückliche und darum auch keine behagliche und wünschenswerte zu sein schien, tun heute lehrende und forschende Moraltheolog*innen gut daran, sich ab und zu daran zu erinnern, was einer aus ihrer Zunft, HANS ROTTER SJ (1932–2014), ihnen wahrlich nicht zu ihrem Leidwesen nahegelegt hat. In seinem Beitrag zur Festschrift für BERNHARD HÄRING C.Ss.R (1912–1998) bemerkte er einst:

»Die scholastische Tradition betrachtet das menschliche Verhalten fast ausschließlich als Aktivität. Die Vollzüge der Person werden als ›Akte‹ bezeichnet, d. h. als Taten, die vom Subjekt ausgehen. Dabei wird dann der Aspekt des Passiven, des Erleidens weitgehend übersehen. Entsprechend fragt auch die Moraltheologie gewöhnlich nur nach den richtigen oder falschen Aktivitäten des Menschen. Die Frage, in welcher Weise der Mensch richtig leiden soll, d. h. in welcher Einstellung er ... sein Leiden annehmen und tragen soll ..., wird dann nur selten gestellt. Und doch ist das eine Frage, die jeden Menschen mehr oder weniger stark betrifft, die ihn oft geistig beschäftigt und auch eine theoretische Antwort verlangt.«[19]

Damit bezieht der frühere Innsbrucker Moraltheologe eine Position, die Mahnung und Warnung zugleich ist, näm-

19 ROTTER, HANS: Personaler Vollzug als Leiden, in: RÖMELT, JOSEF – HIDBER, BRUNO (Hrsg.): In Christus zum Leben befreit. Für BERNHARD HÄRING, Freiburg im Breisgau 1992, 339-349, 339.

lich die Frage nicht zu vergessen, wie das menschlich gehen kann: Leid zu bestehen, welche Lebensverhältnisse, welche Lebenshaltungen und welchen Lebenshalt es dazu braucht. Gute Moraltheologie wird da einzig die sein, die da Optionen – Lebensoptionen – aufzeigt, welche beide Ebenen zusammen sehen und zusammenbringen: die Ebene erworbenen und die geschenkten Könnens.

Wenn es schon heutzutage der Geist der Utopie sein muss, wie wäre es dann mit diesem Geist, dessen Programm das Einander-helfend-*Beistehen* zum *Bestehen* des eigenen Leids ist?! Wäre dieser gute Geist nicht eigentlich der echte und rechte Geist der Utopie?! Und wäre die Moraltheologie selbst nicht gut damit beraten, unserer Welt und Zeit mit besten Empfehlungen einfach und eindeutig zu raten, jenes Programm, so und wo es noch ortlos ist, dringend zu verorten?! Biotope könnten so entstehen, die sich einem christlichen Geist der Utopie verdanken, und der war, ist und bleibt stets der Geist der Salutopie.

II.
ALBERT CAMUS und der glückliche Sisyphos

> »... dass der Sinn des Lebens die
> dringlichste aller Fragen ist«
>
> *Albert Camus*

Sein Leid zu (er)tragen und dem Mitmenschen sein Leid (er)tragen zu helfen kann dem Menschen vielleicht die nach und nach gewonnene Lebenserfahrung, dass es tatsächlich so etwas wie eine Leidgeschwisterlichkeit aller Menschen gibt. Denn wen (be)trifft das Leid früher oder später nicht?!

Und so wäre es dann eine wahr- und wirklich menschlich-mitmenschliche Option, einander im Leid beizustehen – und das gerade da, wo das Leid bzw. der Leidenszustand eines Menschen schlimme Formen annimmt.

Entscheidend ist, dass ein Ethos, das aus dieser Option erwächst, tatsächlich gelebte Tat wird. Die dementsprechende ethische Gleichung verläuft so, dass sie uns einsichtig macht, das Leid zu mindern und zu mildern, das zu mindern und zu mildern ist, und das völlig ungeachtet dessen, ob das in jedem Fall auch dazu führt, den Kampf gegen das Leid letztlich zu gewinnen.

Jemand, dem solche Gedanken einst durch den Kopf gingen, da ihm der Gedanke der Leidgeschwisterlichkeit aller Menschen von elementarer Bewusstheit war, ist ALBERT CAMUS (1913-1960) gewesen, der 1957 für sein erzählerisches, dramaturgisches, philosophisches und publizistisches Gesamtwerk den Nobelpreis für Literatur erhielt.[20] In seinem 1947 in Paris erschienenen Roman »Die Pest«, den der schwedische Schriftsteller LARS GUSTAFSSON (1936–2016) ein »Jahrhundertbuch«[21] genannt hat, spielt er erzählerisch durch, was das Leid mit dem Menschen und der Mensch mit dem Leid macht.

---

20 Aus moraltheologischer Sicht würdigen zwei bei Professor Dr. BERNHARD FRALING (1929–2013) gefertigte Dissertationen ALBERT CAMUS und seinen denkerischen Ansatz: NEUWÖHNER, WALTER: Ethik im Widerspruch. Zur Entfaltung der Sittlichkeit unter dem Vorzeichen des Unglaubens, dargetan an den Essays »Le Mythe de Sisyphe« und »L'Homme révolté« von Albert Camus (Europäische Hochschulschriften. Reihe XXIII: Theologie; Band 253), Frankfurt am Main – Bern – New York 1985; PECHTL, JOSEF: Kraft und Güte. Albert Camus' Spannungsdenken als seine Antwort auf die Herausforderungen des Nihilismus (Studien der Moraltheologie; Band 7), Münster 1998.
21 Mein Jahrhundertbuch (38). GUSTAFSSON, LARS: »Die Pest« von Albert Camus, in: Die Zeit Jg. 54 – Nr. 38 – 16. September 1999 – S. 55.

Was in der Sicht des schwedischen Schriftstellers Lars Gustafsson den Roman »Die Pest« zu einem so lesenswerten Roman macht, ist die Tatsache, dass es Albert Camus gelungen ist, da »die großen, tiefen Fragen«[22] zu stellen und »eine vollständig realistische, fast reportagehafte Erzählung in eine philosophische Lebenserforschung zu verwandeln«[23].

Erzählende Philosophie – genau das will und soll der Roman »Die Pest« sein. Es ist ein philosophischer Roman, der die Frage stellt, wie Menschen damit umgehen, dass sie in einer Welt leben, die auch durch die absurde Logik des Leids und des Tods bestimmt ist. In diesem Roman, »dem ›Roman des Absurden‹, ist die Pest ein Symbol für die Gesamtsituation des Menschen«[24]. Der Philosoph des Absurden (kenn)zeichnet die »condition humaine« als eine absurde Situation unentrinnbaren Leids und unentrinnbaren Tods, die auch – was die Absurdität auf die Spitze treibt – die Kinder nicht verschont.

Die Handlung des in der algerischen Stadt Oran spielenden Romans ist frei erfunden. Die Chronik der laufenden Ereignisse – die Pest fordert Opfer um Opfer – birgt jede Menge Schrecken. Und das »erkenntnisleitende Interesse« (Jürgen Habermas), das Albert Camus mit seinem philosophierenden Erzählen bzw. erzählenden Philosophieren verfolgt, ist darin enthalten, mit Vehemenz dafür einzutreten, einzig die Reaktion gegenüber der durch die Pest versinnbildlichten Wirklichkeit von Leid und Tod als ethisch überzeugend erscheinen zu lassen, derer sich der Arzt Dr. Bernard Rieux

---

22 Ebd.
23 Ebd.
24 Rombold, Günter: Wider Gott, den Vater des Todes, in: Bachl, Gottfried – Schink, Helmut (Hrsg.): Gott in der Literatur (Linzer Philosophisch-Theologische Reihe; Band 6), Linz 1976, 109-120, 110.

und seine Helfer*innen befleißigen, die in furchtloser Manier die Stätten der Stadt aufsuchen, wo die Pest wütet, dort »praktisch« das tun, was zur Minderung und Milderung des Leid(en)s getan werden kann und darum auch getan werden muss, und es nicht so machen wie der höllische Gerichtspredigten haltende Jesuitenpater, dessen Geschwätzigkeit sich in fruchtlosen »theoretisch«-theologischen Erklärungen der wütenden Pest ergeht.

Dieser Dr. Bernard Rieux zeigt als Pestarzt unermüdlichen Einsatz und kümmert sich um so viele an der Pest erkrankte Menschen wie möglich in beispielhafter ärztlicher Sorge. Er kämpft um jedes Menschenleben – kämpft seinen Kampf dennoch als ein Kämpfer ohne Illusionen. Er kämpft in dem Wissen, dass er seinen Kampf gegen die Pest und das Leid und den Tod, die sie mit sich bringt, letztlich nicht gewinnen kann. Er ist eine Sisyphos-Figur, eine Figur der großen Vergeblichkeit, der es versagt ist, das zu schaffen, was sie eigentlich schaffen will. Dennoch lässt er sich nicht unterkriegen, gibt er nicht auf trotz des Wissens um die Unlösbarkeit der Aufgabe, vor die er sich gestellt sieht, erklärt und erweist sich vielmehr unmissverständlich solidarisch mit den Pestkranken seiner Stadt.

Den jungen Mann Jean Tarrou, der sich vom Beobachter dessen, was geschieht, zum Bekämpfer dessen, was geschieht, wandelt, quält eine brennende Frage. In einem seiner Gespräche mit Dr. Bernard Rieux spricht er sie unumwunden direkt aus.

«Eigentlich», sagte Tarrou schlicht, «möchte ich gerne wissen, wie man ein Heiliger wird.»

«Aber Sie glauben ja nicht an Gott.»

«Eben. Kann man ohne Gott ein Heiliger sein, das ist das einzig wirkliche Problem, das ich heute kenne.»

[...]

«Vielleicht», erwiderte der Arzt. «Aber wissen Sie, ich fühle mich mit den Besiegten enger verbunden als mit den Heiligen. Ich glaube, daß ich am Heldentum und an der Heiligkeit keinen Geschmack finde. Was mich interessiert, ist, ein Mensch zu sein.»[25]

Die Frage, die Jean Tarrou doch ziemlich zu bewegen scheint, ist die Frage, ob man »ohne Gott ein Heiliger«[26] sein könne. Die Frage hat für den jungen Mann erhebliches existenzielles Gewicht, doch ob er das, was Dr. Bernard Rieux ihm zu verstehen geben will, jetzt schon gedanklich einholen kann, steht vorerst noch dahin. Und doch ist die Lektion, die der Ältere da dem Jüngeren erteilt, eine von beachtlichem Format, besagt sie doch, dass einzig eine Menschlichkeit, die »den Besiegten« – FJODOR MICHAELOWITSCH DOSTOJEWSKIJ (1821–1881) würde sagen: den Erniedrigten und Beleidigten, PAPST FRANZISKUS (* 17. Dezember 1936) würde sagen: denen, die die Randzonen dieser Zeit und Welt »ganz unten« bewohnen, – nahe- und beisteht, heute die einzig verbindend-verbindliche Form einer »Heiligkeit« sein kann, der es überhaupt noch zusteht, den Anspruch, glaubhaft zu sein, zu stellen. Jean Tarrou ist einer der letzten, die an der Pest sterben. Sein Tod ist

---

25 CAMUS, ALBERT: La Peste, Paris 1947, dt.: Die Pest. Roman, Hamburg 1950, 151.

26 A. a. O. 151.

ebenso absurd wie jeder der Tode, die in der Peststadt gestorben werden.

Wer nach der appellativen »Leerstelle« sucht, die der Roman »Die Pest« hinterlässt und es damit seinen Leser*innen überlässt, sich diese »Leerstelle« zur eigentlichen »Lehrstelle« werden zu lassen, wird sie exakt in eben jener Frage entdecken können, ob ein Mensch das sein könne: »ohne Gott ein Heiliger«. Hat ALBERT CAMUS mit seinem Roman »Die Pest« und dessen Hauptfigur Dr. Bernard Rieux womöglich eine »Heiligenlegende« geschrieben: die Geschichte eines Menschen, dessen Heiligkeit seine glaubhafte Menschlichkeit ist? Vieles spricht dafür, die Frage zu bejahen.

IRIS RADISCH (* 2. Juli 1959) – sie leitet seit März 2013 gemeinsam mit ADAM SOBOCZYNSKI (* 1975) das Feuilleton der Wochenzeitung »Die Zeit« – hat ihren Beitrag zu ALBERT CAMUS, den sie anlässlich seines 50. Todestags schrieb, nicht ohne Grund und ohne Absicht unter den Titel »Der Zeitgenosse unserer Träume«[27] gestellt. Was den einst neben einem JEAN-PAUL SARTRE (1905–1980) und einer SIMONE DE BEAUVOIR (1908–1986) in der ersten Reihe der Pariser Intellektuellen

---

27 RADISCH, IRIS: Der Zeitgenosse unserer Träume. In den ersten Tagen des Jahres 1960 starb der große Albert Camus. Die Kraft seiner Literatur kommt aus der Einfachheit – und aus der Einsamkeit, in: Die Zeit Jg. 64. – Nr. 1 – 30. Dezember 2009 – S. 72. Ausdrücklich und ausführlich hat IRIS RADISCH Leben und Werk des zu den bekanntesten französischen Geistesgrößen im 20. Jahrhundert zählenden ALBERT CAMUS in einem eigenen Buch beschrieben, dessen Struktur sich anlehnt an die zehn Worte, die ALBERT CAMUS für die vornehmlichsten seines Lebens hielt: »Die Welt, der Schmerz, die Erde, die Mutter, die Menschen, die Wüste, die Ehre, das Elend, der Sommer, das Meer«. (CAMUS, ALBERT: Tagebuch. März 1951 – Dezember 1959. Aus dem Französischen übertragen von GUIDO G. MEISTER, Reinbek bei Hamburg 1991, 11.) Siehe: RADISCH, IRIS: CAMUS. Das Ideal der Einfachheit. Eine Biographie, Reinbek bei Hamburg 2013.

stehenden philosophierenden Schriftsteller bzw. schriftstellernden Philosophen nach wie vor – bemerkenswert genug – keine vergessene und verkannte Gestalt sein lässt, weit eher eine bleibend aktuelle, dürfte wohl darin seinen eigentlichen Grund haben, dass sein philosophischer »Glaube«, der die existenzielle Hermeneutik des Daseins in dem bizarren Gedanken kulminieren lässt, dass die Welt da schweigt, wo der Mensch fragt, und so das Absurde durch die Oberfläche der Dinge schimmert, nach wie vor geteilt wird.[28]

Es macht ihn noch immer zum Zeitgenossen unserer Träume, dass die unübersehbare und unübergehbare »Logik« des Absurden, die wie ein Gespenst umgeht und die Szenerie des Theaters, das nach WILLIAM SHAKESPEARE (1564–1616) die Welt ist, bestimmt, in seiner Sicht der Dinge nicht, wie man denken könnte, zwingend zum Erlahmen und Erliegen jeden menschlichen Bemühens führen muss, da das Absurde jeden Sinn von vornherein nichtet. Mitnichten, sagt ALBERT CAMUS, der sich damit zum Anwalt derer macht, die die Herausforderung des Absurden dadurch annehmen, dass sie ihm die Stirn bieten.

ALBERT CAMUS soll einmal über sich gesagt haben: »Gibt es eine Partei der Leute, die nicht sicher sind, recht zu haben? Bei der wäre ich gern Mitglied.« Sein früher Tod hat ihn daran gehindert, womöglich selbst den Entschluss zu fassen, eine solche gegen den Geist der Rechthaberei gerichtete Partei zu gründen. Gleichwohl ist mit einigem Recht zu sagen,

---

28 »Das Absurde entsteht aus diesem Zusammenstoß zwischen dem Ruf des Menschen und dem vernunftlosen Schweigen der Welt.« CAMUS, ALBERT: Le Mythe de Sisyphe, Paris 1942, dt.: Der Mythos des Sisyphos. Deutsch und mit einem Nachwort von VINCENT WROBLEWSKY, Reinbek bei Hamburg [18]2014, 40.

dass er, was die aus seinem philosophischen »Glauben« erwachsenen An- und Einsichten betraf, zwar kein »Rechthaber«, doch ein »Rechtgläubiger« – er glaubte ganz gewiss daran, Rechtes und Berechtigtes zu denken – zu sein meinte.

Unter sprachlicher Anleihe bei Worten des protestantischen Theologen FRIEDRICH DANIEL ERNST SCHLEICHERMACHER (1768–1834) wäre zu sagen: Zu den Gebildeten unter den Verächtern der christlichen Religion ist ALBERT CAMUS wahrlich nicht zu zählen. Ihm war zwar jede absolute Wahrheit stets suspekt – nicht einmal Pachtverträge mit der Wahrheit wollte er gelten lassen –, und so blieb er stets skeptisch gegenüber denjenigen, welche die Wahrheit gepachtet zu haben glaubten. Doch was die Wahrheit der christlichen Religion anging, so mochte er nicht behaupten, diese sei »eine Illusion«; gleichwohl lag ihm daran, unmissverständlich zu betonen, dass er selbst »ihrer nicht teilhaftig zu werden vermochte«[29]. Bekannt hat er sich zu dieser seiner Sicht der Dinge – und das wohl kaum zufällig – in einem Vortrag, den er vor den Dominikanern des Klosters von Latour-Maubourg (Paris) im Jahre 1948 hielt. Begründet hat er im Rahmen dieses Vortrags seinen Standpunkt so:

»Wir befinden uns dem Bösen gegenüber. Was mich selbst angeht, so fühle ich mich allerdings ein wenig wie Augustin vor seiner Bekehrung, als er sagte: ‹Ich forschte nach dem Ursprung des Bösen und blieb da-

---

29 CAMUS, ALBERT: Der Ungläubige und die Christen. Auszüge aus einem 1948 im Dominikanerkloster von Latour-Maubourg gehaltenen Vortrag, in: DERS.: Fragen der Zeit. Deutsch von GUIDO G. MEISTER, Reinbek bei Hamburg 1960, 59-63, 59.

rin befangen.› Aber ich weiß auch, und ein paar andere Menschen wissen es mit mir, was getan werden muß, um das Böse wenn nicht zu verringern, so doch wenigstens nicht zu vermehren. Wir können es vielleicht nicht verhindern, daß diese Schöpfung eine Welt ist, in der Kinder gemartert werden. Aber wir können die Zahl der gemarterten Kinder verringern. Und wenn Sie uns dabei nicht helfen, wer soll uns dann helfen?«[30]

ALBERT CAMUS hat seinen Standpunkt parteilos – eben nicht als den einer bestimmten Partei – verstanden, als parteiisch und überparteilich jedoch schon. Ihm schwebte so etwas wie eine parteiübergreifende Koalition aller Menschen guten Willens vor, die vor der Übermacht des Absurden, dieser jedem »Willen zum Sinn« (VIKTOR E. FRANKL) spottenden Größe, nicht kapitulieren, vielmehr Partei ergreifen für diejenigen, deren Schicksal es ist, ein schweres Leid (er)tragen zu müssen, und nach Kräften das tun, was hilft, umzugehen mit dem Unumgänglichen und das eigentlich Unerträgliche dennoch zu ertragen. Das war seine »traumhafte« Vision, der er eine gute Zukunft wünschte. Das die Botschaft seines philosophischen Glaubens.

ALBERT CAMUS kennt kein »Credo, quia absurdum«. Überhaupt verbietet er sich eine »theoretische« Lösung der Frage, die bekanntlich als (un)lösbare(?) »Theodizeefrage« die Gedanken sich wund denken lässt. [31] Er plädiert dafür – Theodizee

---

30 A. a. O. 62.
31 Vgl. GREIPEL, JOSEF R.: Die existentielle Problematik des Leidens im Werk von Albert Camus aus theologischer Sicht (Freiburger Theologische Studien; Band 167), Freiburg im Breisgau, 2006, 303–314.

hin oder her –, sich der mit dieser Frage verbundenen Dinge »praktisch« anzunehmen. Seite an Seite mit Christ*innen einen guten Kampf kämpfen gegen alles Leid, nicht nachzulassen in dem engagierten Bemühen, immerhin das Leid zu mindern und zu mildern, das sich mindern und mildern lässt, konnte er sich daher gut denken. Ginge es nach Albert Camus und seinem Traum, für den er Menschen gesucht hat, die ihn mitträumen, dann könnte es durchaus so sein, dass »Heilige mit Gott« und »Heilige ohne Gott« in bestem Einvernehmen und bester Eintracht zusammen den Kräften des Absurden wehren, wo ihnen zu wehren ist, und darin eine echte Geschwisterlichkeit leben, die alle Grenzen von Konfessionen und Religionen übersteigt und überwindet.

Mythen recht zu verstehen, so ließe sich mit einem trefflichen Wort des ehemaligen Würzburger Philosophen Heinrich Rombach (1923–2004) sagen, heißt, sie als »Selbstauslegung«[32] menschlicher Existenz deuten. Was den Mythos von Sisyphos betrifft, so lässt sich mit Fug und Recht sagen, dass Albert Camus da Beachtliches geleistet hat.[33] Das Überraschendste seiner Lesart dieses Mythos dürfte sich wohl der auf den ersten Blick doch kühn anmutenden und nicht direkt nachvollziehbar erscheinenden These verdanken, wir müssten »uns Sisyphos als einen glücklichen Menschen vorstellen«[34]. Doch auf den zweiten Blick wird das schon klar(er).

32 Rombach, Heinrich: Die Wissenschaft und die geschichtliche Selbstbestimmung des Menschen. Anthropologie auf strukturaler Basis, in: Philosophisches Jahrbuch 75 (1967/68) 166–185, 185.
33 Vgl. Drewermann, Eugen: Sisyphos oder: In der Mühle des Absurden, in: Ders.: Grenzgänger. Rebellen, Frevler und Heroen in antiken Mythen, Ostfildern 2015, 126–174, speziell zu Albert Camus 149–160.
34 Camus, Albert: Le Mythe de Sisyphe, Paris 1942, dt.: Der Mythos von Sisyphos. Ein Versuch über das Absurde. Mit einem kommentierenden Essay

Menschen, die »ticken« wie Sisyphos, sind die wackeren Helden des »Dennoch«, und solche Helden braucht die Welt – und das eigens dort, wo durch die Risse und Ritzen der Schöpfung das Nichts hervorschaut, das sich in das Gewand so mancher Absurdität sinnlosen Leid(en)s kleidet. Menschen, die nach dem Muster der literarischen Figur des Dr. Bernard Rieux, wie ALBERT CAMUS sie als einen »Sisyphos redivivus« geschaffen hat, gestrickt sind, eignen sich trefflich dazu, sie sich zum Vorbild zu nehmen. Und wer das tut, sie sich lebenspraktisch zum Vorbild zu nehmen, der wird früher oder später spüren, dass die »ewige« Wiederholung derselben zu verrichtenden Dinge im Bemühen darum, Leidenden in ihrem Leid(en) beizustehen – dort, wo passio sich zeigt, compassio zu zeigen als der Leidgeschwisterlichkeit aller Menschen entspringende Lebenshaltung –, unendlich ermüden kann, und dennoch das zu Tuende einfach um des leidenden Mitmenschen willen – darin dessen Würde achtend und wahrend – selbstverständlich tun; der wird wissen, dass das Gefühl von Vergeblichkeit und Sinnlosigkeit die Lebensstimmung nicht gerade hebt, und sich dennoch nicht entmutigen lassen, die Dinge zu bewegen, die um eines leidenden Menschen willen bewegt sein wollen.

Dürfen wir uns Menschen, die so sind und solches tun, mit ALBERT CAMUS als glückliche Menschen vorstellen? Wir dürfen. Mehr noch: Wir müssen. Wer, wenn nicht sie, sollte glücklich (zu preisen) sein?!

---

von LISELOTTE RICHTER (rowohlts deutsche enzyklopädie), Reinbek bei Hamburg 1975, 101.

III.
Kreuz-Wort-Rätsel

»Das Kreuz ist das Wasserzeichen der Schöpfung«.

Hans Urs von Balthasar

Wenn Christen im Zeichen des Kreuzes den verehren, der der Retter der Welt ist, dann ist es ein gutes Werk, jede Darstellung des Kreuzes davor zu retten, unter die Masse der Dinge zu geraten, derer sich eine »Wegwerfgesellschaft« entledigt. Eine Logik, die da gegensteuert, wäre eine, die sagt: »Eine Gesellschaft, die sich des Kreuzzeichens entledigt, ist erledigt.« Denn wofür alles das Kreuz und der Gekreuzigte stehen mag, für eines ganz sicher – und das nicht zuletzt: für die Wirklichkeit des Leid(en)s, derer man sich eben nicht so einfach entledigen kann und die als Frage alles andere als erledigt ist.

Er wird wohl als der bedeutendste Theologe des 20. Jahrhunderts im deutschsprachigen Raum in die Geschichtsbücher eingehen: der Jesuit KARL RAHNER (1904-1988). In seinem »Grundkurs des Glaubens« schrieb er einst diese Zeilen:

»Das Christentum ist die Religion, die den an das Kreuz Genagelten und dort gewaltsam Sterbenden als Siegeszeichen und realistischsten Ausdruck des menschlichen Lebens erkennt und zum eigenen Zeichen gemacht hat. Natürlich könnte man sagen, wir Christen müßten überall den Auferstandenen zeigen als den Ausdruck und die Summe dessen, was wir glauben. Tatsächlich hat das Christentum aber das Kreuz auf den Altar gestellt, an die Wände der christlichen Häuser gehängt und auf das Grab der Christen gepflanzt. Warum eigentlich? Offenbar sollen wir uns daran erinnern, daß wir uns die Härte, die Finsternis, den Tod in unserem Dasein nicht weglügen dürfen und daß wir als Christen offenbar nicht das Recht haben, mit dieser Weise des Lebens erst dann etwas zu tun haben zu wollen, wenn es nicht mehr anders geht.«[35]

Der Blick auf das Kreuz scheint unerträglich zu sein. Deshalb weg damit. Aus den Augen, aus dem Sinn. Wer so denkt, täuscht sich gewaltig. Das Leid(en) und die Leidenden sind Teil dieser – unserer – Welt, gehören zu ihr, und es käme darum einer »Lebenslüge« gleich, das nicht wahrnehmen und wahrhaben zu wollen. Der Anblick des »gekreuzigten Gottes«[36] auf einem Altar oder an der Wand eines Hauses will uns Mahn-, Warn- und Wahrzeichen sein, dem Anblick des Leid(en)s und der Leidenden (Genitivus subjectivus und Genitivus objectivus) standzuhalten, ihrem Blick auf uns und unserem Blick auf sie.

Der KARL-RAHNER-Schüler JOHANN BAPTIST METZ (1928–2019) hat wiederholt betont, dass »Jesu erster Blick ... nicht der Sünde der Anderen, sondern dem Leid der Anderen galt«[37] und dass sein Blick uns eigentlich keine andere Wahl lässt als die, es ihm gleichzutun. Die Sache mit dem Leid(en)

35 RAHNER, KARL: Grundkurs des Glaubens. Einführung in den Begriff des Christentums, Freiburg – Basel – Wien ²1976, 390.
36 Vgl. MOLTMANN, JÜRGEN: Der gekreuzigte Gott. Das Kreuz Christi als Grund und Kritik christlicher Theologie, München ³1976.
37 METZ, JOHANN BAPTIST: Compassion. Das Christentum im Pluralismus der Religions- und Kulturwelten, in: SCHREER, WERNER – STEINS, GEORG (HRSG.): Auf neue Art Kirche sein. Wirklichkeiten – Herausforderungen – Wandlungen. Festschrift für Bischof Dr. JOSEF HOMEYER, München 1999, 500-506, 502.

und den Leidenden ist keine Ansichtssache; sie ist letztlich – so wäre mit EMMANUEL LÉVINAS (1906–1995) zu sagen – eine »Angesichtssache«[38]. Eine Sache von Angesicht
zu Angesicht bzw. zwischen Angesicht und Angesicht.
Um diesen wechselseitigen Blick geht es – darum, *dass*
wir die Leidenden anschauen und *dass* sie uns anschau-
en, und darum, *wie* wir die Leidenden anschauen und *wie*
sie uns. Passio braucht Compassio. Das Angesicht der Leidenden und das Antlitz des Gekreuzigten sind Anruf und
Anspruch an uns, unsere Antwort darauf in Haltung und
Handlung so zu geben, dass sich darin »die elementare Lei-
dempfindlichkeit der christlichen Botschaft«[39] bezeugt.

Dass Kreuze sprechen können, hat der heilige FRANZ VON
ASSISI (1181/82-1226) erlebt – so erzählt es die Legende – in
der kleinen Kirche San Damiano vor den Toren der Stadt Assisi. Sprechende Kreuze scheint es heutzutage in den Filmen
um Don Camillo – beruhend auf den Romanen von GIOVANNINO
GUARESCHI (1908–1968) – zu geben oder in beliebten Fern-
sehserien wie »Um Himmels willen«, wo eine Ordensschwes-
ter immer wieder einmal in schwierigen Situationen Rat
beim Gekreuzigten in der Hauskapelle ihres Klosters sucht.
Doch wer sich nichts vormachen lässt, kommt bald darauf:
Das geht nicht nur im Film, dass Kreuze sprechen. Kreuze
sprechen nicht nur im Film; sie sprechen laut und vernehmlich – und das dort, wo der flüchtige Blick auf die Wirklichkeit sich verflüchtigt und an seine Stelle ein Blick tritt,

---

38 Vgl. ALKOFER, ANDREAS-P.: Ethik als Optik und Angesichtssache. E. Levinas und
    Spuren einer theologischen Fundamentalkasuistik (Studien der Moraltheo-
    logie; Band 3), Münster 1996.
39 METZ, JOHANN BAPTIST: Compassion. Das Christentum im Pluralismus der Reli-
    gions- und Kulturwelten, a. a. O. 503.

der lange genug – verweilend – hinschaut auf das Leid(en) und die Leidenden dieser Welt – und so nicht übersieht, was nicht übersehen werden darf.

In seinem kleinen kostbaren Büchlein »Suchst du Gott, dann such ihn unten«, das zurückgeht auf Fastenpredigten, die er während der Fastenzeit 2003 im Dom zu Paderborn, im Dom zu Hildesheim und in der St. Michaelskirche in Göttingen gehalten hat, schreibt HERIBERT ARENS OFM (* 23. Januar 1942):

»Kreuze sprechen. Für den kontemplativen Menschen sprechen Kreuze tagtäglich. Du musst sie nur wahrnehmen und an dich heranlassen: die Kreuze der Armen, die Kreuze der Rechtlosen, die Kreuze einer geschundenen und ausgebeuteten Schöpfung, die Kreuze der vom Krieg und Völkermord Geplagten, die Kreuze von Menschen, die Schicksalsschläge zu verkraften haben wie Krankheit, Arbeitslosigkeit, das Scheitern ihrer Ehe oder die Irrwege der Kinder. Solche Kreuze sprechen laut und vernehmlich. Sie können sogar zum An-Spruch an mich werden. Der flüchtige Blick kann schnell weiter schauen und das Ganze vergessen. Wer verweilend und lange genug hinschaut, sieht diese Kreuze, und wer lange genug hinhört, hört sie sprechen, oft sogar schreien.«[40]

So wie es HERIBERT ARENS OFM tut, lässt sich auch über das Kruzifix urteilen. Das »Kruzifix-Urteil« des Guardians des

40 ARENS, HERIBERT: Suchst du Gott, dann such ihn unten! Sieben Impulse zu einer geerdeten Spiritualität, Donauwörth 2003, 48f.

Franziskaner-Konvents der Basilika Vierzehnheiligen hat zweifelsohne sein eigenes Recht, denn es verteidigt die Würde der Leidenden, deren Los es ist, einen Umgang mit dem Unumgänglichen, dem Unverständlichen und häufig genug Unerträglichen haben zu müssen. Pietät als Haltung gegenüber der Darstellung des Gekreuzigten ist daher keine »fromme« Naivität. Sie ist vielmehr und weitaus eher Ausdruck auch jener inneren Haltung, welche die »Mystik der offenen Augen«[41] uns lehrt: nämlich da hinschauen, wo viele nicht hinschauen, da hingehen, wo viele nicht hingehen. Und das sind die Orte des Leid(en)s und der Leidenden.

Diese »Mystik« und die innere Haltung, die davon »beseelt« ist, kennt die Richtung, wohin sie zu schauen und wohin sie zu gehen hat: dorthin, wo das Leid(en) und die Leidenden sind. Wer die Nähe dieser Orte sucht und dabei dem Leid der Leidenden nahe bzw. näher kommt, darf sicher sein, darin auch die Nähe des gekreuzigten Gottes zu erfahren. Die Sache dieser Mystik darf zu keinem »Wegwerfartikel« werden, denn in ihr pulsiert das »Herzblut« aller »Glaubensartikel«. Sie lässt uns wissen, was Gott für uns getan hat und was wir für ihn und all diejenigen, deren Leid er kennt und die ihm darum am Herzen liegen, durch unser »Herz-Werk« (Rainer Maria Rilke), welches das Leiden zu mindern und zu mildern sucht, das sich mindern und mildern lässt, tun können.

Wenn Christ*innen den Kreuzweg mit seinen vierzehn Stationen beten, verweilen sie stets dann auch bei der sechsten Station, die bekanntlich den Titel trägt: »Veronika reicht

---

41 Metz, Johann Baptist: Die Mystik der offenen Augen. Wenn Spiritualität aufbricht. Herausgegeben von Johann Reikerstorfer, Freiburg im Breisgau 2011.

Jesus das Schweißtuch«. Dieses Kreuzwegbild zeichnet die Geste einer Frau, die die Schar der Schaulustigen am Rand des Weges nach Golgotha durchbricht und dem blutenden und schwitzenden Mann, der sich und sein Kreuz zur Hinrichtung schleppt, ihr Schweißtuch reicht. Und der bereits vom Tod gezeichnete Mann trocknet dankbar sein Gesicht in dem Tuch und reicht es ihr zurück mit dem Abdruck seines Gesichts.

Wer daran denkt, diese kleine Episode großer Menschlichkeit einmal in der Bibel nachzulesen, wird sich enttäuscht sehen. Denn in keiner Version der Leidensgeschichte Jesu in den vier Evangelien wird diese Frau mit einem Wort erwähnt. Sie ist eine Figur der Legende, und wer sich ein wenig in der Vielfalt literarischer Formen auskennt, weiß: Legenden haben ihre eigene Wahrheit. Was die Wahrheit dieser Legende ist, hat ULRICH LÜKE (* 9. September 1951) – er war bis zu seiner Emeritierung Inhaber eines Lehrstuhls für Systematische Theologie am Institut für Katholische Theologie der Rheinisch-Westfälischen Technischen Hochschule (RWTH) Aachen – einmal stimmig zu Papier gebracht. In seinem bereits 1998 in Leipzig erschienenen Buch »Fahrlässige Tröstung? Anstößige Gedanken im Kirchenjahr« schreibt er:

»Vielleicht will die Geschichte der Veronika sagen: Alle können doch unmöglich so gefühllos, so gleichgültig sein. Da muss es doch wenigstens einen Menschen gegeben haben, der ... der Humanität Raum schafft. (...)

Vielleicht sagt die Geschichte auch: Wer irgendwo auf der Welt einem Leidenden oder Sterbenden das Schweißtuch reicht, erhält darin das Bild des Mensch gewordenen Gottes zurück. Wer sich anrühren lässt vom leidenden Menschen und sich darum zu rühren beginnt für den leidenden Menschen, dem prägt der menschliche Gott sein unverwechselbares Angesicht ein.«[42]

Eine Etymologie ist manchmal eine Etymogelei. Doch einiges spricht sicher für die durchaus gewagte Deutung des Namens »Veronika«, die ihn aus dem Wortpaar »wahres Antlitz« – dem lateinischen Wort »verum« und dem griechischen Wort »ikon« – gebildet sieht. Denn diese ergibt einen legendären Sinn und stellt überhaupt keine Mogelei dar. Und wenn ich mich nicht täusche, vertritt auch der 1978 heimlich zum Priester geweihte tschechische Soziologe, Theologe und Philosoph Tomáš Halík (* 1. Juni 1948) diese Deutung des Namens »Veronika«, wenn er in seinem 2013 in deutscher Sprache erschienenen Buch »Berühre die Wunden« schreibt:

»Das wahre Antlitz Jesu werden nur Veronika und die sehen, die ihr folgen werden. Dort, wo die *passio* (das Leid) die *compassio* (das Mitleid) findet, dort prägt der, der in die Tiefe des Leids einging, dem Mitleid das

---

42 Lüke, Ulrich: VERONIKA (4. Februar). Frühling für Menschlichkeit, in: Ders.: Fahrlässige Tröstung? Anstößige Gedanken im Kirchenjahr, Leipzig 1998, 75-77, 76.

Siegel der Echtheit ein, er ›unterschreibt es‹ sozusagen ›mit seinem Blut‹.«[43]

Die Geschichte, die die Legende erzählt, handelt von einem wunderbaren Augenblick. Eine Frau, die »mit offenen Augen« sieht und weiß, was sie zu tun hat, erfährt sich mit einem Male selbst beschenkt. Und das alles ist keine Ansichtssache, es ist eine Angesichtssache, denn erzählt wird da buchstäblich eine »face-to-face«-Geschichte – eine Geschichte von Angesicht zu Angesicht.

Die »Mystik der offenen Augen« lehrt und schenkt den Blick für die Wahrnehmung des Leid(en)s und der Leidenden. Die legendäre Frau mit Namen Veronika hat ihn gehabt. Grund genug, darauf zu schauen, diesen Blickkontakt nicht zu scheuen.

IV.
Zu guter Letzt –
Fragmenta und Fermenta cognitionis

> »Dies ist eine Zeit
> für Fragmente.«
>
> *Marcel Duchamp*

Was Metaphysik ist, mag vergleichsweise unschwer zu bestimmen sein. Ungleich schwerer ist es, mit einiger Wahrscheinlichkeit, dass es auch stimmt, zu benennen, worin de-

---

43 HALÍK, TOMÁŠ: Berühre die Wunden. Über Leid, Vertrauen und die Kunst der Verwandlung. Aus dem Tschechischen von MARKÉTA BARTH unter Mitarbeit von BENEDIKT BARTH, Freiburg im Breisgau 2013, 198.

ren Ursprung liegt. Bereits in seiner philosophischen Dissertation «Skeptische Methode mit Blick auf Kant« hat ODO MARQUARD seine Sicht der Dinge dazu kundgetan. Es seien *die Wunden* und nicht *die Wunder* der Welt, ohne die es so etwas wie Metaphysik nicht gäbe, schrieb der später dann an der Justus-Liebig-Universität Gießen als Professor lehrende angehende Philosoph damals.[44] Eine kecke These, der man widersprechen kann, doch nicht widersprechen muss.

Philosophie sei »das, was man beinahe selbst gedacht hätte«[45], gab einst HANS BLUMENBERG (1920–1996) stimmig und gültig zu bedenken, und ich gebe unumwunden zu, dass ich, wenn ich die Gedanken, die ODO MARQUARD vorgedacht hatte, nachzudenken versuchte, häufiger als zunächst erwartet und vermutet bei mir dachte: Das hättest du »beinahe selbst« so gedacht. So denke ich daran – seine Position zugegebenermaßen ein wenig abschwächend –, ihm doch darin zuzustimmen, dass es *eher* die *Wunden* denn die *Wunder* der Welt sind, die ursprünglich und ursächlich das sind, was *das* Fragen und *die* Fragen der Metaphysik nach den Dingen hinter den Dingen bedingt. Kann sein, dass solches Fragen sich sicher ist, dass es diese Dinge hinter den Dingen gibt; doch es kann auch sein, dass ebensolches Fragen keine Dinge hinter den Dingen erkennbar sieht – und auch die

---

44 Vgl. MARQUARD, ODO: Skeptische Methode im Blick auf Kant (SYMPOSION. Philosophische Schriftenreihe; Band 4), Freiburg im Breisgau – München 1958, 19.
45 BLUMENBERG, HANS: Darf Philosophie schwer sein? In: DERS.: Die Verführbarkeit der Philosophen. In Verbindung mit MANFRED SOMMER herausgegeben vom Hans-Blumenberg-Archiv (suhrkamp taschenbuch wissenschaft 1755), Frankfurt am Main 2005, 145f.

Frage offenlassen muss, ob es das gibt: »Hinter den Dingen ein Gott«[46].

Ob Philosophie nach dem verkündeten Ende der Metaphysik noch in der Lage sei, Trost zu spenden, ist offenkundig ebenfalls eine offene Frage. Es gebe gewisse Dinge, mit denen müsse der Mensch »prinzipiell trostlos« leben, schrieb der Philosoph JÜRGEN HABERMAS (* 18. Juni 1929) einst in seinem 1973 erschienenen Buch »Legitimationsprobleme im Spätkapitalismus«.[47] »Trost der Philosophie« – diese Sache gilt ihm damit wohl als ein Ding der Unmöglichkeit.

Der Dichter RAINER MARIA RILKE (1875–1926) war jemand, der eine rege briefliche Korrespondenz pflegte, auch wenn sie ihm bisweilen doch große Mühe machte. Die Fülle der ihn erreichenden Briefe brachte es mit sich, dass er nicht selten erst nach Wochen oder Monaten dazu kam, den Stapel jener Briefe, die noch unbeantwortet auf seinem Schreibtisch lagen, endlich nach und nach abzuarbeiten, seine Briefschuld zu erbringen, die bei diesem oder jenem wartenden Empfänger keinen Aufschub mehr duldete.

So verhielt es sich einst wohl auch bei ILSE ERDMANN, einer jungen Frau, die RAINER MARIA RILKE einen Brief geschrieben hatte, der Zeile für Zeile die schwere seelische Not eines leidenden Menschen erkennen ließ. Sie erhoffte sich ein aufrichtiges und aufrichtendes Wort, was sie auch bekam. In einem auf den 21. Dezember 1913 datierten Brief schrieb der Dichter ihr Worte, wie einzig er sie zu schreiben vermochte.

---

46 LOHFINK, NORBERT: Hinter den Dingen ein Gott. Meditationen, Freiburg – Basel – Wien 1978.
47 HABERMAS, JÜRGEN: Legitimationsprobleme im Spätkapitalismus (edition suhrkamp 623), Frankfurt am Main 1973, 165.

Sie wollten und sollten ihre Adressatin nicht verfehlen und ihr echten Trost spenden.

»... je weiter ich lebe, desto nötiger scheint es mir, auszuhalten, das ganze Diktat des Daseins bis zum Schluß nachzuschreiben, denn es möchte sein, daß erst der letzte Satz jenes kleine, vielleicht unscheinbare Wort enthält, durch welches alles mühsam Erlernte und Unbegriffene sich gegen einen herrlichen Sinn hinüberkehrt.«[48]

Den Trost der Worte – gibt es ihn? Hat der Dichter RAINER MARIA RILKE mit seinen Worten die junge ILSE ERDMANN getröstet oder vertröstet? Für beides lassen sich gute (und auch schlechte) Argumente beibringen. Ob der Verweis auf jenes Später, dass dann, wenn einmal das »ganze Diktat« des Lebens geschrieben sein wird und das Ende des Lebens naht, da der Tod unmittelbar bevorsteht, die Stunde gekommen sein wird, in der sich dann zu guter Letzt doch noch alles klärt in Richtung einer »herrlichen Sinn«-Gleichung, die aufgeht, das erreicht hat, was er bei der Briefpartnerin erreichen wollte: nämlich das Dunkel ihres jetzigen Leid(en)s auszuhalten aus der Kraft der leisen Hoffnung, dass sich künftig einmal alles in einem sinnerhellten Licht zeigen werde, mag sein, mag nicht sein. Wir wissen es nicht.

Doch was, wenn das Leben einem Menschen die Gunst der letzten Lebensstunde, darin sich ihm alles Unerklärliche

---

48 RILKE, RAINER MARIA: Briefe. Herausgegeben vom Rilke-Archiv in Weimar in Verbindung mit RUTH SIEBER-RILKE besorgt durch KARL ALTHEIM, 3 Bände, Frankfurt am Main 1987, Band II, 416-418, 417.

seines Lebens doch noch erklärt, nicht gewährt? Das soll es ja geben und hat es wohl schon unzählige Male gegeben: Menschen, die alle Sätze, die das Dasein ihnen diktiert hat, treu und brav notiert haben – auch den (aller)letzten Satz –, und doch hat dieser (aller)letzte Satz nicht das alles entscheidende »kleine, vielleicht unscheinbare Wort« enthalten, das ihnen den verborgenen Sinn der dunklen Stunden ihres zu erleidenden und erlittenen Lebens erschlossen, entschlüsselt und so erhellt hätte.

Es gibt Fragen, mit denen muss man leben und mit denen wird man auch sterben; es sind Fragen, über die BOB DYLAN (* 24. Mai 1941), wie ALBERT CAMUS Träger des Nobelpreises für Literatur, in seinem berühmtesten Song uns wissen lässt: »the answer, my friend, is blowing in the wind«; hörbar bleibt allenfalls der Widerhall eines fernen Echos, das sie wiederholt. So manches Wort der Frage mag ein Leben lang ohne Antwort bleiben. Und es sind die Fragen der Leidenden, die dieses Wort-Schicksal teilen. Alles in allem eine trostlose Angelegenheit.

Es war der Religionsphilosoph ROMANO GUARDINI (1885-1968), der sich zeit seines Lebens allem Anschein nach selbst gar nicht so sicher war, dass sich in seinem Leben das, was der Dichter RAINER MARIA RILKE jener jungen Frau als vielleicht ja tatsächlich eintretenden glücklichen Ausgang des Lebens in Aussicht stellte, so erfüllen werde, dass der letzte Satz des Lebens den Sinn aller seiner vorherigen Sätze und damit den ganzen Satzbau des Lebens, wie dieser sich darstellt, einsichtig macht.

So sicher es sei, dass er sich im Jüngsten Gericht den Fragen Gottes werde stellen müssen, so sicher sei es auch, dass er auch Gott Fragen stellen wolle, hat kein Geringerer als ROMANO GUARDINI als Religionsphilosoph und katholischer Theologe gegen Ende seines Lebens betont. Der Mensch als das Wesen der Frage, das fragen kann und fragen muss, habe das Recht zur Frage – zu einer letzten – eschatologischen – Frage an Gott.

Ein eindrückliches Zeugnis für diese seine Sicht der Dinge verdanken wir dem katholischen Publizisten WALTER DIRKS (1901-1991), der sich an seinen letzten Besuch bei dem todkranken Münchener Religionsphilosophen und Theologen ROMANO GUARDINI so erinnert:

»Der es erlebte, wird es nicht vergessen, was ihm der alte Mann auf dem Krankenlager anvertraute. Er werde sich im Letzten Gericht nicht nur fragen lassen, sondern auch selber fragen; er hoffe in Zuversicht, daß ihm dann der Engel die wahre Antwort nicht versagen werde auf die Frage, die ihm kein Buch, auch die Schrift selber nicht, die ihm kein Dogma und kein Lehramt, die ihm keine ›Theodizee‹ und Theologie, auch die eigene nicht, habe beantworten können: Warum, Gott, zum Heil die fürchterlichen Umwege, das Leid der Unschuldigen, die Schuld?«[49]

Der Münchener Religionsphilosoph verteidigt mit diesen Sätzen das eschatologische Recht zur Frage, erscheint ihm dieses Recht doch als ein Grundrecht des Menschen Gott gegenüber. Doch ist die vehemente Verteidigung des mensch-

---

49 Siehe: RAHNER, KARL: Warum läßt Gott uns leiden?, in: DERS.: Schriften zur Theologie, Band XIV: In Sorge um die Kirche. Bearbeitet von PAUL IMHOF SJ, Zürich – Einsiedeln – Köln 1980, 450–466, 465.

lichen Rechts, Gott im »letzten Gericht« auch letzte Fragen stellen zu dürfen, wie ROMANO GUARDINI es tut, wirklich schon der religionsphilosophischen und theologischen Weisheit letzter Schluss? Sicher sein kann man sich nicht, wenn man willens ist, die »letzten Dinge« zu Ende zu denken. Wer sagt und weiß denn, dass Gott die Antwort auf alle zeitlebens unbeantwortet gebliebenen Fragen des Menschen weiß? Und wenn jemand das zu wissen glaubt, woher hat er dieses sein Wissen dann?

»Gibt denn keiner Antwort? Gibt keiner Antwort??? Gibt denn keiner, keiner Antwort???« Eine erschütternde Frage, die WOLFGANG BORCHERT (1921–1947) mit seinem Theaterstück »Draußen vor der Tür«, das seine Uraufführung am 21. November 1947, einen Tag nach seinem Tod in den Hamburger Kammerspielen erlebte, so auf die Bühne brachte, dass keine und keiner unter den Zuschauer*innen sich dazu nicht verhalten konnte und musste.[50]

Vielleicht ist es ja so, dass keiner Antwort gibt, weil es keine Antwort gibt. Ob Gott einst die Antwort weiß? Wer weiß das schon! Das sind offene Fragen – offen wie ein hungriger Mund. Mit »billigem Trost« die hungrig Ungetrösteten abzuspeisen, wäre »unter aller Würde« und würde lediglich vertrösten. Eine gute ebenso moral- wie pastoraltheologisch verantwortbare Option sieht anders aus. Wie anders, hat CHRISTOPH JACOBS (* 3. November 1958), Inhaber des Lehrstuhls für Pastoralpsychologie und Pastoralsoziologie an der Theologischen Fakultät Paderborn, einmal so skizziert:

---

50 BORCHERT, WOLFGANG: Draußen vor der Tür, in: Ders.: Das Gesamtwerk. Mit einem biographischen Nachwort von BERNHARD MEYER-MARWITZ, Reinbek bei Hamburg 1986, 99–165, 165.

»Es ist eine große Herausforderung, im pastoralen Alltag die Nähe zum leidenden Menschen und das Gefühl für leidbringende Strukturbedingungen zu bewahren und *aktiv* aufzusuchen. Leid ist (im Gegensatz zu Konferenzen, Gottesdienstzeiten und Pfarrfesten) nicht planbar. Der Terminkalender vieler SeelsorgerInnen sieht daher kaum Zeiträume für leid-nahes Dasein und leidheilendes Handeln vor.

Das gilt auch für die örtliche Nähe zum Leidenden. Die evidenten Orte des Leidens in der Gesellschaft, also die Krankenhäuser, die Unfallstellen, die Altenheime, die sozialen Brennpunkte, die Bahnhofsvorplätze, die psychiatrischen Kliniken, die Familien, in denen geschlagen, Missbrauch erlitten, Alkoholismus ertragen und im Alter langsam gestorben wird, sind für die meisten SeelsorgerInnen nicht die bevorzugten Lebensorte.

Tatsächliche Verantwortungsübernahme und praktizierte Hilfsbereitschaft wachsen mit der erlebten und erlittenen Nähe zum Opfer (vgl. Altruismusforschung). *Es ist daher auch angesichts des pastoralen Wandels eine besondere strukturelle Aufgabe, leidsensible und leidnahe Seelsorgskonzepte zu entwickeln.* Es braucht Konzepte für räumliche Nähe und zeitliches Potential!«[51]

---

51 JACOBS, CHRISTOPH: Mit der ganzen Person. Das Leid der anderen als Herausforderung an SeelsorgerInnen, in: Theologisch-praktische Quartalschrift 150 (2002) 239-252, 241.

Daneben, nicht dagegen lässt es sich wagen zu sagen: Wir dürfen mit Recht die verwegene Hoffnung haben, dass Gott einmal alle Tränen abwischen wird von unseren Augen. Ob das unbedingt auch heißen muss, dass er auch alle schweren, großen, bangen Fragen unseres Herzens lösen wird, steht dahin. Vielleicht wird es einmal so sein, dass unsere schweren, großen, bangen Fragen in der Seligkeit des himmlischen Lebens der Ewigkeit »verklärte« Fragen sein werden gleich dem »verklärten« Leib des Auferstandenen, der noch die Wundmale trug. Mit der Hoffnung, es möge so sein, lässt sich leben und sterben. Dagegen mag man einwenden, ein Spatz in der Hand sei einem doch lieber als diese Taube auf dem Dach. Darauf wäre zu erwidern, dass es Situationen im Leben eines Menschen gibt – und Situationen des Leid(en)s sind ganz gewiss solche –, »in denen die Taube auf dem Dach – sozusagen – der einzige Spatz ist, den man noch in der Hand hat«[52].

Guter Rat ist teuer und selten, wenn es um die Lösung der Leidfrage als einer Leitfrage des Lebens geht. Doch vielleicht gibt es ihn da und dort. Eine Fundstelle guten Rates hat sich mir aufgetan an einem nicht gerade alltäglichen Ort, den ich jährlich mit einer Gruppe von Studentinnen und Studenten meiner Fakultät besuche im Rahmen des von mir geleiteten externen Blockseminars mit dem Titel »›Auschwitz‹ als verbindlicher ›Ortstermin‹ christlicher Ethik«. Die Philosophie dieses Ortes, die sich allen, die einmal dort wirklich »vor Ort« waren und die große Wunde unzähligen Leid(en)s, die er darstellt, haben ansatzweise erah-

---

52 MARQUARD, ODO: Plädoyer für die Einsamkeitsfähigkeit, in: DERS.: Skepsis und Zustimmung. Philosophische Studien, Stuttgart 1994, 110-122, 121f.

nen und erspüren können, erschließt, ist eine Philosophie des guten Rates, nach Auschwitz solle es »keine Endlösungen mehr geben, auch keine theologischen«[53]. Ihn zu beherzigen empfiehlt sich stricte dictu.

53 GREENBERG, IRVING: Augenblicke des Glaubens, in: BROCKE, MICHAEL – JOCHUM, HERBERT (HRSG.): Wolkensäule und Feuerschein. Jüdische Theologie des Holocaust (Kaiser Taschenbücher; Band 131), Gütersloh ³1993, 136-177, 137.

Vom Hang zu Geschichten,
einer erotischen Philosophie
und
einer eucharistischen Symbol-Kunde

»Wir leben in Geschichten, wir werden auf den Weg geschickt durch Geschichten, wir werden erzogen durch Geschichten, wir versuchen unsere Erfahrungen durch Geschichten auszudrücken und mitteilbar zu machen, wir werden in die Vergangenheit eingeführt über Geschichten, wir bekommen Konfliktlösungsmöglichkeiten durch Geschichten präsentiert, wir werden geängstigt durch Geschichten und bekommen Mut gemacht durch Geschichten. Die Geschichten, von denen wir umgeben sind, die wir aufnehmen, mit denen wir uns identifizieren, sind so vielgestaltig wie das Leben. Es gibt Liebesgeschichten und Hassgeschichten, Dummheits- und Weisheitsgeschichten, Vergangenheits- und Zukunftsgeschichten, Jubel- und Trauergeschichten.

Das Hören von Geschichten hat in ganz besonderer Weise die Funktion, die aufgenommene Geschichte in eine Beziehung zu bringen zu dem ganzen Geflecht meiner eigenen Geschichten. [...] Das Gehörte muss weitererzählt werden, es muss so angeeignet werden, dass es zur eigenen Geschichte wird. [...] Wir kommen zu uns selbst, indem wir in fremde Geschichten verstrickt werden, uns von diesen Geschichten befreien, in andere geraten, auch davon wieder Distanz gewinnen, Verwandtschaften entdecken, Unterschiede konstatieren, bis wir in die Lage kommen, unsere eigenen Geschichten zu erkennen und zu erzählen. ›Ich probiere Geschichten an wie Kleider‹, heißt es bei *Max Frisch.*«

Betz, Otto: Spielelemente für die religiöse Bildungsarbeit. Beispiele aus religionspädagogischen Seminaren, in: Katechetische Blätter 103 (1978) 694-699, 698.

Langsam wird es Zeit, die Vorbereitungen der Lehrveranstaltungen für das unmittelbar bevorstehende Semester zu einem guten Abschluss zu bringen. Wie in jedem Jahr macht es mir große Freude, das Seminar zur Sache der narrativen Ethik vorzubereiten. Schon häufig habe ich mich gefragt, woran das liegt, dass ich eigentlich immer schon eine solche Freude daran hatte, die weite Welt des Erzählens zu erkunden.

Erzählen: ja, das ist ein »weites Feld« (THEODOR FONTANE), das ist das an unzählbaren, doch erzählbaren Geschichten reiche Reich der erzählenden, der »geschicht«-lichen Vernunft, das zu betreten Mal um Mal demjenigen ein großes Glück bedeuten kann, der dieses Land mit seiner Seele sucht – eben jener jedem Menschen zu eigenen »anima naturaliter narrativa«.

I.
Meine früheste kindliche Erinnerung

Erzählen war und ist das, was für mich immer wieder zählt(e). Jetzt glaube ich den Grund dafür entdeckt zu haben. Psycholog*innen behaupten ja, dass die früheste Erinnerung, die ein Mensch hat, doch einige Bedeutung für ihn selbst habe. Meine früheste Erinnerung an die Tage meiner Kindheit ist – da bin ich mir ziemlich sicher – wohl die, dass ich im Bett liege, nicht schlafen kann (oder will), und meine Großmutter mütterlicherseits erzählt mir Geschichten. Eine angenehme Erinnerung. Ich lausche, bin ganz Ohr, wenn Großmutter abends erzählt, kann gar nicht genug von den Geschichten, die sie zu erzählen weiß, krie-

gen. »Oma, noch *eine* Geschichte bitte. Bitte, bitte – *eine*!«
Mit diesen Worten versuche ich Abend für Abend das Ende
der großmütterlichen Erzählzeit hinauszuzögern – und ab
und zu gelingt mir das tatsächlich. Denn Großmutter weiß
immer noch eine Geschichte – und noch eine. Vielleicht er-
ahnte ich es damals schon: Erzählen geht gegen unendlich,
kennt kein Ende. Die Welt der Geschichten ist eine unendliche, und jede gut erzählte Geschichte ist eine »unendliche Geschichte« (MICHAEL ENDE), die die Chance hat, als von
Mund zu Mund weitererzählte »ewig« weiterzuleben.

Ich erinnere mich noch gut: Märchen, Sagen, fromme Legenden waren ganz viele unter den Geschichten, die
meine Großmutter uns, ihren Enkelkindern, erzählte – und
zuhauf auch biblische Geschichten. Aus der Welt des Alten Testaments erzählte sie gern die Schöpfungsgeschich-
te, die Geschichte von Jakob und Esau, die von David und
Goliath, die von Josef und seinen Brüdern – und das sind
längst noch nicht alle, die sie kannte und erzählen konnte. Aus der Welt des Neuen Testaments wusste sie natürlich
die Wunder- und Heilungsgeschichten Jesu zu erzählen,
doch auch die Leidensgeschichte Jesu enthielt sie uns Kindern nicht vor, erzählte vielmehr gerade diese Geschichte
so, dass sie uns ehrlich naheging. Mit der Zeit kannten wir
Kinder einige der Geschichten schon ganz gut. Doch wollten und konnten wir die Geschichten immer wieder hören.
Und so baten wir darum die Großmutter: »Erzähl uns doch
bitte noch einmal die Geschichte von ...!« Was sie dann
auch tat.

II.
Eine in geschmacklicher Hinsicht überzeugende spanische Geschichte

Im dritten Schuljahr der Weweraner Volksschule – so hieß damals noch die schulische Einrichtung, aus der später dann Grund- und Hauptschule wurden – bekamen wir einen neuen Klassenlehrer. Er hieß WILLI DRILLER. Als er seinen Namen zu Beginn der ersten Schulstunde des Schuljahres an die Tafel schrieb, lachte die ganze Klasse. Bei ihm, der nicht ganz so streng war wie die »Fräuleins«, die wir als Lehrerinnen vorher hatten, lernten wir trotzdem eine ganze Menge. Was er uns im Deutschunterricht beibrachte, war, wie das geht: selbst eine Geschichte zu erzählen. Drei Geschichten erzählte er uns vormittags in einer Schulstunde. Uns Schüler*innen überließ er die Wahl, eine davon schriftlich nachzuerzählen. Das war dann die Hausaufgabe.

Die Geschichte, die mich so beeindruckte, dass mir schnell klar war: »Die wirst du nacherzählen, da ist die Hausaufgabe eine leichte Sache.«, war, wie ich Jahrzehnte später recherchiert habe, eine Geschichte, entnommen dem weltberühmten Ritterroman »Don Quichotte« des spanischen Schriftstellers MIGUEL DE CERVANTES (1547-1616), dessen erster Teil im Jahre 1605 und dessen zweiter Teil dann erst im Jahre 1615 erschien.

Mit dem Don Quijote entstand im Spanien des beginnenden 17. Jahrhunderts ein Stück Weltliteratur. Seither haben unzählige Leser*innen die Abenteuer des Ritters von der traurigen Gestalt miterlebt, in denen eine längst vergangene Zeit wieder zum Leben erweckt wurde. Weinliebhaber*innen sehen in der Figur des schlauen Sancho Panza den Vorläufer der heutigen Weinverkoster und -kritiker, eilte diesem Weinkenner doch der Ruf und Ruhm voraus, sein Gaumen schmecke jede der Eigenschaften eines Weines. Gefragt, woher er denn diese Gabe habe, entgegnete er Mal um Mal, sie wohl seiner Familie zu verdanken, seien doch schon einige seiner Vorfahren väterlicherseits die besten Weinkenner der Region La Mancha gewesen. Von zwei dieser Vorfahren lässt MIGUEL DE CERVANTES seinen Sancho Panza dann diese – schon kuriose – Episode erzählen:

»Man gab ihnen beiden aus einem Fasse Wein zu versuchen und bat sie um ihr Urteil über Zustand, Beschaffenheit, Güte oder Mangelhaftigkeit des Weines. Der eine versuchte es mit seiner Zungenspitze, der andre hielt ihn bloß an die Nase. Der erste sagte, der Wein schmecke nach Eisen, der zweite sagte, er schmecke mehr nach Korduanleder. Der Eigentümer sagte, das Fass sei rein und der Wein habe keine Beimischung, von der er den Geschmack von Eisen oder Leder habe annehmen können. Dessen ungeachtet blieben die beiden ausgezeichneten Weinschmecker bei ihrem Ausspruch. Mit Verlauf der Zeit wurde der Wein verkauft, und beim Reinigen des Fasses fand man darin einen kleinen Schlüssel, der an einem Riemen von Korduanleder hing.«[1]

---

1   CERVANTES SAAVEDRA, MIGUEL DE: Der sinnreiche Junker Don Quijote von der Mancha. Vollständige Ausgabe. Aus dem Spanischen von LUDWIG BRAUNFELS, Köln 2010, Zweiter Teil. Dreizehntes Kapitel, 116.

Ich würde einiges dafür geben, wenn ich wüsste, warum mich als Volksschüler in der dritten Klasse damals diese Geschichte so ungemein beeindruckt hat. Wenn mir heute diese Geschichte in Erinnerung kommt, möchte ich sie gern lesen als eine Parabel darauf, dass Rechthaberei à la »Einzig meine Wahrnehmung kann die wahre sein« eine gewaltige Fehlannahme sein kann. Mein-ung und Dein-ung können sich durchaus einmal miteinander vertragen, können nebeneinander wahr sein. Deine Wahrnehmung kann (eben)so wahr sein wie meine, und meine (eben)so wahr wie deine. Schön, wenn sich früher oder später klärt, dass wir beide, du und ich, im Streit um das, was stimmige und gültige Wahrnehmung heißen kann und darf, Recht haben.

Und die Moral von der Geschicht'? Die müssen sich die Leser*innen – jede und jeder für sich – selbst suchen. Immerhin ist so viel vorab schon einmal klar: Die Annahme des Satzes, der die Behauptung enthält: »Jede Sache hat drei Seiten: deine, meine und die richtige«, die sich da und dort durchaus etliche Male bewahrheiten dürfte, hat die Geschichte nicht im Sinn. Ihre »Logik« ist denn auch wohl sicher nicht auf der Spur dieser Sinn-Linie zu suchen. Ja gut, doch wenn dort nicht, wo dann? Vielleicht ist da naheliegend eine Suche auf der Linie des Weges, den diejenigen einschlagen, da sie sich eingestehen, dass Wahrnehmung und – eng verbunden damit – Wahrheit eine »Geschmackssache« sind und dass die Verfeinerung dieses Sinnes sich für alle Liebhaber*innen der Wahrheit ebenso empfiehlt wie für die erlesener Weine.

Der Sinn für die Wahrheit braucht als Träger Menschen mit gutem Geschmack. Wer etwas dafür tut, diesen Sinn nach und nach zu verfeinern, leistet gute Arbeit. Wie Wein will auch die Wahrheit verkostet sein. Keiner hat das so betont wie einst der aus dem spanischen Baskenland stammende IGNATIUS VON LOYOLA (1491-1556), der Begründer der später als Jesuitenorden bezeichneten »Gesellschaft Jesu« (Societas Jesu [SJ]), als er vollkommen überzeugend formulierte: »... denn nicht Vielwissen sättigt die Seele und gibt ihr Genüge, sondern das Fühlen und Kosten der Dinge von innen.«[2]

III.
Lesejahre der Kindheit und Jugend
oder
Geschichten von Heiligen, Helden und Halunken

Der Tag meiner ersten heiligen Kommunion war erwartungsgemäß ein nicht gerade alltäglicher Tag für mich. Es war ein feierlicher Tag dank festlicher Eucharistiefeier und Dankandacht. Stolz war ich nicht zuletzt darauf, die goldene Uhr meines unlängst verstorbenen Großvaters an diesem Festtag am Arm tragen zu dürfen, da er sie mir vermacht hatte. Und es gab unter den Geschenken auch ein paar Bücher, darunter »Das große Buch von den heiligen Namenspatronen«[3] und »Das Buch von den zwölf Aposteln«[4]. Kindgerechte ka-

---

2 IGNATIUS VON LOYOLA: Die Exerzitien. Übertragung von HANS URS VON BALTHASAR (SIGILLUM), Einsiedeln [10]1990, 7.
3 Das große Buch von den heiligen Namenspatronen. Das Leben von 113 Heiligen für Kinder erzählt von JOSEF QUADFLIEG mit vielen Bildern von JOHANNES GRÜGER. Erweiterte Ausgabe, Düsseldorf [2]1964.
4 Das Buch von den zwölf Aposteln. Erzählt von JOSEF QUADFLIEG mit Bildern von JOHANNES GRÜGER, Düsseldorf [4]1964.

tholische Lesekost, die mir damals durchaus bekam und viele schöne Lesestunden schenkte. Mit das Schönste, das mit der Feier der Erstkommunion verbunden war, war – ich hatte es kaum erwarten können – die Möglichkeit, jetzt endlich Messdiener werden zu können. Was ich denn auch schon bald war – das allerdings erst, nachdem sich Kaplan Bernhard Witte während der jeweils mittwochnachmittäglichen Messdiener-Stunde persönlich davon überzeugt hatte, dass ich das lateinische Stufengebet, wie es der Ordo des tridentinischen Messritus vorsah, perfekt beherrschte.

Eine Bücherei des Borromäusvereins e. V., gegründet 1845 zur Förderung des katholischen Lebens und zur Begünstigung guter Schriften und Bücher, gab es im Katholischen Pfarramt der Pfarrgemeinde St. Johannes der Täufer in Wewer, meiner Heimatpfarrei, seinerzeit natürlich auch. Sie befand sich in einem großen Raum im Erdgeschoss des Pfarrhauses. Dort konnte man als Mitglied des Vereins jeden Sonntag nach dem Hochamt Bücher ausleihen. So ging ich jeden Sonntag, nachdem ich die Messe »gedient« hatte, zur Pfarrbücherei und lieh mir ein Buch aus: Der Roman »Die Schatzinsel« des schottischen Schriftstellers Robert Louis Stevenson (1850-1894) war natürlich gleich eines der ersten Bücher, die ich mir auslieh. Danach kamen etliche weitere Romane – ausgewählt nach dem Prinzip: Hauptsache, sie erzählen spannende Abenteuergeschichten.

Als Sextaner las ich begeistert in der uns Schülern von Pater Aurelius Siemens OFM zur Verfügung gestellten Broschüre »Griechische und römische Sagen«, erzählt von Prof. Dr. Bernhard Seyfert (Halle [Saale] [4]1931). Die Helden der griechischen Sagen hatten es mir als jungem Burschen angetan: Prometheus, Herkules (Herakles), Perseus, Odysseus, Dädalus und Ikarus. In einer reinen Jungenschule, die das Johanneum in Wadersloh, ein Privatgymnasium der Franziskaner mit angeschlossenem Internat, damals noch war (später sollte sich das ändern), fiel es uns Buben auch nicht auf, dass da einzig von »He-roes«, jedoch nicht von »She-roes« die Rede war. Letztere gab es sehr wohl, und auch von ihnen erzählen spannende Geschichten, doch dass Helden auch Frauen bzw. Frauen auch Helden sein können, so viel Gender-Bewusstsein stand damals noch nicht lehrplan-gerecht zur schulischen Debatte.

Als stolzer Untertertianer erhielt ich aus der Hand von Pater Dr. HELDEMAR HEISING OFM, dem damaligen Direktor des Gymnasiums, einen Preis ausgehändigt. Für welche überdurchschnittliche schulische Leistung das geschah, keine Ahnung! Das Preisgeld betrug immerhin sage und schreibe 100,- DM – das war gefühlt »unendlich« viel Geld. Zum Vergleich: Die Kosten, die meine Eltern für meine Unterbringung und Verpflegung Monat für Monat zu zahlen hatten, lagen bei 120,- DM.

Für mich war es seinerzeit überhaupt keine Frage, was ich mir dafür kaufen würde. Es war die Heft-Reihe »Moderne Erzähler«, die damals im Schöningh Verlag Paderborn erschien. Mit meinen Eltern ging ich direkt zum Verlag, löste den Büchergutschein ein und hatte damit alle verfügbaren 19 Hefte, die bislang erschienen waren, auf einmal zur Hand. Und los ging es mit dem Lesen: eine Kurzgeschichte nach der anderen. Das war eine Lektüre mit Suchtpotential. Wie im Leben jedes Jungen gab es dann bald die lebensgeschichtliche Phase, welche ganz im Zeichen der Karl May-

Lektüre stand. Dass ich die gesamte Gymnasialzeit in einem Internat verbracht habe, war jedenfalls in dieser Hinsicht eine ganz wunderbare Sache. Unter den circa 180 Schülern, die wir damals waren, gab es viele KARL MAY-Leser, und der hatte diese Bände und der jene. Nach dem Tauschprinzip »Ich leih Dir den Band und Du mir den« kursierten eine Fülle von KARL MAY-Bänden von Hand zu Hand. Und so kam ich in den Genuss, eine ganze Reihe von KARL MAY-Bänden zu lesen, die ich mir unmöglich alle von meinem Taschengeld hätte kaufen können.[5]

So ging Schuljahr um Schuljahr eigentlich schnell und unkompliziert dahin. Zwischenzeitlich hatte ich mich erfolgreich darum beworben, das Ehrenamt des Bibliothekars der Leihbücherei des Johanneums bekleiden zu dürfen. Da war ich mit meiner »Gier nach Geschichten« (MAX FRISCH) direkt an der Quelle, und ehe ich mich versah, konnte ich mir sagen: »Die ›Mittlere Reife‹ hast du in der Tasche, und jetzt bald bist du ein Oberstufenschüler.«

Während der ganzen Oberstufe hatten wir als Deutschlehrer Pater JOSEF SANDER OFM. Er trug den Spitznamen »Simmel«, da er mächtig bemüht war, uns den Unterschied zwischen guter und schlechter Literatur beizubringen. JOHANNES MARIO SIMMEL (1924-2009), obgleich ein gefeierter Bestsel-

---

5 Gleichwohl habe ich es nicht geschafft, alle Bände zu lesen. Jemand, der es als »alter« KARL MAY-Fan, wie er selbst über sich sagt, tatsächlich geschafft hat, in etwa zwei Jahren fast alle KARL MAY-Bände zu lesen, ist OTTMAR FUCHS (* 1945), von 1998 bis zu seiner Emeritierung 2014 Professor für Praktische Theologie an der Katholisch-Theologischen Fakultät der Eberhard Karls Universität Tübingen. Entsprechend kongenial und kompetent sind seine Gedanken zu KARL MAY und dessen schriftstellerischem Schaffen. Vgl. FUCHS, OTTMAR: Karl Mays Orient, in: DERS.: Im Raum der Poesie. Theologie auf den Wegen der Literatur (Theologie und Literatur; Band 23), Ostfildern 2011, 141-189.

lerautor, der dicke Wälzer schrieb wie »Gott schützt die Liebenden«, »Liebe ist nur ein Wort«, »Und Jimmy ging zum Regenbogen«, »Die im Dunkeln sieht man nicht«, »Doch mit den Clowns kamen die Tränen«, von denen ein Teil auch verfilmt wurde, gebührte seiner Ansicht nach die Bezeichnung »Schriftsteller« ebenso wenig wie sein Roman-Werk zum Kanon der seriösen ernstzunehmenden deutschen Literatur gehörte. Vor Heinrich Böll (1917-1985) warnte er ebenso wie vor Günter Grass (1927-2015). Wutschnaubend und fassungslos sahen und hörten wir Schüler ihn 1972 in unsere Klasse stürmen – wir waren damals die Obersekunda des Gymnasiums – mit der Bemerkung: »Heinrich Böll hat den Nobelpreis. Ich drehe durch.«

Das hat ihn förmlich umgehauen, ließ ihn verzweifeln an Gott und der Welt – speziell am schwedischen Nobelpreiskomitee. Seinem schwachen Herzen bekam das alles gar nicht gut. Und ebenso wäre es ihm wohl ergangen, hätte er dann 1999 die Nachricht vernehmen müssen, dass – er hätte das nicht für möglich gehalten – nun denn auch Günter Grass der Nobelpreis für Literatur zuerkannt wurde.

Als Deutschlehrer war Pater Josef Sander OFM einfach klasse. Seinen Magister Artium hatte er mit einer Arbeit über den »Simplicissimus Teutsch« des Hans Jakob Christoffel von Grimmelshausen (1622-1676) erworben; da kannte er sich wirklich aus. Er war ein phantastischer Leselehrer, ein »Lesemeister«, wie er im Buche steht, und er war auch – nicht zu vergessen – wohl auch ein franziskanischer »Lebemeister«, der – darin die »Theopoesie« des »Il Cantico di Frate Sole« seines Ordensgründers Franz von Assisi (1181/1182-1226) beherzigend – die schönen Seiten des Lebens wahrlich nicht übersah.

Wir Schüler bemerkten schnell, wie wichtig es Pater Josef war, uns die Welt des »Simplicissimus Teutsch«, dieses epochalen Werks der Literaturgeschichte, nahezubringen. Selbst von diesem »opus magnum« nachhaltig begeistert, schaffte er es tatsächlich, uns immerhin in dem Maße zu begeistern, dass wir uns – schon ein wenig mühselig – wochenlang durch die ellenlangen Sätze dieses Mammutepos kämpften und so eine echte Lektion in Sachen barocker Erzählkunst erhielten und nebenbei eine Einführung in die Geschichtsschreibung des Dreißigjährigen Krieges.

So manches Werk der deutschen Literaturgeschichte hatten wir durchgenommen, »durchgeackert«, wie wir Pennäler das einst so nannten, als wir alle aus unserem 15-köpfigen Klassenverband das letzte Mal versetzt wurden und nun stolze Oberprimaner waren. Der Deutschunterricht in unserer Oberprima begann mit dem größten Werk des größten Dichters deutscher Sprache. JOHANN WOLFGANG VON GOETHE (1749-1932) und sein »Faust« stand auf dem Lehrplan. Gleich zu Beginn des letzten Schuljahrs vor dem Abitur erteilte uns Pater Josef als erste verpflichtend-verbindliche Hausaufgabe sozusagen den Auftrag, uns einen »Abiturschriftsteller« zu wählen. Dabei dachte er nicht, wie er uns schmunzelnd mitteilte, an einen Schriftsteller, der selbst einmal auch Abitur gemacht hatte – THOMAS MANN (1875-1955) etwa, so ließ er uns wissen, hatte kein Abitur –, vielmehr an einen Schriftsteller, mit dessen Leben und Werk wir uns – immerhin hätten wir ja dazu ein ganzes Jahr noch Zeit – so vertraut zu machen hätten, um in der mündlichen Abiturprüfung etwas mit Sinn und Verstand dazu sagen zu können.

Noch in derselben Deutschstunde war mir klar, dass es da für mich wirklich nur einen Schriftsteller geben konnte, und das war Hermann Hesse (1977-1962). Einige Kostproben seiner Prosa hatte ich mir als Unterprimaner schon zu Gemüte geführt – etwa seine Erzählungen »Der Lateinschüler«, »Kinderseele«, »Peter Camenzind« und – nicht zu vergessen – »Narziß und Goldmund«. Und stets hatte mir der Ton, den der Nobelpreisträger des Jahres 1946 in seinem Erzählen fand, gefallen. Es war der typische Hesse-»Sound«, der etliche der jungen Generation damals faszinierte. Dieses Erzählen hatte »Musik«, die einen betören konnte, entwickelte einen tollen »Drive«, von dem sich alle, die das lasen, gern mitreißen ließen. Was jetzt noch ausstand – das war mir bald klar –, war die Lektüre der bedeutenden Romane des Mannes – »Unterm Rad«, »Peter Camenzind«, »Gertrud«, »Das Glasperlenspiel«, »Der Steppenwolf«, »Roßhalde« –, der längst zu meinem Lieblingsschriftsteller geworden war. Da die Schulbücherei des Gymnasiums während meiner Schulzeit noch nicht so gut bestückt war, wie es eigentlich wünschenswert (gewesen) wäre – jedenfalls war der vorhandene Bestand an Werkausgaben der neueren und neuesten deutschen Literatur nicht gerade üppig –, sah ich mich veranlasst, die Romane Hermann Hesses mir selbst anzuschaffen.

Da traf es sich nicht schlecht, dass der Suhrkamp Verlag Frankfurt am Main bereits im Jahre 1972 eine halbwegs erschwingliche zwölfbändige Ausgabe der gesammelten Werke des deutsch-schweizerischen Schriftstellers Hermann Hesse[6] herausgebracht hatte. Sie kostete damals 75,- DM – eigentlich

---

6   Hesse, Hermann: Gesammelte Werke, Frankfurt am Main 1972.

ein günstiges Angebot, doch für einen Oberstufenschüler dennoch eine Menge Geld. Als Obersekundaner und Unterprimaner gab mir mein Vater pro Monat 25,- DM Taschengeld. Als ich in die Oberprima kam, erhöhte er mein monatliches Taschengeld auf 50,- DM. Mit dem Kauf der Hesse-Ausgabe des Suhrkamp Verlags war das Taschengeld für 1½ Monate verbraucht – Taschengeld, das ich gern auch einmal für diverse Freizeitaktivitäten ausgegeben hätte. Doch HERMANN HESSE und seine Welt des Erzählens waren allemal die 75,- DM wert. Das sah ich damals so und das sehe ich auch heute noch so. Die Suhrkamp-Ausgabe ist mir lieb und teuer und hat den ihr gebührenden Ehrenplatz in meiner Bibliothek.

IV.
Die Lehre(n) der dialogischen Philosophie Martin Bubers

Im Wintersemester 1974/75 begann ich mein Studium der Theologie an der Theologischen Fakultät Paderborn, einer staatlich anerkannten Hochschule in Trägerschaft des Erzbischöflichen Stuhls Paderborn und älteste Hochschule Westfalens. Dort auf einen Professor zu treffen, der meine große Freude an Dichtung und Literatur teilte, bedeutete für mich ein großes Glück. In Professor Dr. PAUL BORMANN (1926-2003), Inhaber des Lehrstuhls für »Pastoraltheologie und Homiletik/Kerygmatik« in den Jahren von 1970 bis 1991, fand ich einen Mentor, der in hohem Maße über die Gabe des guten Rates verfügte und mich von Semester zu Semester mit reichlich »Lesefutter« versorgte.

Im WS 1977/78 bot er das Hauptseminar »Gott in der Dichtung und Literatur des 20. Jahrhunderts« quasi als »Lektüreseminar« an, das ein »Highlight« meines ganzen Studiums werden sollte. Bald schon stand dann mein Entschluss fest, bei ihm auch meine Diplomarbeit zu schreiben, die sich dem jüdischen Gelehrten MARTIN BUBER (1878-1965) und seiner dialogischen Philosophie der Begegnung widmen sollte. Im Zuge der Lektüre seiner Schriften lernte ich denn auch seine voluminöse Sammlung »Die Erzählungen der Chassidim«[7] kennen wie seine Schriften zum Chassidismus, dessen Lehre(n) ja bekanntlich ganz in das »Lehramt« erzählter Geschichten gefasst ist (sind).

Die Lektüre der Werke des jüdischen Religionsphilosophen zu seiner dialogischen Philosophie lehrte mich schon bald: Begegnung stiftet Verbundenheit. MARTIN BUBER wollte mit seinem Denken einen »entscheidenden Hinweis auf eine Ur-Wirklichkeit«[8] geben, die vom Menschen nicht zu trennen ist. So schrieb er einst in seiner 1923 veröffentlichten Programmschrift »Ich und Du«:

»Im Anfang ist die Beziehung: als Kategorie des Wesens, als Bereitschaft, fassende Form, Seelenmodell; das Apriori der Beziehung; das *eingeborene Du*.«[9]

---

7 BUBER, MARTIN: Die Erzählungen der Chassidim. Neuausgabe mit Register und Glossar, Zürich 2014.
8 FABER, WERNER: Das Dialogische Prinzip Martin Bubers und das erzieherische Verhältnis, Ratingen 1962, 55.
9 BUBER, MARTIN: Ich und Du, in: DERS.: Werke, 3 Bände, München 1962-1963, Band I: Schriften zur Philosophie, 77-170, 96.

Betont sein soll damit, dass das Miteinander, das sich in Beziehung und Begegnung zwischen Menschen realisiert, sich einer ganz ursprünglichen Gegebenheit verdankt, welche es überhaupt erst begründet. Das »eingeborene Du« bildet nach Martin Buber mithin den vorgängigen Grund jedes Zu- und Miteinanders eines Menschen mit einem Menschen. Und paradigmatisch erweist sich das aus seiner Sicht dort, wo es um die Liebe zwischen Mann und Frau geht. Deren Ursprung, so Martin Buber, entstamme einer »Ur-Wirklichkeit«, und das sei eine Wirklichkeit vor der Zweiheit, die selbst Einheit sei und darum eben auch wieder auf Einheit – die der Liebenden – aus sei. Diese zugegebenermaßen doch eine gewisse »Anstrengung des Begriffs« (Georg Wilhelm Friedrich Hegel) erfordernde Philosophie der Liebe hat eine mytho-logische Vorläuferin.

Dem Philosoph Michael Theunissen (1932-2015), der sich in seiner Habilitationsschrift »Der Andere« intensiv auch mit Martin Buber befasst hat, gebührt das Verdienst, das erkannt und mitgeteilt zu haben. Denn in seiner »Nachschrift« zu seinem großen opus philosophicum merkt er an: »Das großartigste Beispiel eines philosophischen Mythos von der Herkunft der Individuen aus jener der Zweiheit vorgängigen, aber sie bereits implizierenden Einheit, ... ist die phantastische Erzählung des Aristophanes in Platons Symposion (189c-193d).«[10] Dem Vermerk bin ich natürlich auf der Stelle nachgegangen und kam damit wieder in der Welt an, die schon immer »meine Welt« gewesen war: die Welt des Er-

---

10 Theunissen, Michael: Der Andere. Studien zur Sozialontologie der Gegenwart. Zweite, um eine Vorrede vermehrte Auflage, Berlin – New York 1977, 503.

zählens und der Geschichten. Und die Begeisterung, sich in dieser Welt zu bewegen, wuchs von Tag zu Tag.

V.
Mythische Ur-Kunde
von den ältesten Liebesgeschichten der Welt

Platons Dialog »Symposion« ist ja eines seiner bekanntesten Werke, und sein Gegenstand sind Reden über die Liebe. Einer der Redner, die im Laufe des »Symposions« über die Liebe das Wort erhalten und es auch gern ergreifen, ist ARISTOPHANES (zwischen 450 v. Chr. und 444 v. Chr. – † um 380 v. Chr.). Er gilt bis heute als einer der bedeutendsten griechischen Komödiendichter. Was er damals tat, war ebenso eigen-artig wie eigen-sinnig. Er erzählte eine Geschichte, eine Liebesgeschichte, und zwar eine solche, die mit Fug und Recht zur Gruppe der ältesten Liebesgeschichten der Welt zu zählen ist.

Die ältesten Liebesgeschichten der Welt – wie sehen sie aus? Die erzählerische »Mythologik« der ältesten Liebesgeschichten der Welt ist tatsächlich genial, wenn sie erzählen, wie es überhaupt dazu kam, dass die Liebe in die Welt kam. ARISTOPHANES – so steht zu vermuten – hat die Geschichte, die er in seiner Rede einer gespannten Zuhörerschaft vortrug, nicht erfunden, obgleich ihm das durchaus zuzutrauen gewesen wäre; er hat sie gefunden in jenem Fundus jener über Zeiten und Zonen verbreiteten und einander auffallend ähnelnden bzw. gleichenden Erzählmuster, deren Sujet Mal um Mal das »ewig Menschliche« als das alle Menschen verbindend Verbindliche ist. Der Erzählkern der ältesten Liebesgeschichten der Welt ist dieser:

Die ursprüngliche Natur des Menschen war eigentlich nicht so, dass sie den Mann und die Frau kannte. Am Anfang gab es weder Männer noch Frauen, sondern gewissermaßen Menschen doppelten Geschlechts, die männlich und weiblich zugleich waren. Der Ur-Mensch war ein androgyner Mensch. Doch alles sollte nicht so bleiben, wie es nun einmal war. Eines Tages schnitt eine göttliche Hand die kugelgestaltigen Doppelmenschen entzwei, und das Ergebnis waren Menschen nicht zweierlei, sondern einerlei Geschlechts, eben Männer und Frauen. Folge des von göttlicher Hand vollzogenen »Splittings« war nun – ein wenig scherzhaft gesprochen – das älteste »Puzzlespiel«, das die Weltgeschichte kennt, und das nennt sich »Liebe«. Seit die göttliche Hand die Einheit des mannweiblichen Menschen in die Zweiheit von Mann und Frau teilte, gibt es die Liebe zwischen Mann und Frau, die immer einheitsstiftend wirkt. Weil aus anfänglicher Einheit genommen, streben beide – Mann und Frau – zu eben dieser Einheit zurück. Denn »Schnittlinge«, »Halblinge« sind sie ja allemal, und es ist eines der freudigsten und aufregendsten Erlebnisse, die ihnen ihre Liebe schenkt, sich ganz aufeinander »zugeschnitten« zu erfahren. In der Liebe erneuert sich gewissermaßen die ursprüngliche Natur des Menschen, ist der Zustand vorübergehender Trennung überwunden und alles wieder ganz und heil.[11]

An diesem Punkt endet diese Geschichte wie übrigens alle anderen zur Gruppe der ältesten Liebesgeschichten der

11 PLATON: Klassische Dialoge. Phaidon – Symposion – Phaidros. Übertragen von RUDOLF RUFENER. Mit einer Einleitung von OLOF GIGON, dtv-bibliothek Literatur – Philosophie – Wissenschaft, München 1975. Die Aristophanes-Rede des platonischen »Symposion« findet sich in der genannten Ausgabe auf den Seiten 129-135.

Welt gehörenden Geschichten auch. Der Titel der Autobiografie des 1896 geborenen und 1977 gestorbenen Schriftstellers CARL ZUCKMAYER (1896-1977) wäre wohl ein geeigneter Titel für diese uralten Geschichten über den Ursprung der Liebe. Er lautet nämlich: »Als wär's ein Stück von mir!« Beide, Mann und Frau, sind, je für sich genommen, (nur) »Stückwerk«. Erst zusammen ergeben sie (wieder) ein Ganzes. Die Liebe ist – wie die Lateiner sagen – eine »vis unitiva«, eine vereinigende Macht. Das Band der Liebe eint, es führt und fügt (wieder) zusammen, was zueinander gehört. Und was auf der Welt gehört so zusammen wie ein Mann und eine Frau, die sich in Liebe (wieder-)gefunden haben?!

Auf eine ebenso einmalige wie unbeschreiblich schöne Weise enthält ein Brief, den HELMUTH JAMES GRAF VON MOLTKE (1907-1945) im Angesicht des nahen Todes kurz vor seiner Hinrichtung 1945 aus dem Gefängnis Tegel an seine Frau schrieb, diese unumstößliche Wahrheit. Der Brief trägt das Datum des 11. Januar 1945 und sollte seiner Bestimmung nach der letzte an seine Frau sein. Im Bewusstsein, sein letztes und darin end-gültiges Wort an seine Frau zu richten, wendet sich GRAF VON MOLTKE an sie in Worten von einer unvergleichlichen Intensität und Ausdrucksstärke:

»Und nun, mein Herz, komme ich zu Dir. Ich habe Dich nirgends aufgezählt, weil Du, mein Herz, an einer ganz anderen Stelle stehst als alle anderen. Du bist nämlich nicht ein Mittel Gottes, um mich zu dem zu machen, der ich bin, Du bist vielmehr ich selbst. Du bist mein 13tes Kapitel des ersten Korintherbriefes. Ohne dieses Kapitel ist kein Mensch ein Mensch. (...)

Aber ohne Dich, mein Herz, hätte ich ‹der Liebe nicht›.
Ich sage gar nicht, dass ich Dich liebe; das ist gar nicht
richtig. Du bist vielmehr jener Teil von mir, der mir al-
leine eben fehlen würde. Es ist gut, dass mir das fehlt
... . Nur wir zusammen sind ein Mensch. Wir sind, was
ich vor einigen Tagen symbolisch schrieb, ein Schöp-
fungsgedanke. Das ist wahr, buchstäblich wahr.«[12]

Worte wie diese sprechen für sich. Überflüssig, sie zu kom-
mentieren. Es sind Worte, die sich im Moment des nahen
Todes bewähren, weil sie die ganze Wucht einer Erfahrung
spiegeln, die sich so oder ähnlich in den Tagen der Menschheit in den Herzen Liebender unzählige Male wiederholt
hat.

VI.
Gedanken zu einer erotischen Philosophie

Als frisch verheirateter junger Mann, der sich vollkommen
sicher war, seine »bessere Hälfte« gefunden zu haben, war
es für mich dann überhaupt keine Frage, welchem Thema
ich meine theologische Dissertation widmen sollte. Die Suche dauerte keine Sekunden. Gewissermaßen aus dem Stand
hatte ich »mein« Thema gefunden. Was ich mir dann beim
Schreiben meiner Dissertation vorgenommen hatte, war:
»Arbeit am Mythos« (HANS BLUMENBERG) zu tun: nämlich die
Ur-Kunde jener Mythen, welche die ältesten Liebesgeschich-

---

12 HELMUTH JAMES und FREYA VON MOLTKE: Abschiedsbriefe Gefängnis Tegel. September 1944 – Januar 1945. Herausgegeben von HELMUTH CASPAR VON MOLTKE
und ULRIKE VON MOLTKE, München 2011, 480f.

ten der Welt erzählen, zu vernehmen und zu versuchen, das, was sie zu sagen haben, nach und nach zu entschlüsseln. Als »Vorarbeiter« meiner Arbeit(en) schien mir keiner besser geeignet als der bayerische Philosoph FRANZ VON BAADER (1765-1841), hatte dieser doch, wie ich zu meinem großen Glück sah, »in eroticis« offenkundig einiges zu sagen gewusst.

Vielleicht war es für einen jungen Moraltheologen 1981 doch noch etwas zu überheblich und zu gewagt, die Ansicht zu vertreten, wer über das schreibe, was die Katholische Kirche zur Erotik schreibe, müsse eine »Errortik« schreiben und darin die kirchlichen Irrtümer in Geschichte und Gegenwart erörtern. Mein damaliger Lehrer und Doktorvater und später dann guter väterlicher Freund BERNHARD FRALING (1929-2013) riet mir dringend davon ab, mein »erkenntnisleitendes Interesse (JÜRGEN HABERMAS) voll und ganz in Richtung »Erotik und Errortik« gehen zu lassen, und empfahl, mich im Blick auf den künftigen beruflichen Werdegang – »Verbauen Sie sich nicht gleich schon mit Ihrer Dissertation alle künftigen Chancen, einmal als Hochschullehrer tätig werden zu können!« – mit dem Gebrauch der kritischen Vernunft gegenüber kirchlichen Irrtümern »in rebus sexualibus« doch weitestgehend zurückzunehmen und zurückzuhalten. Zugegebenermaßen fiel es mir nicht ganz leicht, diesen wohlgemeinten Rat zu befolgen.

FRANZ VON BAADER war uneingeschränkt über die drei Jahre, die ich brauchte, um meine Dissertation zu erarbeiten, die philosophische Gestalt, die ich als einen Vordenker (an)erkannte, den Schatz jener ältesten Liebesgeschichten der Welt zu heben, hatte dieser sich doch zu seiner Zeit als erfolgreicher Schatzsucher und Schatzgräber betätigt. Seine Schriften

»Sätze aus der erotischen Philosophie«[13] und »Vierzig Sätze aus einer religiösen Erotik«[14] waren mir damals dafür Beweis und Beleg genug. Und mich der Darstellung seiner Ideen zu widmen, war sicher kein »Error«. Das ganze Gegenteil war der Fall. Es war ein großer Gewinn, seine »erotisch-philosophischen« Gedanken nach- und weiterzudenken, um zu prüfen, ob und wie sie als Ferment erotischer Humanität taugen. Und dass sie vorzüglich dazu taugen, war damals für mich keine Frage und ist es auch bis heute nicht. Restlos überzeugt war ich trotz ihres teilweisen Fragmentcharakters vom Fermentcharakter der An- und Einsichten des bewusst und betont eigenwillig denkenden Philosophen Franz von Baader.[15]

VII.
»Brot-Brechen«
Eine eucharistische Symbol-Kunde

Aristophanes sagte ja einst in seiner Rede über die Liebe: »ἕκαστος οὖν ἡμῶν ἐστιν ἀνθρώπου σύμβολον« – »Jeder von

---

13 Baader, Franz von: Sämtliche Werke. Systematisch geordnete, durch reiche Erläuterungen von der Hand des Verfassers bedeutend vermehrte, vollständige Ausgabe der gedruckten Schriften samt Nachlaß, Biografie und Briefwechsel, hrsg. von Franz Hofmann, Julius Hamberger, Anton Lutterbeck, Emil August von Schaden, Christoph Schlüter und Friedrich von der Osten, 16 Bände, Leipzig 1851-1860 (unveränderter Nachdruck Aalen 1963), Band IV, 163-178.

14 A. a. O. 179-200.

15 Im Sommersemester 1984 konnte ich meine Dissertation zu Franz von Baader an der Theologischen Fakultät der Julius-Maximilians-Universität Würzburg (JMU) einreichen und das Promotionsverfahren absolvieren. Erschienen ist die Dissertation dann (erst) 1986 im Verlag Friedrich Pustet Regensburg. Siehe: Sill, Bernhard: Androgynie und Geschlechtsdifferenz nach Franz von Baader. Eine anthropologisch-ethische Studie (Studien zur Geschichte der katholischen Moraltheologie; Band 28), Regensburg 1986.

uns ist demnach nur ein Halbstück von einem Menschen.« Alle Liebenden erführen das unbezweifelbar, so seine Rede in trauter Runde der Symposion-Teilnehmer. Er verwendete mit Bedacht das Wort »σύμβολον« – »Symbol« –, ein in der Tat passendes Wort, ist es doch das »Herz-Werk« (RAINER MARIA RILKE) der Liebe, die aus »Stück-Werk« wieder Ganzheit und Einheit entstehen lässt.

Unter einem »σύμβολον« – »Symbol« – verstanden die Griechen ursprünglich ein Erkennungsmerkmal bzw. -zeichen, das im Bereich des Geschäftslebens gang und gäbe war. Trafen sich zwei Geschäftspartner, wurde beim Abschiednehmen voneinander eine Tontafel in zwei Teile gebrochen, und jeder der beiden Partner erhielt ein Bruchstück derselben. So besaß jeder der beiden ein Teilstück, zu dem es weit und breit nur ein einziges passgenaues Gegenstück gab. Wenn die Geschäftsleute dann per Boten miteinander verkehrten oder Vertreter entsandten, so hielten diese dann die passenden Bruchstücke aneinander und konnten so unschwer überprüfen, dass man es tatsächlich mit dem richtigen Gegenüber zu tun hatte.

Was sich so dann Mal um Mal zutrug, war eine im echten Sinn »symbolische« Handlung. Und mit einer solchen »symbolischen« Handlung habe man es auch zu tun bei der Feier der Eucharistie als dem »Geheimnis des Glaubens«, sagt ANDREAS KNAPP (* 1958), ein echter zeitgenössischer »Theopoet«, Mitglied der Ordensgemeinschaft »Kleine Brüder vom Evangelium«, welche sich von dem lebendigen Erbe der Spiritualität des »Wüstenheiligen« CHARLES DE FOUCAULD (1858-1916) geprägt weiß. In seinem Buch »Vom Segen der Zerbrechlichkeit« unternimmt er es, über »Grundworte der Eucharistie« – so der Untertitel des Buches – nachzudenken[16], und eines dieser Grundworte hat mit der genuinen Bedeutung des Wortes »σύμβολον« – »Symbol« – zerbrochene Tontafel – zu tun.

Im sechsten Kapitel seines Buches, das die Überschrift »Sie erkannten ihn, als er das Brot mit ihnen brach« trägt[17], erinnert ANDREAS KNAPP an die bemerkenswerte Tatsache, dass das älteste Wort, das im Neuen Testament für die Eucharistiefeier verwendet wird, das Wort »Brechen des Brotes« (vgl. Apg 2,42) ist. Eine durchaus erwähnens- und erwägenswerte Tatsache, stellt das doch eine Handlung mit einem unerwartet hohen »Symbol«-Gehalt dar.

Gehalt und Gestalt der Symbolhandlung, die sich während der Feier der Eucharistie vollzieht, machen dieses der sieben Sakramente der Kirche zu einem Sakrament der Zerbrechlichkeit und Gebrochenheit. Die Gedanken, die ihn als Priester begleiten, wenn er als Priester das eucharistische Brot bricht, erläutert ANDREAS KNAPP eindrucksvoll so:

»Wenn man die runde Hostie einmal bricht, so hält man zwei Fragmente in Händen, die sich nahtlos zusammenfügen lassen. Die Hostie ist jetzt im ursprünglichen Sinn zu einem Symbol geworden: Man hat jetzt zwei Hälften, die zusammengehören und zusammenpassen.

---

16 KNAPP, ANDREAS: Sie erkannten ihn, als er das Brot mit ihnen brach, in: DERS.: Vom Segen der Zerbrechlichkeit. Grundworte der Eucharistie, Würzburg 2018.

17 A. a. O. 93-105.

Wenn ich beim ›Agnus Dei‹ das Brot in zwei Teile gebrochen habe, nehme ich eines davon in die Hand und denke daran, dass mein Leben diesem zerteilten Brotstück gleicht. Das Fragment der Hostie erinnert an meine eigene Zerrissenheit und meine wunden Stellen. Bei der Erhebung des Leibes Christi zeige ich zuerst nur dieses Stück der Hostie, das meine Gebrochenheit vor Augen führt.

Dann halte ich die andere Brothälfte an die Bruchstelle und bete: ›Seht, zerbrochen für uns: Jesus Christus, das Lamm Gottes, das hinwegnimmt die Sünde der Welt.‹ In dieser Geste kommt zum Ausdruck, dass sich Jesu zerbrochener Leib an mein Leben fügt und geradezu mit ihm vereinigt. Allerdings nur dort, wo ich meine Gebrochenheit hinhalte. An den glatten und abgerundeten Stellen gibt es keine Berührungsflächen. [...] Hier geschieht Kommunion: Einswerden mit dem Leib und Leben Jesu. Meine zerbrechliche Existenz wird in dieser Begegnung mit dem Gottmenschen ganz und heil. Ich werde ein Glied am gebrochenen Leib Christi. [...] Meine Frakturen finden ihren Platz in der ›fractio panis‹ (Brotbrechen): Ich darf mich von Christus ergänzen lassen und durch ihn heil werden.«[18]

Unsere ganze menschliche Existenz, so fragmentarisch – zerbrechlich und zerbrochen – sie auch sein mag, kommt so in Berührung mit dem heiligen Geschehen der Eucharis-

---

18 A. a. O. 102f.

tiefeier. Wenn Christ*innen Eucharistie so feiern, wie es das eucharistische Grundwort vom »Brechen des Brotes« nahelegt, dann haben da alle Scherben, Splitter, Brüche – kurzum: alles Zerbrechliche und Zerbrochene – ihr Recht und ihren Platz. Es darf sein. Ich muss es nicht zurückhalten, darf es vielmehr »symbolisch« hinhalten an den zerbrochenen Leib des Gottmenschen Jesus Christus. Dort vollzieht sich als »Geheimnis des Glaubens« auch das Geheimnis einer Wandlung, die wirkt, dass all das, was kaputt (gegangen) ist in unserem Leben, wieder (ge)heil(t) werden kann.

Die eucharistische Gnade – sie ist es, die heil und heilig macht. Zu leben ohne diesen Trost ist nahezu unmöglich. Und deshalb brauchen gerade die Gescheiterten – in welchem Lebensbereich auch immer – den »zeichenhaften« Trost, den das Sakrament der Eucharistie spendet. Keine Deutung der Eucharistie ist falscher als die, die im Empfang des Leibes und Blutes Jesu Christi in der Gestalt von Brot und Wein bei der Kommunion eine Belohnung für ein Wohlverhalten gemäß der kirchlichen Lehre sieht. Was der Katholischen Kirche bis heute wirklich noch fehlt, ist eine ausdrückliche und ausführliche Theologie des Scheiterns.[19] Sicher wäre die Weise, sie gedanklich vom »Brechen des Brotes« als eucharistischem »Grundwort« her zu konzipieren, eine gute Weise.

Nicht zuletzt die Frage des kirchlichen Umgangs mit der »gebrochenen« Existenz wiederverheirateter Geschiedener

---

19 Die Katholische Universität Eichstätt-Ingolstadt hat seinerzeit nicht ohne Grund eine Reihe ihrer Ringvorlesungen mit dem Dachthema »Scheitern« begonnen. Siehe: GIEN, GABY – SILL, BERNHARD (Hrsg.): Scheitern (Forum K´Universale Eichstätt; Band 1), Sankt Ottilien 2014.

und deren Zulassung zur Kommunion könnte so eine theologisch saubere Lösung erhalten. Pastorale »Regelungen« – und mögen sie noch so großherzig (paternalistisch) daherkommen, wiederverheirateten Geschiedenen den Zutritt zum Tisch des Herrn zu gestatten – überzeugen aus einem einzigen Grund – der ist allerdings enorm gewichtig – nicht. Und dieser Grund ist der: Unter Pastoral kann man in der Kirche ja wohl nicht all das fallen lassen, wofür man dogmatisch, kirchenrechtlich und moraltheologisch keine saubere Lösung hat. Die jedoch muss her – bald. Wir sind es als Kirche den Menschen mit Lebensbrüchen schuldig.

VIII.
Goldene Hochzeit einmal ökumenisch
Eine Selbsthilfe-Aktion

Von einem zugegebenermaßen eigenwilligen Verhalten eines Katholiken mit einem stark »symbolischen« Charakter während einer Eucharistiefeier, die bewusst als Dankgottesdienst gefeiert werden sollte, obgleich sie das ohnehin ja schon ist, weiß eine Geschichte, die von einer Begebenheit berichtet, die sich tatsächlich einmal so zugetragen hat, hautnah zu erzählen. Es ist die Geschichte eines konfessionsverschiedenen – besser gesagt: konfessions-verbindenden – Ehepaars, das den Tag seiner Goldenen Hochzeit kirchlich-festlich begeht. Der damalige Chefredakteur Matthias Nückel (* 1957) hat sie den Leser*innen der Kirchenzeitung des Erzbistums Paderborn »Der Dom« unter dem Titel »Der richtige Weg« so zu Papier gebracht:

Ein Ehepaar – der Mann katholisch, die Frau evangelisch – lebte in einer überwiegend katholischen Gegend. Die Frau ging sonntags immer mit ins Hochamt und bei besonderen Anlässen mit zur Kommunion, die sie vom Priester auch bekam. Als das Paar eine Dankesmesse anlässlich seiner Goldhochzeit feierte, war ein neuer Pfarrer im Dorf. Er verweigerte der Frau die Kommunion. Daraufhin griff der Mann zur »Selbsthilfe« und teilte die Hostie mit der Partnerin.

Diese wahre Begebenheit belegt einerseits, dass es in der Frage der Kommunion für konfessionsverschiedene Eheleute in der Vergangenheit viel Willkür gegeben hat. Es kam eben auf den Priester vor Ort an. Andererseits wird aber auch hier deutlich, dass es Ehepaare gibt, die ihre Liebe durch den Empfang der Eucharistie bezeugen möchten.

Gerade auf solche Paare geht auch die Orientierungshilfe »Konfessionsverbindende Ehen und gemeinsame Teilnahme an der Eucharistie« der Deutschen Bischofskonferenz ein. Der mit großer Mehrheit von den Bischöfen beschlossene Text wird jetzt in einer Reihe von Diözesen, darunter auch das Erzbistum Paderborn, umgesetzt. Und das ist der richtige Weg.

Die Orientierungshilfe ist theologisch gut begründet und getragen vom Gedanken der Seelsorge. Theologen mögen zwar noch darüber streiten, ob der Text in allen Punkten dogmatisch der reinen Lehre entspricht. Für die betroffenen Christen aber ist der Text ein Dokument der Menschenfreundlichkeit.

Und im Sinne Jesu ist die Orientierungshilfe gewiss. Denn Jesus war schließlich kein Dogmatiker, sondern er war und wird ein Freund der Menschen bleiben.[20]

Ja, das ist »der richtige Weg« – noch dazu der einzig mögliche. Die Symbolhandlung, die Hostie zu teilen, vollzieht unüberbietbar das, was wirklich zählt: »Glaubhaft ist nur Liebe«. So lautet denn auch der Titel eines Buches aus der Feder des Schweizer Theologen HANS URS VON BALTHASAR (1905-1988).

Es sei die Liebe, die alles überwindet – »Amor vincit omnia« –, so heißt es. In obigem Fall ist es eine konfessionelle Grenze, die – von einem Liebenden überwunden – dann eben keine Grenze mehr war. Ich frage mich, wer hier die besseren Argumente hat: dieser liebende Mann oder all jene theologisch »orthodox« Bescheid wissenden Bedenkenträger. Frage ich mich das noch wirklich? »Nicht wirklich!«, muss ich wohl sagen. Doch ich könnte auch sagen: »Wirklich nicht!«[21]

---

20 Der Dom Nr. 28 – 15. Juli 2018 – S. 3.

21 ULI HOENEß (* 1952), der ehemalige Präsident des FC Bayern, hat während seiner Zeit im Gefängnis ebenfalls einmal die »starke« Symbolhandlung, die Hostie zu teilen, vollzogen und darüber so berichtet: »Ich bin sonntags immer in die Kirche gegangen, um halb zehn, da war eine Riesenbasilika auf dem Gelände, 600 Plätze, 50 bis 100 Plätze besetzt. Da sind sie alle gesessen, Mörder, alles. Ich immer in der letzten Reihe. Eines Tages saß vor mir einer mit einem weißen Overall, zwei Beamte links und rechts. Da habe ich einen Kollegen aus der Kleiderkammer neben mir gefragt: ›Was ist das?‹ Sagt er: ›Das ist der Capo von den Russen. Der ist im Kerker.‹ Wenn man weiß angezogen ist, hat man in der Zelle 24 Stunden Licht und kommt nur eine Stunde am Tag raus, das passiert, wenn man die Wärter beleidigt oder bedroht. Der Altar in der Basilika ist ganz unten, man muss eine lange Treppe runtergehen. Und dann wird die Kommunion ausgeteilt. Ich sehe beim Runtergehen, wie der Russe seine Polizisten fragt, ob er auch gehen darf,

aber sie lassen ihn nicht. Ich hatte 50 Stufen lang Zeit nachzudenken. Ich habe dann vom Priester die Hostie bekommen, und statt sie in den Mund zu stecken, habe ich sie in der Hand behalten. Ich bin die 50 Stufen wieder hoch, in die vorletzte Reihe zu dem Russen, habe meine Hostie gebrochen und ihm die Hälfte gegeben. Am nächsten Tag hat mir der Kollege, der im Haupttrakt seine Zelle hatte, eine Nachricht überbracht: ›Einen schönen Gruß von den Russen: Ab sofort bist du hier geschützt.‹«

Wollen wir reden, Uli Hoeneß? Anlässlich seines 70. Geburtstags empfängt der ehemalige Präsident des FC Bayern zu Kaffee und Plätzchen. Und spricht über seinen Ruhestand, über Impfverweigerer – und ausführlich über seine Zeit im Gefängnis, in: Die Zeit Jg. 77. – Nr. 2 – 5. Januar 2022 – S. 57-58, 58 [Zitat!].

Liebesversuche

Zwischen-Bemerkungen

In der Nacht stand sie mit dem Buch allein im Flur; die Lichtluken über ihr in dem Flachdach knisterten vom Schnee. Sie fing zu lesen an: »Au pays de l'idéal: J'attends d'un homme qu'il m'aime pour ce que je suis et pour ce que je deviendrai.« Sie versuchte zu übersetzen: »Im Land des Ideals: Ich erwarte von einem Mann, daß er mich liebt für das, was ich bin, und für das, was ich werde.« Sie hob die Schultern.

> Peter Handke: Die linkshändige Frau. *Erzählung* (suhrkamp taschenbuch 560), Frankfurt am Main 1981, 56.

I.
Zwischen Haltbarkeit und Unhaltbarkeit
»Liebesschlösser« und ihre »Schlüssel«-Botschaften
in »Liebessachen«

Dem französischen Dichter Antoine de Saint-Exupéry (1900-1944) verdankt die Welt Worte, die Menschen viel bedeuten. Eines dieser Worte – der französische Dichter lässt es den Fuchs zum kleinen Prinzen sagen – lautet: »Es muss feste Bräuche geben.«[1] Wie recht der Fuchs damit hat, zeigt sich Mal um Mal darin, dass unser Leben nicht unser Leben wäre, hätte es nicht Platz für feste Bräuche. Menschen brauchen

---

1   Saint-Exupéry, Antoine de: Le petit prince, Paris 1946, dt.: Der kleine Prinz. Mit Zeichnungen des Verfassers, Düsseldorf 1956, 68.

Bräuche, denn deren Handlungsmuster dienen der Sinn- und Identitätsstiftung gerade dort, wo es um einschneidende und entscheidende Übergänge des Lebens geht.

Es heißt: andere Zeiten – andere Menschen – andere Bräuche. Doch wichtig scheint einzig zu sein, dass es überhaupt »feste Bräuche« gibt. Ein neuer Brauch, der gerade dabei ist, sich zu etablieren, ist ein »Liebesbrauch«, der mit »Liebesschlössern« zu tun hat, deren »Schlüsselbotschaften« einiges darüber verraten, wie überwiegend junge Paare über sich und ihr »Liebesleben« eigentlich denken.

Liebende, Brücken, Schlösser und Schlüssel

Etliche Brücken verschiedener europäischer Städte sind zwischenzeitlich bestückt mit einer stattlichen Zahl bunter Vorhängeschlösser mit den eingravierten Namen bzw. Initialen der beiden Sich-Liebenden, die nach Anbringen ihres Liebesschlosses den dazugehörigen Schlüssel als untrüglichen »Liebesbeweis« in den Fluss geworfen haben.

Eine Brücke wie etwa die Hohenzollernbrücke in Köln ist längst zu einem »Liebesdenkmal«, das tatsächlich zu denken gibt, geworden. Weit über 50.000 Liebesschlösser trägt die gut 400 Meter lange Brücke, die einen beliebten »Wallfahrtsort« für Liebespaare bildet.[2] Der Brauch, den Liebespaare da auf der Brücke vollziehen, ist als Beziehungsritual eine Symbolhandlung mit einer beachtlichen Ausdrucks-

---

2 Sehens- und lesenswert zur Kölner Hohenzollernbrücke ist der Band: Ein Schloss in der Stadt. Fotografien von SIMON DIRSING und THOMAS SCHORN. Texte von HELMUT FRANGENBERG und GERHARD MATZIG. Herausgegeben von DANIEL ARNOLD, Köln 2010.

kraft. Brücke, Schloss und Liebe – das passt einfach symbolisch zusammen, denn wie Liebe ein »Brückenschlag« vom Ich zum Du ist, so ist sie auch ein »Zusammenschluss« von Ich und Du.

Vorhängeschlösser in ungeahnter Zahl haben Liebespaare europaweit bislang als Brückenschlösser angebracht, weil sie es offenkundig für angebracht halten, ihre Liebe so öffentlich zu dokumentieren. Dabei ist das Anbringen des Schlosses mit den Namen bzw. den Initialen der beiden Liebenden, wozu in etlichen Fällen auch noch ein Datum eingraviert ist, auf einer Brücke lediglich die halbe Symbolhandlung. Erst wenn der Schlüssel zum Schloss in den Fluss geworfen ist, ist die ganze Symbolhandlung vollzogen. Liebende, die so symbolisch handeln, tun dies in der Absicht, damit etwas auszudrücken. Sie vollziehen eine Ausdruckshandlung, durch die sie einander etwas zu verstehen geben wollen, und zwar auf alle Fälle wohl dies:

◇ dass Liebe eine Brücke ist, die Menschen zueinander führt,

◇ dass Liebe weniger eine Sache auf Zeit als vielmehr eine Sache auf Dauer ist und dass sie kein Ende haben soll,

◇ dass Liebe eine »exklusive« Angelegenheit ist und Vertrauen und Treue braucht,

◇ dass es etwas zwischen sich liebenden Menschen gibt, das kein Versprecher ist, wohl jedoch ein Versprechen, das eine bleibende Gültigkeit und Geltung hat und auf das Verlass ist.

So sieht die Botschaft der Vorhängeschlösser als Liebesschlösser aus, deren Schlüssel unauffindbar auf dem Grund eines Flusses liegen. Es ist eine Botschaft der Sehnsucht, und zwar der Sehnsucht danach, es möge sich tatsächlich erfüllen, was diese Symbolhandlung um Liebesschloss und Liebesschlüssel als Ausdruckshandlung beseelt. Und was da sehnsuchtsvoll erwartet wird, ist wahrlich nicht wenig und mag vielleicht diesem oder jenem Skeptiker doch zu gutgläubig erscheinen. Doch eben diesen guten Glauben, dass es mit ihrer Liebe gut werden, dass ihre Liebe gut gehen wird, haben die Liebespaare, die so symbolisch handeln. Wenn sie diesen Liebesbrauch vollziehen, lebt darin die ganze Sehnsucht ihrer Liebe. Und das ist eine Liebe, die buchstäblich aufs Ganze geht und kein Zurück von der unwiderruflich füreinander getroffenen Entscheidung kennen will.

Wahre Liebe rostet nicht. Das stimmt. Die Liebesschlösser über Wasser rosten jedoch nach einiger Zeit genauso vor sich hin wie die Liebesschlüssel unter Wasser, und wer eine der Liebesbrücken als Passant begeht, fragt sich unweigerlich: Was ist wohl aus jedem einzelnen der unzählbaren Liebespaare, denen es mit ihrem »Liebesspiel« auf der Brücke einst durchaus Ernst war, zwischenzeitlich geworden? Lebt ihre Liebe noch? Oder hat sie – lange vor dem Tod – das Leben bereits geschieden?

Liebe mit oder ohne Zweitschlüssel?

»Unser Schloss am Fluss« – so lautet der Titel eines Beitrags, den die Frankfurter Allgemeine Zeitung am Samstag, dem 12. Februar 2011, brachte. DAVID KLAUBERT, der Verfasser des

Beitrags, berichtet dort von einem jungen Mann, der auf der Kölner Hohenzollernbrücke zum Liebesbrauch befragt worden sei und sinngemäß gesagt habe, »dass er den Schlüssel für das abgesperrte Liebesschloss zwar zusammen mit seiner Freundin für immer und ewig im Rhein versenkt habe. Zuhause habe er aber einen Ersatzschlüssel, sicherheitshalber«[3].

Warum verhält sich der junge Mann so? Rechnet er insgeheim doch mit einem Verfallsdatum der gegenseitigen Liebe nach einer gewissen Zeit? Die über die Grenzen der Stadt Köln hinaus als »Höhner« bekannten Musiker scheinen um so ein Verhalten zu wissen, denn das Ich ihres Liedes »Schenk mir dein Herz« macht es ja ebenso wie der junge Mann. Die Strophe des Lieds, die das thematisiert, lautet:

> Ich trage dich auf Händen
> ich bleib' dir ewig treu
> im Zweifel hab' ich immer
> 'nen Zweitschlüssel dabei

Die Schloss- und Schlüssel-Geschichte der Liebe – ist das eine Geschichte mit oder ohne Zweitschlüssel? So wäre nachzufragen. Denn es ist nicht derselbe Brauch, ob ich diesen mit oder ohne Zweitschlüssel vollziehe. Wer den Zweitschlüssel in der Tasche hat, geht gerade nicht aufs Ganze. Er hält sich eine Hintertür offen. Ein gewisser Vorbehalt kommt so unweigerlich in das »Liebesspiel« des Brauchs, der

---

3 KLAUBERT, DAVID: Unser Schloss am Fluss. Liebespaare in aller Welt bringen Schlösser an Brücken an – nicht nur zum Valentinstag., in: Frankfurter Allgemeine Zeitung, Samstag, 12. Februar 2011 – Nr. 36 / 6 D1.

dem Partner / der Partnerin, wüsste er/sie davon, nicht unbedingt gefallen dürfte.

Das wahrscheinlich älteste deutsche Liebeslied

Mit ihrer Schloss- und Schlüssel-Aktion praktizieren viele Liebenden einen in Mode gekommenen Brauch, dessen »Brückenfunktion« unmittelbar einleuchtet. Die »Liebessache« mit Schloss und Schlüssel war allerdings schon früher einmal in Mode. Besungen wurde die Schloss- und Schlüssel-Wirklichkeit Liebe bereits in Verszeilen, die aus dem Mittelalter stammen und so lauten:

> Dû bist mîn, ich bin dîn:
> des solt dû gewis sîn;
> dû bist beslozzen
> in mînem herzen,
> verlorn ist daz slüzzelîn:
> dû muost immer drinne sîn.

> Du bist mein, ich bin dein:
> dessen sollst du gewiß sein.
> Du bist verschlossen
> in meinem Herzen:
> verloren ist das Schlüsselein:
> du mußt für immer drinnen sein.[4]

---

4 Quelle: Deutsche Liebeslyrik. Herausgegeben von HARALD WAGENER, Stuttgart 1982, 5.

Diese wenigen Verse gelten als das älteste deutsche Liebeslied. Es steht am Ende eines lateinischen Briefes aus einer Briefsammlung des WERINHER VON TEGERNSEE (✝ 1199), die uns in einer um 1200 zu datierenden Handschrift erhalten ist.

Das Schlüsselchen ist verloren und liegt im Rhein – so wäre aus heutiger Kölner Sicht zu dichten. Doch das Schlüsselchen gehört nicht dem Rhein. Es gehört den Liebenden und zu den Liebenden. Und es steht für ihre »beschlossene« Liebe, die unvergänglich, unwiderruflich, unerschütterlich und unverbrüchlich sein soll und es dann doch häufig genug eben nicht ist. Doch was sei von einem »Beschluss« zu halten – so die Stimme(n) kritisch und skeptisch gewordener Zeitgenoss*innen –, dem voll und ganz zu entsprechen, wie sich in (zu) vielen Fällen zeigt, doch eher eine »unhaltbare« Sache zu sein scheint.

II.
Zwischen Wahrhaftigkeit und Wahrscheinlichkeit –
Die Option ewiger Liebe
und die (post)moderne Optionsgesellschaft

Viele Paare, die sich unsicher geworden sind, ob sie wirklich den »Entschluss«, einander das eheliche Ja-Wort zuzusprechen, fassen sollen, werden ihre unsichere Lage trefflich gespiegelt sehen in einem Cartoon, der den Titel »Das JA der Mathematik« trägt. Der Cartoon zeigt, wie ein Priester sich einem Brautpaar am Traualtar mit den Worten zuwendet: »Wenn sich mindestens 50,1% Ihrer bisherigen Entscheidungen als richtig erwiesen haben, so antworten Sie mit JA!«

Gezeichnet hat diesen Cartoon die als KITTIHAWK bekannte deutsche Grafik-Designerin CHRISTIANE LOKAR (* 1972), die für eben diesen Cartoon im Jahre 2008 seitens der Deutschen Mathematiker-Vereinigung e. V. (DMV) mit dem ersten Preis für Cartoons mit Mathematikbezug ausgezeichnet wurde.

Sich zu trauen, einander das Ja-Wort zu geben, das ein Versprechen und kein Versprecher sein soll, ist »wahrlich« keine kleine Sache. Doch die Frage, wie »wahrscheinlich« es ist, mit der Entscheidung für den Bund der Ehe eine richtige Entscheidung zu treffen, lässt sich mathematisch über Wahrscheinlichkeitsberechnungen eigentlich nicht lösen. Die Gleichung, um die es dabei geht, ist eine Gleichung, die buchstäblich über das ganze Leben aufgemacht wird, und die braucht eine Theorie, die auch das einbezieht, was sich da und dort als das Unberechenbare entpuppt.

Der Film »Szenen einer Ehe« des schwedischen Regisseurs INGMAR BERGMAN (1918-2007) aus dem Jahre 1973 ließ damals bereits deutlich werden, dass es einem statistisch eher unwahrscheinlichen »Zufallsglück« (WILHELM SCHMID) zu verdanken ist, wenn einem Ehepaar einmal ein gutes Zusammenleben ein Leben lang »glückt«, und es daher klug wäre, Eheverträge mit einer überschaubar berechneten Laufzeit – etwa auf fünf Jahre – abzuschließen. Eine Schlüsselszene des Films, dessen Drehbuch INGMAR BERGMAN selbst geschrieben hat, bringt die Dinge auf den Punkt. Es ist diese Szene einer Ehe:

MARIANNE: Glaubst du überhaupt, daß zwei Menschen das ganze Leben lang zusammen leben können?

JOHAN: Das ist eine blöde, verdrehte Konvention, die
             wir weiß woher geerbt haben. Man sollte Fünf-
             jahresverträge haben. Oder eine Abmachung,
             die von Jahr zu Jahr ginge und die man kündi-
             gen könnte.

MARIANNE: Sollten *wir* das haben?

JOHAN: Nein, wir nicht.

MARIANNE: Warum wir nicht?

JOHAN: Du und ich sind die Ausnahme, die die Regel
             bestätigt. Wir haben das Gewinnlos gezogen.
             In der großen Idiotenlotterie.

MARIANNE: Du glaubst also, daß wir das ganze Leben lang
             zusammenbleiben werden?

JOHAN: Das war eine seltsame Frage.[5]

Die weiteren Szenen des Films zeigen dann, wie gewaltig sich die beiden irren, wenn sie glauben, dass sie »die Ausnahme [sind], die die Regel bestätigt«, dass das Glück(en) der Ehe eher wenig wahrscheinlich, wenn nicht gar unwahrscheinlich ist.

Im Sommer 2010 brachte die Wochenzeitung »Die Zeit« unter dem Titel »Hat die Liebe noch eine Chance? Nein, sagen die Realisten. Doch, sagen die Romantiker« ein Gespräch »über Treue, Sex und Seitensprung in der modernen Optionsgesellschaft«.[6] Manches liest sich da, als sei es als ein

---

5   BERGMAN, INGMAR: Scener ur ett äktenskap, dt.: Szenen einer Ehe. Aus dem
    Schwedischen von HANS-JOACHIM MAASS, Hamburg 1975, 31.
6   Hat die Liebe noch eine Chance? Nein, sagen die Realisten. Doch, sagen
    die Romantiker. Ein Sommergespräch über Treue, Sex und Seitensprung in
    der modernen Optionsgesellschaft, in: Die Zeit Jg. 65. – Nr. 34 – 19. August
    2010, 46-47.

später Kommentar zu der einst durch den Film »Szenen einer Ehe« gestellten Frage, wie es sich denn aller Wahrscheinlichkeit nach mit dem »Liebesglück(en)« verhalte, gedacht.

»Was das Liebesklischee ›Für immer‹ betrifft: Da komme ich mir vor, als ob ich einen schlechten Film nachspreche. Deshalb müssen wir neue Formen finden. Zu sagen, ich liebe dich für ewig, bis es aufhört – das ist paradoxe Ironie. Das ist die postmoderne Liebe.«

Der das sagt, heißt Sven Hillenkamp (* 1971), hat Politik, Soziologie und Geschichte, Philosophie und Islamwissenschaft in Bonn und Berlin studiert, war einige Zeit als Redakteur bei der Wochenzeitung »Die Zeit« und lebt jetzt als freier Autor in Berlin und Stockholm. Für ihn ist es keine Frage: Die Option des »Für immer« ist keine gute Option und daher der Lebensfilm, in dem sie abläuft, auch kein guter Film. Er möchte in einem solchen falschen Lebensfilm jedenfalls nicht mitspielen und er weiß auch, warum er das nicht möchte.

»Monogamie ist nicht lebbar. Aber das Bewusstsein, dass morgen alles zu Ende sein kann, wertet das Jetzt auf. Ich war in letzter Zeit auf drei Hochzeiten und dachte bei dem Satz der ewigen Treue immer: Die lügen. Ich könnte das nicht. Ich sage: Jetzt bin ich treu. Alles andere ist hohl.«

Der das sagt, heißt Lars Eidinger (* 1976) und ist ein bekannter deutscher Theater- und Filmschauspieler. Der Einwand, den er vorbringt, ist ein grundsätzlicher, und dieser bezieht

sich auf die Frage, ob ein bestimmtes Eheverständnis eigentlich »lebbar« ist und ob sich »ewige Treue« ohne zu »lügen« überhaupt versprechen lässt.

»Eine Freundin erzählte mir neulich, dass sie ihren
Freund gefragt hat: Versprichst du mir, dass du mich
ewig liebst? Und er hat geantwortet: Ich verspreche es
dir, bis zu dem Zeitpunkt, an dem es sich ändert. Ich
fand den Satz wunderbar.«

Die das sagt, heißt LAURA DE WECK (* 1981) und ist eine Schweizer Schauspielerin und Bühnenautorin. Auch bei dem, was
sie von ihrer Freundin und deren Freund erzählt, geht es um
die Frage, ob sich ewige Liebe versprechen lässt. Deutlich
wird, dass eine versprochene »ewige« Liebe nicht unbedingt
auch eine unbegrenzte zeitliche Reichweite haben muss. Es
kann sich ja etwas – vieles, alles – »ändern«. Und dem gilt es
dann Rechnung zu tragen, womit ein Vorbehalt gesetzt ist,
der der Liebe die Ewigkeit kosten kann. Ob ein solches Versprechen, das »sich ändern« kann, ihrer Freundin wirklich
reicht, verrät LAURA DE WECK leider nicht.

III.
Zwischen Ebbe und Flut
ANNE MORROW LINDBERGH
Vom Kommen und Gehen, Wiedergehen
und Wiederkommen der Liebe

Das »Herz-Werk« (RAINER MARIA RILKE) einer Liebe, die »tiefe, tiefe Ewigkeit« (FRIEDRICH NIETZSCHE) will, scheint dem, der

einige der unübersehbaren Zeitzeichen behutsam zu deuten versucht, heutzutage durchaus nicht ganz passé zu sein. Zweifelsohne gibt es das Ideal, als Mann und Frau einander so zu lieben, dass es ein Leben lang währt. Und als ersehntes, gewünschtes ist es vermutlich ein ebenso letztlich wie herzlich gewolltes Ideal. Liebe will eigentlich, dass sie dauert, dass sie nicht endet. Menschen, die sich wahrhaft lieben, können vieles wollen; doch das Ende ihrer Liebe können sie unmöglich wollen. Wahre Liebe will nicht, dass es einmal mit ihr vorbei ist, dass sie einmal vorbei ist. Sie will eben tatsächlich so etwas wie »Ewigkeit«, und weil sie das will, ist sie stark wie der Tod, ja stärker als der Tod (vgl. Hld 8,6).

Doch gewollt ist nicht schon gekonnt. ERICH FROMM (1900-1980) hat sein Buch »Die Kunst des Liebens« nicht zuletzt zu dem Zweck verfasst, gerade das zu betonen.[7] Die Frage muss demnach die sein, wie das, was im Modus des Ersehnten und Gewünschten existiert, im Modus des gelebten Lebens existieren kann, sich dort ein Glücken, ein Gelingen erwirkt. Viele Paare scheitern ja in ihrer Beziehung bekanntlich nicht daran, dass beide es nicht gut genug gewollt haben; sie scheitern daran, es nicht gut genug gekonnt zu haben. Gesucht sind also in erster Linie die Konturen einer Ethik des Könnens, der »die Hilfestellung bei der Liebe«[8] ein echtes Anliegen ist. Einige wenige dieser Konturen sichtbar zu machen, kann von Gewinn sein.

---

7   Vgl. FROMM, ERICH: The Art of Loving, New York 1956, dt.: Die Kunst des Liebens (Ullstein Buch Nr. 258), Frankfurt am Main – Berlin – Wien 1978.
8   MIETH, DIETMAR: Ehe als Entwurf. Zur Lebensform der Liebe, Mainz 1984, 25.

Ein erster Zugang zu einem Liebesmodus lebbaren Gelingens kann sich über Gedanken eröffnen, die sich Anne Morrow Lindbergh (1906-2001), die Ehefrau des berühmten Ozeanfliegers Charles Lindbergh, einmal gemacht hat. Während einiger Tage, die sie am Meer verbrachte, fand sie Zeit und Gelegenheit, ihre »Lebensphilosophie«, die zu gutem Teil auch eine »Ehe-Philosophie« ist, zu Papier zu bringen. Ebbe und Flut als Gesetz des Meeres dienen ihr dabei als Chiffre, über das Kommen und Gehen, Wiederkommen und Wiedergehen des Lebenswassers ehelicher Liebe nachzudenken. Das Ergebnis ihres Nachdenkens hat sie für sich und für ihre Leser*innen so aufgeschrieben:

»Das ›wahre Leben‹ unserer Gefühle und Beziehungen ist ebenfalls unbeständig. Wenn man jemanden liebt, so liebt man ihn nicht die ganze Zeit, nicht Stunde um Stunde auf die gleiche Weise. Das ist unmöglich. Es wäre sogar eine Lüge, wollte man diesen Eindruck erwecken. Und doch ist es genau das, was die meisten von uns fordern. Wir haben so wenig Vertrauen in die Gezeiten des Lebens, der Liebe, der Beziehungen. Wir jubeln der steigenden Flut entgegen und wehren uns erschrocken gegen die Ebbe. Wir haben Angst, sie würde nie zurückkehren. Wir verlangen Beständigkeit, Haltbarkeit und Fortdauer: und die einzig mögliche Fortdauer des Lebens wie der Liebe liegt im Wachstum, im täglichen Auf und Ab – in der Freiheit; einer Freiheit im Sinne von Tänzern, die sich kaum berühren und doch Partner in der gleichen Bewegung sind. Die einzige wirkliche Sicherheit liegt nicht im

Soll oder Haben, im Fordern oder Erwarten, nicht einmal im Hoffen. Die Sicherheit einer Beziehung besteht weder in sehnsuchtsvollem Verlangen nach dem, was einmal war, noch in angstvollem Bangen vor dem, was kommen könnte, sondern allein im lebendigen Bekenntnis zum Augenblick. Denn auch eine Beziehung muß wie eine Insel sein. Man muß sie nehmen, wie sie ist, in ihrer Begrenzung – eine Insel, umgeben von der wechselvollen Unbeständigkeit des Meeres, immerwährend vom Steigen und Fallen der Gezeiten berührt. Man muß die Sicherheit des beschwingten Lebens anerkennen, seiner Ebbe, seiner Flut und seiner Unbeständigkeit.«[9]

Das sind Gedanken, die erst dann eingeholt sind, wenn sie uns haben erkennen lassen, dass es gut ist, das Gesetz der Gezeiten von Ebbe und Flut auch als ein gültiges Gesetz gelebter Ehe anzuerkennen. Ehe zu leben heißt dann eben auch, miteinander zu erfahren: Mal ist Ebbe und mal ist Flut. Ehe lebt davon, dass sie um dieses Gezeiten-Gesetz weiß.

Wenn zwei Menschen den Bund der Ehe eingehen, wird Hochzeit gefeiert. Die Sprache ist wie in vielen Fällen so auch in diesem Fall der Wirklichkeit unmittelbar auf den Fersen. Denn eine Hoch-Zeit ist das ja tatsächlich, wenn Mann und Frau sich das Versprechen, einander zu lieben, zu achten und zu ehren, geben. Dieses soll seine Gültigkeit haben »in guten

---

9 LINDBERGH, ANNE MORROW: Gift from the Sea, New York 1955, dt.: Muscheln in meiner Hand. Eine Antwort auf die Konflikte unseres Daseins. Aus dem Amerikanischen von MARIA WOLFF und PETER STADELMAYER (Serie Piper; Band 425), München – Zürich ³⁴1985, 103f.

und in bösen Tagen«, was gewiss sein gutes Recht hat, kennt das Auf und Ab des Lebens doch eben solche und solche Tage. Auch das eheliche Leben hat Teil an dem Gesetz der »Ups and Downs of Life«. Und so ist es eine durchaus wahrscheinliche Prognose, die besagt, das ganze eheliche Leben könne nicht eine einzige, stetig währende Hoch-Zeit sein.

Meistern lässt sich das eheliche Leben einzig von denjenigen, denen es gelingt, die Downs of Life ebenso wie die Ups of Life als dem Leben zugehörig anzuerkennen. Es entkrampft und entspannt förmlich, als Paar darum zu wissen, dass die »Form« des ehelichen Miteinanderlebens es nicht verlangt, dass beide ständig in »Hochform« sind. Paaren, die sich zu hochgestochenen Erwartungen gegenüber sich selbst und ihrem Partner / ihrer Partnerin haben hochschaukeln lassen, ist das keinesfalls gut bekommen. Was trägt, ist eine Sichtweise wie die, für die ANNE MORROW LINDBERGH wirbt. Es ist eine Sichtweise, die darauf vertraut, dass es nicht gleich ein Grund zur Beunruhigung sein muss, wenn Ebbe in der Kasse der Liebe zu sein scheint. Denn wie etwas gehen kann, so kann es auch wiederkommen.

IV.
Zwischen Ganzheit und Halbheit
FULBERT STEFFENSKY
Über entmutigende und ermutigende Liebesideale

Jungen Paaren, die die Feier ihrer kirchlichen Hochzeit vorbereiten, ist von Herzen danach, ein Hochlied auf die Liebe zu singen, und weil dem so ist, wählen sie als Lesungstext auch gern das Hohelied der Liebe aus dem Ersten Korintherbrief (1 Kor 12,31b-13,13). Ob sie sich damit einen Gefallen tun, hat der frühere Inhaber der Professur für Pastoralpsychologie und Pastoralsoziologie an der Theologischen Fakultät Paderborn, Professor Dr. Josef Schwermer (1926–2017), stets skeptisch betrachtet. Seine Hörer*innen wies er auf die Gefahr hin, dass selbst die besten Ideale wenig taugen, wenn sie – mal früher, mal später – als überfordernd erlebt werden. Auch die Kunst des Liebens – so seine These – müsse sich im Rahmen der Kunst des lebensmäßig Möglichen bewegen. Es sei schon allerhand, einmal ernsthaft den Gedanken, dass Liebe gütig ist, über eine gewisse Zeit in die Tat(en) des eigenen Lebens umzusetzen. Wer das versuche, wisse, wie viel er bereits damit zu tun habe. Es sei prekär, wenn die Ermutigung zur Liebe, die der Passus des Ersten Korintherbriefes schenkt, in die Entmutigung umschlage, es in der Liebe doch nicht weit (genug) zu bringen.

Unzweifelhaft ist es nicht gerade wenig, was Menschen von der Ehe bzw. – besser gesagt – voneinander in der Ehe erwarten. Gelegentlich ist das zu viel, ist das Ideal von Ehe, das Menschen haben, so hoch, dass dieses Ideal sich wider Erwarten destruktiv auf die gelebte Ehe auswirkt. Tatsächlich gibt es das, was der Psychoanalytiker Wolfgang Schmidbauer (* 1941) »die Destruktivität von Idealen«[10] nennt, und diese »Destruktivität von Idealen«, die sich jedwedem Gelingen gegenüber immer schädlich auswirkt, schadet auch dem Gelingen der Liebe.

---

10 Schmidbauer, Wolfgang: Alles oder nichts. Über die Destruktivität von Idealen, Reinbek bei Hamburg 1987.

Von der »Destruktivität von Idealen« zu sprechen, heißt grundsätzlich nicht, etwas gegen Ideale zu haben. Das heißt es – weiß Gott! – nicht. Wohl aber heißt es, dafür zu plädieren, dass Ideale, die sich Menschen stecken, stets doch geerdete Ideale sein müssen. Und sie müssen sich auch als tauglich erweisen, im gelebten Leben verortet zu werden. Denn dann taugen sie auch dazu, die Gestalt des Lebens zu dessen Wohl zu formen.

Gute Ideale sind immer so, dass sie diesseits und nicht jenseits der »Kunst des Möglichen« (ALBERT GÖRRES) liegen, was eben heißt: sie überfordern das Vermögen der Menschen nicht, liegen vielmehr in Reichweite dessen, was Menschen, die sich redlich bemühen, tatsächlich vermögen.

Der Idealismus, der nach der Devise, einzig das vollkommene Gelingen sei das wahre Gelingen, verfährt, wird unter der Hand schnell zu einem Terrorismus, und zwar dem Terrorismus der unerreichbaren, unerfüllbaren Maßstäbe. Wer einer solchen idealistischen Lebenslogik folgt, die einzig das Perfekte gelten lässt, wird sich schwer tun, sich eine Optik, wie sie das Gesetz der Gradualität nahelegt, zu eigen zu machen und sich entsprechend darauf einzulassen, in erster Linie das schon Erreichte zu sehen und nicht das noch nicht Erreichte.

Wer heute daran denkt, ein Loblied des Gelingens zu singen, sollte sich nicht scheuen, »das Lob der gelungenen Halbheit« zu singen, sagt der Theologe und Pädagoge FULBERT STEFFENSKY (* 1933). Sein – durchaus nicht halbherziges – Lob der Ehe lautet darum so:

»Es gibt Leiden, das durch überhöhte Erwartungen entsteht, durch die Erwartung, dass die eigene Ehe vollkommen sei; dass der Partner einen vollkommen erfülle; dass der Beruf einen völlig ausfülle; dass uns die Erziehung der Kinder vollkommen gelingt. So ist das Leben nicht. Die meisten Ehen gelingen halb, und das ist viel. Meistens ist man nur ein halber guter Vater, eine halbe gute Lehrerin, ein halber glücklicher Mensch, und das ist viel. Gegen den Totalitätsterror möchte ich die gelungene Halbheit loben.«[11]

Dieser Ansatz ist ein menschlicher Ansatz, weil es ein Ansatz ist, der darum weiß, dass die Macht des Menschen eine endliche Macht ist und entsprechend das Maß des ihm Möglichen ebenso ein endliches. Menschen sind endliche Wesen, und endlich ist darum auch die Liebe, die sie zu geben vermögen. Fragment ist und bleibt vieles, was Menschen tun. Fragment ist und bleibt auch das Tun ihrer Liebe. Wer das Fragment verachtet, weil es nicht das Ganze ist, tut dem Fragment Unrecht. Halb ist viel, und Liebe hat schon viel gegeben, wenn sie halb gelungen ist. Wenn es stimmt, dass das Beste, was Menschen füreinander tun können, das ist, was sie füreinander sein können, dann ist da doch einiges möglich. Wie viel Ehepaare füreinander sein können, beschreibt FULBERT STEFFENSKY so:

---

11 STEFFENSKY, FULBERT: Hat Hiob eine Nachricht? Die Vernunft und die Unvernunft des Leidens, in: PITHAN, ANNEBELLE – ADAM, GOTTFRIED – KOLLMANN, ROLAND (HRSG.): Handbuch Integrative Religionspädagogik. Reflexionen und Impulse für Gesellschaft, Schule und Gemeinde. Eine Veröffentlichung des Comenius-Instituts, Gütersloh 2002, 121-126, 124.

»... man kann sich Brot sein, manchmal Schwarzbrot und manchmal Weißbrot. Man kann sich Wasser sein, und gelegentlich auch Wein. Und die schwer zu glaubende Erfahrung zumindest von einigen alten Paaren: Je älter man miteinander wird, umso mehr wird das Wasser zu Wein.«[12]

Und das ist längst nicht alles, was da zu erwähnen wäre. Einander liebend können zwei Menschen »vieles« füreinander sein, und das ist gut so. Gar nicht gut ist es, wenn zwei Menschen, die sich lieben, glauben, »alles« füreinander sein zu können. Ein solcher Anspruch ist maßlos überzogen, und wenn einem Menschen liebend gesagt würde: »Du bist mein ein und alles«, müsste dieser darüber eigentlich erschrecken. Kein Mensch kann für einen Menschen dessen »ein und alles sein«, und mögen sich beide auch noch so lieben. Wer von einem Menschen verlangt, dass dieser sein »ein und alles« sei, der verlangt »viel zu viel« von einem Menschen. »Die irdische Religion der Liebe«, deren Anhänger*innen das »ganze« Glück und »alle« Erfüllung von der liebenden Beziehung selbst erwarten, ist darum keine wahre Religion. Das hat der Soziologe ULRICH BECK (* 1944) klar durchschaut und unmissverständlich offengelegt.[13]

---

12 STEFFENSKY, FULBERT: Was Gott zusammengefügt hat, soll der Mensch nicht scheiden. Markus 10,2-9, in: DERS.: Der Schatz im Acker. Gespräche mit der Bibel, Stuttgart [2]2011, 50-51, 51.
13 Vgl. BECK, ULRICH: Die irdische Religion der Liebe, in: BECK, ULRICH – BECK-GERNSHEIM, ELISABETH: Das ganz normale Chaos der Liebe (suhrkamp taschenbuch 1725), Frankfurt am Main 1990, 222-266.

Wahre Liebe beginnt demnach mit der Enttäuschung, dass der/die Geliebte nicht mein »ein und alles«, nicht mein Gott sein kann, und dass man daher voneinander nicht verlangen kann, was einzig Gott als letzte Erfüllung der Sehnsucht des menschlichen Herzens geben kann. Zu einer reifen Gestalt der Liebe gehört daher, sie im Zeichen einer bestimmten Tugend zu leben, die für ROMAN BLEISTEIN SJ (1928-2000) die erste Tugend der Liebe ist. Erläutert hat er das, was er sich dabei gedacht hat, einmal so:

> »Die erste Tugend der Liebe heißt: das Erbarmen. In ihm vergebe ich dem anderen, daß er mein Gott nicht sein kann.«[14]

Gerade in der Liebe muss der Mensch für den Menschen (ein) Mensch sein dürfen und eben nicht Gott sein müssen. Genau diesen Liebeskunstfehler begehen Liebende jedoch dann, wenn sie ihre Liebe als »Religion« leben und mit einer aneinander gerichteten »Heilserwartung« sich gegenseitig über alle Maßen überfordern, worin »wahrscheinlich eine der tiefsten Wunden heutiger Beziehungsinstabilität« zu sehen ist, wie der Paartherapeut HANS JELLOUSCHEK (1939–2021) einmal bemerkt hat.[15]

Wenn es nicht der Liebe Sinn ist, füreinander in der Liebe Gott spielen zu wollen, was ist dann der Liebe Sinn? Der Liebe Sinn könnte der sein, den Geliebten bzw. die Geliebte nicht als Gott zu sehen und zu nehmen, wohl jedoch als Ge-

---

14 BLEISTEIN, ROMAN: Die jungen Menschen und die alte Kirche, Freiburg im Breisgau 1972, 75.

15 JELLOUSCHEK, HANS: Die Kunst als Paar zu leben, Stuttgart ^{22}2011, 121.

schenk Gottes anzusehen und anzunehmen. Wer nach einem überzeugenden Zeugen für diese Sicht der Dinge sucht, wird seine Freude haben an dem Gedicht, das der als »Wandsbecker Bote« bekannt gewordene Dichter MATTHIAS CLAUDIUS (1740-1815) eigens für seine Frau Rebecca zum Anlass ihrer beider Silberhochzeit verfasst hat. Die dritte Strophe des Gedichts hat den Wortlaut:

> Ich danke Dir mein Wohl, mein Glück in diesem Leben.
> Ich war wohl klug, daß ich dich fand;
> Doch ich fand nicht. GOTT hat dich mir gegeben;
> So segnet keine andre Hand.[16]

Mich geliebt zu wissen heißt, die Erfahrung zu machen, mich durch den Menschen, der mich liebt und den ich liebe, von Gott gesegnet zu wissen. Für den Ehemann MATTHIAS CLAUDIUS gab es jedenfalls keinen Zweifel daran, dass Gott ihn mit seiner Ehefrau Rebecca segnete – Jahr um Jahr und Tag für Tag –, und er wusste, dafür gar nicht genug dankbar sein zu können. Wenn Denken und Danken etymologisch miteinander zu tun haben, ist füreinander dankbar zu sein nicht das denkbar Schlechteste, was Liebende in Gedanken tun können.

---

16 CLAUDIUS, MATTHIAS: »AN FRAU REBECCA; bei der silbernen Hochzeit, den 15. März 1797«, in: DERS.: Sämtliche Werke. Nach dem Text der Erstausgaben (Asmus 1775–1812) und den Originaldrucken (Nachlese) samt den 10 Bildtafeln von Chodowiecki und den übrigen Illustrationen der Erstausgaben. Verantwortlich für die Textredaktion: JOST PERFAHL. Mit Nachwort und Bibliographie von ROLF SIEBKE, Anmerkungen von HANSJÖRG PLATSCHEK sowie einer Zeittafel. Lizenzausgabe für die Wissenschaftliche Buchgesellschaft Darmstadt, Darmstadt ⁷1989, 472-473, 472.

V.
Zwischen dem Liebesverbot des Bildnisses und dem Liebesgebot des Entwurfs – MAX FRISCH und BERTOLT BRECHT Zur Berechtigung und Berichtigung zweier Liebesstandpunkte

» ... nicht ist die Liebe gelernt ... .« Diesem Diktum des Dichters RAINER MARIA RILKE (1875-1926) aus einem der »Sonette an Orpheus«[17] kann der Schweizer Schriftsteller MAX FRISCH (1911-1991) mit seiner »Liebes-Lehre« nur beipflichten. Dass die Menschen noch Anfänger in der »Kunst des Liebens« sind, sie noch nicht können und noch nicht recht wissen, was das ist: »Der Liebe Tun« (SÖREN KIERKEGAARD) –, mit diesem Eingeständnis hebt für MAX FRISCH erst alles an. Was tue ich eigentlich bzw. was muss ich tun oder eben gerade nicht tun, wenn ich einen Menschen liebe, lieben will? Für MAX FRISCH hat jedenfalls der Satz eine bestechende urgewisse Klarheit, der lautet: So lange ist die Liebe jedenfalls nicht gelernt, wie es Menschen nicht fertigbringen, endlich einmal damit aufzuhören, sich voneinander Bilder zu machen. Lernen lässt sich seiner Ansicht nach die Liebe einzig mit dem festen Vorsatz, das Wagnis einer bilderfreien Liebe einzugehen.

---

17 RILKE, RAINER MARIA: Sonette an Orpheus, in: DERS.: Sämtliche Werke. Herausgegeben vom Rilke-Archiv in Verbindung mit RUTH SIEBER-RILKE besorgt durch ERNST ZINN, 6 Bände, Frankfurt am Main 1987, 727-773, 743.

MAX FRISCH – Tagebuch 1946-1949

Liebe und Bildnis – das ist einer der Schlüsselgedanken im Denken und Schaffen von MAX FRISCH – können einfach nicht zusammengehen. Die Urgefahr der Liebe ist es, in den Bannkreis von Bildern zu geraten, die sich Menschen voneinander machen. Liebe im Bann der Bilder – das ist noch niemals gutgegangen, das kann auch gar nicht gutgehen. MAX FRISCH hat diesen Schlüsselgedanken zum Geheimnis der Liebe in ganz unterschiedlichen Zusammenhängen immer wieder einmal durchgespielt, so etwa in einer frühen Skizze zu seinem Stück »Andorra«, die sich in seinem Tagebuch aus den Jahren 1946-1949 findet. Da lässt sich auch dieser Eintrag nachlesen:

»Du sollst dir kein Bildnis machen, heißt es, von Gott. Es dürfte auch in diesem Sinne gelten: Gott als das Lebendige in jedem Menschen, das, was nicht erfaßbar ist. Es ist eine Versündigung, die wir, so wie sie an uns begangen wird, fast ohne Unterlaß wieder begehen – Ausgenommen wenn wir lieben.«[18]

Das sind klare und deutliche Worte, die MAX FRISCH in seiner Tagebuchnotiz festhält. Einen Menschen zu lieben – bei MAX FRISCH bedeutet das: sich kein Bildnis von ihm zu machen, nicht zu glauben, über ihn restlos »im Bilde« zu sein. Jeder – auch der bestgemeinte – Versuch, sich ein Bild vom

---

18 FRISCH, MAX: Tagebuch 1946-1949, in: DERS.: Gesammelte Werke in zeitlicher Folge. Jubiläumsausgabe in sieben Bänden, Frankfurt am Main 1986, Band 2, 347-750, 372-374.

anderen zu machen, bedeutet Lieblosigkeit, Verrat, Schuld. Liebe erlöst den Menschen aus dem Bannkreis der Bilder, und die Freiheit, die sie schenkt, ist stets »bilderlos«. Die Liebe ist ein Kind der Freiheit, die Liebende einander lassen müssen, und darum liebt sie das fertige Bildnis nicht. Denn hat man sich erst einmal ein fertiges Bildnis von einem Menschen gemacht, dann ist man auch bald fertig mit ihm, und das ist einfach lieblos. Die Liebe liebt es nicht, das geliebte Gegenüber in das Gefängnis eines Bildes einzusperren.

Max Frisch – »Stiller«

Die Macht der bildlichen Vor-Stellungen, die häufig genug eben Ver-Stellungen der wirklichen Wirklichkeit des Gegenübers sind, ist eine grausame, tödliche Macht. Und so spricht sich eine große Menschenkenntnis darin aus, wenn der Schweizer Schriftsteller das biblische Gebot »Du sollst dir kein Bildnis machen« auch auf den Menschen als »Ebenbild« Gottes gemünzt sehen will. Je fertiger die Bilder, desto größer die Schuld – diese Gleichung hat Max Frisch Mal um Mal in seinem schriftstellerischen Schaffen aufgemacht. Denn gedankenlos und lieblos und damit gar nicht schuldlos hat er stets den Umgang der Menschen miteinander gefunden, der über das Bildermachen geht. Die lebendige Erfahrung der wirklichen Wirklichkeit des Menschen – für ihn gibt es sie einzig jenseits der Bilder.

In seinem 1954 erschienenen Roman »Stiller« bestätigt Max Frisch jedenfalls die Sicht der Dinge, »daß es das Zeichen der Nicht-Liebe sei, also Sünde, sich von seinem

Nächsten oder überhaupt von einem Menschen ein fertiges Bildnis zu machen, zu sagen: So bist du und fertig!«[19]

Wie schlimm das Bildermachen wirklich ist, bekommt der Bildhauer Ludwig Anatol Stiller gesagt in einem Gespräch, währenddessen ihm seine Frau Julika, als er sie zum letzten Mal im Sanatorium in Davos besucht, diese Worte entgegenschleudert:

»Du hast dir nun einmal ein Bildnis von mir gemacht, das merke ich schon, ein fertiges und endgültiges Bildnis, und damit Schluß. Anders als so, ich spüre es ja, willst du mich einfach nicht mehr sehen. Nicht wahr?« [...] »Ich habe in letzter Zeit auch über vieles nachgedacht, ... – nicht umsonst heißt es in den Geboten: du sollst dir kein Bildnis machen! Jedes Bildnis ist eine Sünde. Es ist genau das Gegenteil von Liebe, siehst du, was du jetzt machst mit solchen Reden. Ich weiß nicht, ob du's verstehst. Wenn man einen Menschen liebt, so läßt man ihm doch jede Möglichkeit offen und ist trotz allen Erinnerungen einfach bereit, zu staunen, immer wieder zu staunen, wie anders er ist, wie verschiedenartig und nicht einfach so, nicht ein fertiges Bildnis, wie du es dir da machst von deiner Julika. Ich kann dir nur sagen: es ist nicht so. Immer redest du dich in etwas hinein – du sollst dir kein Bildnis machen von mir! das ist alles, was ich dir darauf sagen kann.«[20]

19 FRISCH, MAX: Stiller. Roman, in: DERS.: Gesammelte Werke in zeitlicher Folge. Jubiläumsausgabe in sieben Bänden, Frankfurt am Main 1986, Band 3, 359-780, 467.
20 A. a. O. 499f.

Wer sich Bilder von einem Menschen macht, ist zugleich Täter und Opfer einer Täuschung. Gut, wenn da – doch wenigstens ab und zu einmal – solche Täuschungen in Ent-Täuschungen umschlagen, will sagen: Täuschungen eben aufgehoben werden. Einen Menschen zu lieben bedeutet nach MAX FRISCH daher eben das: sich kein Bildnis von ihm zu machen, nicht zu glauben, über ihn restlos »im Bilde« zu sein. »Der Liebe Tun« – für MAX FRISCH ist es das Tun, auf das Bildermachen gründlich zu verzichten.

BERTOLT BRECHT – »Geschichten vom Herrn Keuner«

Die Frage, was »Der Liebe Tun« ist, hat sich einmal auch der 1898 in Augsburg geborene und 1956 in Berlin gestorbene Dichter BERTOLT BRECHT gestellt und ist dabei zu einem überraschenden Ergebnis gekommen. Die Geschichte, die dieses Ergebnis enthält und bewahrt, ist eine der »Geschichten vom Herrn Keuner«, die BERTOLT BRECHT ab 1935 bis in die 50iger Jahre geschrieben hat, und zwar die Geschichte

Wenn Herr K. einen Menschen liebte

»Was tun Sie«, wurde Herr K. gefragt, »wenn Sie einen Menschen lieben?« »Ich mache mir einen Entwurf von ihm«, sagte Herr K., »und sorge, daß er ihm ähnlich wird.« »Wer? Der Entwurf?« »Nein«, sagte Herr K., »Der Mensch.«[21]

---

21 BRECHT, BERTOLT: Geschichten vom Herrn Keuner (suhrkamp taschenbuch 16), Frankfurt am Main ⁷1977, 33.

Bei den meisten Leser*innen dieser Geschichte wird die Antwort des Herrn K. einiges Befremden auslösen. Wer wird die Geschichte nicht ein zweites Mal gelesen haben, um genau hinzuschauen, ob er auch richtig gelesen hat?! Der Leser bzw. Hörer meint, die Antwort des Herrn K. schon mit an Sicherheit grenzender Wahrscheinlichkeit ahnen zu können, als er plötzlich stutzt: Der Mensch soll dem Entwurf ähnlich werden, sich dem Entwurf anpassen? Und damit soll etwas Stimmiges und Gültiges über die Liebe (aus)gesagt sein? Das klingt doch eher unwahrscheinlich.

Doch ist wohl kaum anzunehmen, BERTOLT BRECHT sei beim Schreiben seiner kleinen Geschichte einem verhängnisvollen »Liebesirrtum« erlegen gewesen. Ganz im Gegenteil! Es deutet ja alles darauf hin, dass er die Kritik seiner Leser*innen mitgedacht und mitbedacht hat. Das Erstaunen und die Empörung, in die wir einzustimmen geneigt sind, kommt ja in der Geschichte vor. Denn da ist ja jemand, der erstaunt und empört zurückfragt: »Wer? Der Entwurf?«

Es scheint auf den ersten Blick leicht, den von Herrn K. eingenommenen Standpunkt zu kritisieren, erhebt doch Herr K. gewissermaßen zum Programm, was den Menschen, deren Verhalten MAX FRISCH anprangert, wieder und wieder gedankenlos unterläuft: die Sünde, sich ein Bild vom Menschen zu machen. Bei aller Entrüstung, die die Leser*innen spontan aufzubringen sich geradezu gezwungen sehen, darf jedoch keineswegs übersehen werden, dass gerade auch diese Sicht durchaus auch einiges für sich hat, wenn die Dinge der Liebe einmal näher betrachtet werden.

BERTOLT BRECHT – »Notizen zur Philosophie«

Die Leser*innen dieser kleinen sinnigen Keuner-Geschichte dürfen sich glücklich schätzen, dass BERTOLT BRECHT – als Interpretationsschlüssel sozusagen – in seinen »Notizen zur Philosophie« aus den Jahren 1929 bis 1941 einen Text verfasst hat, der sich als »exegetischer« Kommentar zu seiner Geschichte »Wenn Herr K. einen Menschen liebte« trefflich eignet. Es ist der Text, der – bezeichnend genug – den Titel »Über das Anfertigen von Bildnissen«[22] trägt, und da steht dann auch dies zu lesen:

> »Außerdem muß man aber auch sorgen, daß die Bildnisse nicht nur den Mitmenschen, sondern auch die Mitmenschen den Bildnissen gleichen. Nicht nur das Bildnis eines Menschen muß geändert werden, wenn der Mensch sich ändert, sondern auch der Mensch kann geändert werden, wenn man ihm ein gutes Bildnis vorhält. Wenn man den Menschen liebt, kann man aus seinen beobachteten Verhaltensarten und der Kenntnis seiner Lage solche Verhaltensarten für ihn ableiten, die für ihn gut sind. Man kann dies ebenso wie er selber. Aus den vermutlichen Verhaltensarten werden so wünschbare. Zu der Lage, die sein Verhalten bestimmt, zählt sich plötzlich der Beobachter selber. Der Beobachter muß also dem Beobachteten ein gutes Bildnis schenken, das er von ihm gemacht

---

22 BRECHT, BERTOLT: Über das Anfertigen von Bildnissen, in: DERS.: Gesammelte Werke, Band 20: Schriften zur Politik und Gesellschaft [Notizen zur Philosophie 1929-1941], Frankfurt am Main 1967, 125-178, 168-170.

hat. Er kann Verhaltensarten einfügen, die der andere selbst gar nicht fände, diese zugeschobenen Verhaltensarten bleiben aber keine Illusionen des Beobachters; sie werden zu Wirklichkeiten: Das Bildnis ist produktiv geworden, es kann den Abgebildeten verändern, es enthält (ausführbare) Vorschläge. Solch ein Bildnis machen heißt lieben.«[23]

Die dritte Seite der Wahrheit
oder
Worin MAX FRISCH und BERTOLT BRECHT
jeweils recht und worin sie jeweils unrecht haben

»Der Liebe Tun« – bestimmt es sich nun so oder so? Ist es »Der Liebe Tun«, sich kein Bildnis zu machen, wie MAX FRISCH meint, oder ist es »Der Liebe Tun«, sich doch ein Bildnis zu machen, wie BERTOLT BRECHT meint? Liegt die Wahrheit der Liebe auf Seiten dessen, was MAX FRISCH dazu sagt, oder liegt sie auf Seiten dessen, was BERTOLT BRECHT dazu sagt? Oder ist die Wahrheit der Liebe womöglich sowohl da als auch dort oder eben »dazwischen« zu vermuten? Die 1929 in Köln geborene und 2003 in Göppingen gestorbene bekannte evangelische Theologin DOROTHEE SÖLLE hat sich in ihrem Aufsatz »Die Dialektik der Liebe«[24], in dem sie die beiden Texte, den von MAX FRISCH und den von BERTOLT BRECHT, bespricht und auf das, was sie jeweils zur Wahrheit der Liebe sagen, ab-

---

23 A. a. O. 169f.
24 SÖLLE, DOROTHEE: Zur Dialektik der Liebe. Zwei literarische Texte, theologisch interpretiert, in: DIES.: Atheistisch an Gott glauben. Beiträge zur Theologie, Olten – Freiburg im Breisgau ⁴1970, 35f.

klopft und abhorcht, dafür ausgesprochen, »dialektisch« zu bestimmen, was als »Der Liebe Tun« zu gelten hat. Das heißt dann: MAX FRISCH hat in einem gewissen Sinn recht, wenn er das Tun der Liebe so bestimmt, wie er es bestimmt, und BERTOLT BRECHT hat auch in einem gewissen Sinn recht, wenn er das Tun der Liebe so bestimmt, wie er es bestimmt.

Die Wahrheit der Liebe hat man erst dann, so die These der Theologin DOROTHEE SÖLLE, wenn man die Wahrheit, die dieser sieht, nicht gegen die Wahrheit ausspielt, die jener sieht. Sie plädiert daher dafür, beide Wahrheiten zusammenzuführen, zusammenzunehmen, sie eben »dialektisch« zusammenzubringen, was im Ergebnis dann eben auch zu einem »dialektisch« sich bestimmenden Begriff der Liebe führt.

MAX FRISCH bestimmt das Tun der Liebe rein negativ, gibt bzw. bietet eine rein negative Bestimmung der Liebe bzw. des Liebens. Jemanden lieben heißt, sich kein Bildnis von ihm zu machen. Doch ist solches Tun der Liebe genug oder nicht doch zu wenig? BERTOLT BRECHT tendiert dahin, es nicht genug und darum zu wenig zu finden, als Liebender sich darauf zu beschränken, sich kein Bild von denen, die man liebt, zu machen. Denn wer so liebt, wie MAX FRISCH sich das denkt, der vergisst die Zukunft. Doch jede Liebe braucht Zukunft; Liebe ohne Zukunft ist keine Liebe. Und gerade diese Zukunft, die Liebe immer und unbedingt braucht – so BERTOLT BRECHT –, die hat der »Entwurf« im Blick. Der »Entwurf« der Liebe geht immer auf Zukunft – auf eine gute Zukunft des bzw. der Geliebten. Die Zukunft der Möglichkeiten bzw. die Möglichkeiten der Zukunft – sie ergreift der »Entwurf« dadurch, dass er zu planen sucht. Was bzw. wer könnte der/die Geliebte zu seinem/ihrem Besten werden? So fragt sich der »Entwurf« bzw. – besser gesagt – der, der liebend entwirft bzw. entwerfend liebt. Immer geht es um die zukünftige Gestalt des geliebten Menschen, die der »Entwurf« als gute, ja als optimale Gestalt will. Damit hat BERTOLT BRECHT etwas gesehen, das MAX FRISCH so tatsächlich nicht gesehen hat. Denn er widmet sich der bei MAX FRISCH offen bleibenden bzw. gebliebenen Frage: Was muss ich – positiv – tun, wenn ich lieben will?

Die Frage, die jetzt noch bleibt, ist die: Lassen bzw. können sich beide Sichtweisen nur gegeneinander oder auch nebeneinander behaupten? Ist es vielleicht so, dass sich beide Sichtweisen bzw. Konzeptionen gegenseitig korrigieren, mäßigen müssen? Etliches deutet darauf hin. In BERTOLT BRECHTS Geschichte fehlt etwas, das vor der übertriebenen, überzogenen Selbstgewissheit des Entwerfenden – »Ich weiß, was für dich und deine Zukunft gut ist.« – Schutz bieten könnte. Gedacht ist an die Bereitschaft, unter Umständen auch einmal auf den eigenen »Entwurf« zu verzichten, ihn zu revidieren, zu modifizieren, zu variieren, zu korrigieren. Der »Entwurf« muss sich immer wieder gegenlesen bzw. gegenprüfen lassen von der Wirklichkeit des jeweiligen geliebten Menschen, die auch in einem noch so guten »Entwurf« nicht einfach aufgehen kann.

Die Standpunkte von MAX FRISCH und BERTOLT BRECHT auf eine krasse Alternative zuspitzen zu wollen, entspricht nicht der Wirklichkeit der Liebe bzw. des Liebens. Es gibt weder das reine Entwerfen noch das bildnislos leere Offenlassen der Zukunft. Die Wahrheit, die MAX FRISCH ausspricht, ist nicht ohne die BERTOLT BRECHTS zu denken und zu haben, und selbiges gilt umgekehrt. Diese Sicht der Dinge braucht jene und jene auch diese Sicht der Dinge. Beide ergänzen und korrigieren sich gegenseitig und bewahren so die Liebe bzw. das Lieben von Mensch zu Mensch vor falscher Einseitigkeit. Für sich genommen sind beide Standpunkte – der MAX FRISCHS und der BERTOLT BRECHTS – nur die halbe Wahrheit und damit einseitig und falsch. Beide Standpunkte bedürfen einander, um für ein ausgewogenes Tun der Liebe zu sorgen. Sie müssen sich gewissermaßen die Waage halten, damit das Tun der Liebe sich weder in diese noch in jene Richtung verirrt bzw. verläuft. Zu viel Bildnis kann ebenso Schuld bedeuten wie zu wenig Entwurf.

VI.
Zwischen Einheit und Zweiheit –
FRANÇOIS AUGUSTE RENÉ RODIN
Über die Gottesnähe der Liebe

Ein ungewöhnlich schöpferisch begabter Mensch ist der französische Bildhauer FRANÇOIS AUGUSTE RENÉ RODIN (1840-1917) gewesen. Der Dichter RAINER MARIA RILKE, der einige Zeit als Sekretär bei ihm gearbeitet hat, sagte 1902 über ihn: Er »war ein Träumer, dem der Traum in die Hände stieg«[25]. Seine künstlerische Hand ließ seine Träume gebildete Gestalt werden, und meisterhaft ist ihm das bei einer Skulptur gelungen, die Hände zeigt, »die, ohne zu irgend einem Körper zu gehören, lebendig sind«[26].

---

25 RILKE, RAINER MARIA: Auguste Rodin, in: DERS.: Sämtliche Werke. Herausgegeben vom Rilke-Archiv in Verbindung mit RUTH SIEBER-RILKE besorgt durch ERNST ZINN, 6 Bände, Frankfurt am Main 1987, Band V, 135-280, 147.
26 A. a. O. 164.

Zu sehen sind die Hand eines Mannes und die Hand einer Frau. Die Hände sind einander zugeneigt, einander zugekehrt, aufeinander bezogen, doch nicht ineinander geschlossen. Zwischen ihnen ist ein Raum, ein »Zwischen«-Raum. Zur Wirklichkeit der »Zweieinheit« der Liebe gehört offenbar nach François Auguste René Rodin maßgeblich die Wirklichkeit eines »Zwischen«, und jemand, der das ebenso erkannt hat, ist der »dia«-logische Denker Martin Buber (1878-1965) gewesen. Seine »Zwischen«-Bemerkung lautet:

> »Gefühle werden ›gehabt‹, die Liebe geschieht, Gefühle wohnen im Menschen; aber der Mensch wohnt in seiner Liebe. Das ist keine Metapher, sondern die Wirklichkeit: die Liebe haftet dem Ich nicht an, sodass sie das Du nur zum ›Inhalt‹, zum Gegenstand hätte; sie ist zwischen Ich und Du. Wer dies nicht weiß, mit dem Wesen weiß, kennt die Liebe nicht, ob er auch die Gefühle, die er erlebt, erfährt, genießt und äußert, ihr zuzurechnen mag.«[27]

Den Raum der Liebe als »Zwischen«-Raum zu bezeichnen heißt sagen, wo die Liebe eigentlich lebt: in einem »Zwischen-Reich«, dem Reich zwischen Ich und Du, dem Reich des einander Gegenüberseins. Liebe, die leben und lebendig bleiben will, braucht den Raum des Zwischen. Wer ihr diesen Raum nimmt, nimmt ihr den Lebensraum, den sie braucht, und wenn einer das deutlich gesehen hat, dann ist das der libanesische Dichter und Maler Khalil Gibran (1883-1931)

---

27 Buber, Martin: Ich und Du, Heidelberg [8]1974, 22.

gewesen. In seinem wohl bekanntesten Buch »Der Prophet«, das bezeichnenderweise den Untertitel »Wegweiser zu einem sinnvollen Leben« trägt, lässt er seinen Propheten Almustafa auf die Frage »Und wie ist es um die Ehe, Meister?« dieses verkünden:

Von der Ehe

Und wieder ergriff Almitra das Wort und sprach: »Und wie ist es um die Ehe, Meister?«
Und er antwortete also:
Vereint seid ihr geboren, und vereint sollt ihr bleiben immerdar.
Ihr bleibt vereint, wenn die weißen Flügel des Todes eure Tage scheiden.
Wahrlich, ihr bleibt vereint selbst im Schweigen von Gottes Gedenken.
Doch lasset Raum zwischen eurem Beieinandersein.
Und lasset Wind und Himmel tanzen zwischen euch.
Liebet einander, doch macht die Liebe nicht zur Fessel: Schafft eher daraus ein webendes Meer zwischen den Ufern eurer Seelen.
Füllet einander den Kelch, doch trinkt nicht aus einem Kelche.
Gebet einander von eurem Brote, doch esset nicht vom gleichen Laibe.
Singet und tanzet zusammen und seid fröhlich, doch lasset jeden von euch allein sein.
Gleich wie die Saiten einer Laute allein sind, erbeben sie auch von derselben Musik.

Gebet einander eure Herzen, doch nicht in des andern Verwahr.

Denn nur die Hand des Lebens vermag eure Herzen zu fassen.

Und stehet beieinander, doch nicht zu nahe beieinander:

Denn die Säulen des Tempels stehen einzeln.

Und Eichbaum und Zypresse wachsen nicht im gegenseit'gen Schatten.«[28]

»Kunst gibt nicht das Sichtbare wieder; Kunst macht sichtbar.« So hat der Maler und Grafiker PAUL KLEE (1879-1940) einmal gesagt. Sichtbar gemacht hat FRANÇOIS AUGUSTE RENÉ RODIN mit seiner Skulptur, wie er sich das »Zwischen«-Reich liebender Nähe erträumt hat. Und er hat denen, die seine Skulptur betrachten, mit dem Titel, den er ihr gegeben hat, einen Deuteschlüssel an die Hand gegeben, der es erlaubt, sein Traum-Gebilde so zu verstehen, wie er es verstanden sehen wollte. Und dieser Titel lautet: »La Cathédrale«.[29]

Der Künstler FRANÇOIS AUGUSTE RENÉ RODIN hat mit seiner Wahl des Titels die Richtung einer stimmigen und gültigen Deutung seiner Skulptur vorgezeichnet. Der »hand-greifliche« Raum, der das »Zwischen«-Reich« der Liebe bildet, ist gleich dem Innenraum der großen Kathedralen ein Gottesraum. Der »Zwischen«-Raum der Liebe ist ein (von) Gott-be-

---

28 GIBRAN, KHALIL: Der Prophet. Wegweiser zu einem sinnvollen Leben, Olten – Freiburg im Breisgau ¹⁶1984, 15f.
29 RODIN, AUGUSTE: La Cathédrale (1908). Original: Bronze, 65 cm hoch, Musée Rodin, Paris.

wohnter Raum. Das eigentlich ist es, was die Skulptur sichtbar machen will.

Liebende sind wie die Bauleute einer Kathedrale. Sie schaffen einen Raum, in dem ihre Liebe wohnen kann und in dem auch der wohnt, der die Liebe selbst ist. »Ubi caritas et amor, Deus ibi est.« So heißt es theologisch nicht ohne Grund, und es ist daher keineswegs eine (typisch) theologisch überzogene Lesart der Skulptur, die »Präsenz« Gottes im »Präsent« der Liebe, das sich Mann und Frau machen, gegeben zu sehen. Denn der Titel des Kunstwerks ermächtigt ohne Zweifel dazu, das sichtbar Gemachte so zu deuten.

Wo das »Zwischen« der Liebe »da« ist, da ist auch Gott »da«. Zum Wesen der Liebe gehört es in der Sichtweise, wie sie François Auguste René Rodin mit seiner Skulptur nahelegt, dass ihr Raum stets auch Raum der Anwesenheit Gottes, ihre Gegenwart stets auch Ort der Gegenwart Gottes ist. Wo Liebe die Menschen berührt, berührt sie stets auch Gott mit seiner Gegenwart.

Die Liebesszene, wie sie die von François Auguste René Rodin geschaffene »Raum-Szene« einer Kathedrale als Skulptur vorstellt und das »Herz-Werk« der Liebe als »Bau-Werk« erkennen lässt, das auch von Gott bewohnt wird, lässt es durchaus zu, noch einmal eine, und zwar die letzte Szene aus dem schwedischen Film »Szenen einer Ehe« aufzuführen, in der es wie im ganzen Film um die entscheidende Frage geht, wie es gelingen kann, die Liebe zu bauen und auf sie bauen. Was sich Marianne und Johan noch zu sagen haben – und das ist nicht wenig –, sagen sie sich so:

MARIANNE: Manchmal trauere ich darüber, daß ich nie einen Menschen geliebt habe. Ich glaube auch nicht, daß ich geliebt worden bin, und das macht mich betrübt.

JOHAN: Jetzt bist du aber reichlich überspannt, finde ich.

MARIANNE: Findest du?

JOHAN: Ich kann nur für mich selbst antworten. Und ich finde, daß ich dich auf meine unvollkommene und ziemlich selbstsüchtige Weise liebe, und manchmal glaube ich, daß du mich auf deine ungebärdige gefühlsbeladene Weise liebst. Ich glaube einfach, daß wir uns lieben auf eine irdische und unvollkommene Weise.

MARIANNE: Glaubst du das wirklich?

JOHAN: Du hast immer so verdammte Ansprüche.

MARIANNE: Ja, das habe ich.«[30]

Wenn sich das im gelebten Leben tagtäglich »inszenieren« ließe, sich zu lieben »auf eine irdische und unvollkommene Weise«, könnte es durchaus sein, dass darin dann schon mehr Glück steckt, als sich vielleicht erwarten lässt.

---

30 BERGMAN, INGMAR: Scener ur ett äktenskap, dt.: Szenen einer Ehe. Aus dem Schwedischen von HANS-JOACHIM MAASS, Hamburg 1975, 201.

»In dir muss brennen, was du in anderen entzünden willst.«

AURELIUS AUGUSTINUS

Festrede im Rahmen der Bachelor-Feier
der Fakultät für Religionspädagogik / Kirchliche
Bildungsarbeit der Katholischen Universität
Eichstätt-Ingolstadt am 15. Juni 2019

»... und ich dachte an den Spruch von Jack Kerouac, den
sie als Teenager über ihrem Bett hängen hatte: *Die einzigen
Menschen, die mich interessieren, sind die Verrückten, die
verrückt leben, verrückt reden, die alles auf einmal wollen,
die nie gähnen oder Phrasen dreschen, sondern die brennen,
brennen, brennen, wie römische Lichter in der Nacht.*«

WELLS, BENEDICT: Vom Ende der Einsamkeit. Roman,
Zürich 2016, 266f.

Liebe Absolventinnen und Absolventen,
verehrte Festgäste,

ohne dass mich morgens zwei Frauen küssen, wird kein Tag
für mich ein guter Tag. Die erste Frau, die mich morgens
küsst, ist meine Frau. Und jetzt möchten Sie sicher wissen,
wer die zweite Frau ist. Ich sage es Ihnen gern: Die zweite
Frau ist meine Muse. Ohne dass auch sie mich küsst, beginne ich keinen Tag gern.

So war ich froh, dass mich meine Muse auch an jenem Tag, als ich damit begann, meine heutige Festrede vorzubereiten, küsste, und weil sie schon einmal da war, sagte ich ihr: »Die diesjährigen Absolventinnen und Absolventen unserer Fakultät haben über ihre Bachelor-Feier das Motto ›In dir muss brennen, was du in anderen entzünden willst!‹ gestellt, das wohl dem Wort des heiligen Aurelius Augustinus (354–430) ›nisi ardeat, non incendit‹ nachgebildet ist. Was könnte ich denn dazu Passendes sagen?«

»Wenn es schon ums Brennen geht, wird es das Beste sein, Du steuerst einfach ein paar ›Brennpunkte‹ bei«, sagte meine Muse ganz spontan. »Das leuchtet mir ein«, erwiderte ich ihr und erwähnte schnell noch: »Und weil Du schon einmal da bist, wäre es mir eigentlich das Liebste, Du würdest mir direkt sagen, welche ›Brennpunkte‹ das sein könnten.«

»Das werde ich Dir ganz bestimmt nicht sagen«, gab mir meine Muse zu verstehen. »Immer willst Du, dass ich Deinen Job auch noch erledige. Sei nicht so bequem, mach Dir selbst Gedanken! Lass Dich inspirieren von der Freude, die Du als narrativer ›Typ‹ doch an Geschichten hast! Da fällt Dir bestimmt etwas ein!« »Keine schlechte Idee, danke!« konnte ich gerade noch sagen, und da war meine Muse auch schon wieder weg.

Und tatsächlich fielen mir nach und nach ein paar Geschichten ein, die allesamt mit Brennen und Feuer zu tun haben, und die will ich Ihnen jetzt gern der Reihe nach erzählen. Ob es »brandaktuelle« Geschichten sind, die »fokussierte« Einsichten für Kirche und Welt bereithalten, überlasse ich gern Ihnen, liebe Absolventinnen, liebe Absolventen, und Ihnen, liebe Festgäste, die Sie jetzt die Geschichten hören werden.

Die erste Geschichte. Sie ist die Geschichte eines Denkers, der Philosophie und Theologie bis heute geprägt hat. Die Welt kennt ihn als den Verfasser unzähliger »Pensées«, und spätestens jetzt wissen Sie, um wen es sich handelt: den französischen Mathematiker, Physiker und Philosophen BLAISE PASCAL (1623-1663). Dieser verfasste am 23. November 1654, einem Montag, sein berühmtes »Mémorial«, sein »Erinnerungsblatt«.

»Feuer.
Der Gott Abrahams, der Gott Isaaks und der Gott Jakobs, nicht der Philosophen und Gelehrten.
Gewissheit, Gewissheit, Empfinden, Freude, Frieden.
Der Gott Jesu Christi.
Deum meum et deum vestrum.
Dein Gott ist mein Gott.«

Dieses Blatt des Eingedenkens, das BLAISE PASCAL offenkundig dazu diente, eine »umwerfende« Erfahrung zu »memorieren«, war eingenäht in das Futter seines Rockes und wurde erst nach seinem Tod entdeckt. Keine Frage: Dieser gelehrte Kopf des 17. Jahrhunderts hat es mit Gott zu tun bekommen, das brennende Feuer Gottes gespürt und diese »flammende« Gotteserfahrung stammelnd in Worte zu fassen versucht. Gott als Feuer, der entflammte und entflammende Gott, das war die mystische Erfahrung, die ihn gelehrt hat und auch uns lehren kann, die überwältigende Gegenwart Gottes als wirkliche – da wirkende – Wirklichkeit wahrzunehmen – und sich dabei bewusst zu sein, sie denkerisch nicht einholen zu können. »Si comprehendis, non est Deus.« – »Glaubst du, Gott erfasst zu haben, ist es nicht Gott, den du erfasst hast.« Wie für AURELIUS AUGUSTINUS war das auch für BLAISE PASCAL keine Frage. Die Frage, die für AURELIUS AUGUSTINUS wie für BLAISE PASCAL allerdings eine Frage war und es auch für uns sein sollte, ist die Frage: Wofür will ich brennen?

Die zweite Geschichte. Sie ist eine Geschichte aus der Heiligen Schrift, nachzulesen im Buch Exodus, wo beginnend ab Kapitel 3 die Berufung des Mose erzählt wird, welche mit der Schilderung der bemerkenswerten Szene des brennenden Dornbuschs beginnt. Ich hoffe, mich nicht zu täuschen, wenn ich, liebe Absolventinnen und Absolventen, das Bild aus feurigen Händen, das Ihre Einladungskarte zu dieser Feier ziert, deute als bewusst gestaltetes Abbild eines brennenden Dornbuschs.

Die Geschichte ist uns bestens vertraut. Mose, der dabei ist, seine Berufung zu erleben, staunt nicht schlecht. Der Dornbusch brennt und verbrennt doch nicht. Und es ist Gott, der so etwas vermag: der etwas brennen lassen kann, ohne dass es verbrennen muss. Gott scheint und leuchtet in etwas auf, und das, worin er das tut, brennt nicht aus.

Der Hildesheimer Bischof HEINER WILLMER SCJ (* 9. April 1961) hat in seinem 2018 im Herder Verlag Freiburg im Breisgau erschienenen Mose-Buch betont, dass es sich Mal um Mal so verhält, wenn Gott Menschen beruft, wie er es einst bei Mose getan hat. Gott entflammt den Menschen, den er beruft, doch lässt er ihn nicht in den Flammen umkommen. Das ganze Gegenteil ist der Fall. Wörtlich schreibt Bischof HEINER WILLMER SCJ:

»Gott verzehrt sich für den Menschen, aber er verzehrt den Menschen nicht. Er steckt ihn in Brand, verbrennt ihn aber nicht. Gott will nicht unseren Burnout ... .«[1]

Was Gott will, ist unser helles Feuer, darin sich Licht von SEINEM Licht zeigt. Wen Gott entflammt und wer für Gott entbrannt ist, darf sich gewiss sein: Ausbrennen wird er dabei nicht, solange er »Feuer und Flamme« ist, den an ihn ergangenen Ruf Gottes in Zeit und Welt zu leben.

Die dritte Geschichte. Ich weiß nicht, ob diejenigen wirklich recht haben, die wie FRIEDRICH SCHORLEMMER (* 16. Mai 1944), evangelischer Pfarrer und Friedenspreisträger des Deutschen Buchhandels 1993, eisige Zeiten – Zeiten wachsender sozialer Kälte – kommen sehen und darin ebenfalls keine kleine »Klimakatastrophe« sehen. Die unüberseh- und unübergehbare Karriere des Wortes »cool« zu einem zeitgenössischen »magic word« mag da durchaus nachdenklich stimmen.

Was braucht es – christlich gesehen – in Zeiten, da es kälter unter den Menschen zu werden scheint? Wer hätte da eventuell einen »heißen Tipp«? ULRICH LÜKE (* 9. September 1951) – er war bis zu seiner Emeritierung im Jahre 2016 Inhaber des Lehrstuhls für Systematische Theologie an der Rheinisch-Westfälischen Technischen Hochschule Aachen – hat dazu einmal eine tatsächlich verblüffende Auskunft gegeben. Er sagt: Es braucht »Eisheilige« – Frauen und Männer eben, die es den bekannten Eisheiligen Pankratius, Servatius, Bonifatius und Sophia, deren Fest die Katholische Kirche

---

1   HEINER WILLMER unter Mitarbeit von SIMON BIALLOWONS: Hunger nach Freiheit. Mose. Wüstenlektionen zum Aufbrechen, Freiburg im Breisgau 2018, 95.

vom 12. bis 15. Mai Jahr für Jahr gemäß ihrem liturgischen Kalender feiert, gleichtun und, wie diese es einst taten, heute ihren Glauben »brennend aktuell« leben. Näherhin gibt er zu bedenken:

»... drei der vier Eisheiligen sind Märtyrer. Sie haben es sich Kopf und Kragen kosten lassen, die Hoffnung des Glaubens hochzuhalten.

Pankratius starb als Jugendlicher. Sein Name aus dem Griechischen (pan = alles, kratos = Kraft) bedeutet: der sich in seiner jugendlichen Kraft noch alles zutraut. Diese Art Christ brauchen wir, die sich an alles herantraut. Pankratius ist übrigens auch einer von den 14 Nothelfern. Könnten nicht gerade die Jugendlichen ... Nothelfer aus aller Erstarrung sein? Könnten nicht gerade sie ein Tauwetter in der und um die Kirche erzeugen, das die überwinternden Knospen springen lässt und klarmacht: Wir haben Frühling auch in der Kirche?

Servatius war Bischof von Tongern, also ein hoher Amtsträger, der andere Typ Christ. Servatius heißt übersetzt: der Gerettete, der Bewahrte. Bischöfe, die das ganz tief in ihrem Innern verankert hätten, ich bin nicht der Bewahrer, nicht der Retter der Kirche, sondern wie die Gläubigen alle ein Bewahrter und Geretteter durch Christus, die könnten im Vertrauen auf Gottes Geist loslassen und alles Gouvernantengetue ablegen.

Bonifatius ist der dritte Eisheilige. Sein Name heißt übersetzt: der, der Gutes tut. Auch diesen Typ Christ brauchen wir, der nicht nur schön und gut daherredet, sondern das Gute tut, auch wenn es keinerlei Beachtung findet, alltäglich, ja unattraktiv erscheint. Aber welch ein Lebensprogramm: Ohne Bundesverdienstkreuz und ohne Pressevertreter bei der Scheckübergabe alltäglich und schlicht das Gute tun!

Die letzte der Eisheiligen ist Sophia. Der Name ›die kalte Sophie‹ berechtigt nicht zu der Annahme, sie sei eine von den eiskalten ›Schneeziegen‹ gewesen. Sophia heißt übersetzt Weisheit. Die Legende schreibt der Sophia drei Töchter zu: Fides, Spes und Caritas. Auch diese Namen sind vielsagend, bedeuten sie doch Glaube, Hoffnung und Liebe. Der Name Sophia weist dann auf eine Form von Weisheit hin, die nicht frigide und steril bleibt, sondern fruchtbar wird in Glaube, Hoffnung und Liebe.«[2]

Sophia, die »kalte Sophie», ist keineswegs die Quotilde, die Quotenfrau, in der Männergesellschaft der Eisheiligen. Diese Heilige als typisch eisheilige Frau hat selbstverständlich auch den Männern etwas zu sagen, wie ebenfalls die drei eisheiligen Männer den Frauen etwas zu sagen haben. Nacheifern in dem Bemühen, ebenso heilig zu werden wie sie alle, sollen wir den eisheiligen Männern ebenso wie der eisheiligen Frau. Denn unsere Zeit braucht sie wirklich – und sie braucht sie dringlich:

---

2 Lüke, Ulrich: Eisheilige – ein heißer Tip, in: Ders.: Erregung öffentlichen Umdenkens. Anstößige Gedanken im Kirchenjahr, Regensburg 1993, 49-51.

◇ Eisheilige wie den heiligen PANKRATIUS, die mit jugendlich ganzer Kraft die Dinge anpacken, die anzupacken sind;

◇ Eisheilige wie den heiligen SERVATIUS, die als sich erlöst wissende die Gelassenheit aufbringen, das Ihre zu tun, damit Gott das Seine tun kann;

◇ Eisheilige wie den heiligen BONIFATIUS, die tagtäglich treu das erfüllen, was sie für ihre Pflicht an dem Platz halten, an den sie sich von Gott gestellt wissen; und

◇ Eisheilige wie die heilige SOPHIA, die sich darum bemühen, jene Gestalt der Weisheit zu erwerben, die fruchtbar wird in Glaube, Hoffnung und Liebe.

Der 1929 geborene baptistische Theologe HARVEY COX – er lehrte als Professor an der Harvard-University in Cambridge (Massachusetts) – soll einmal den nachdenklich stimmenden Satz gesagt haben:

»Die Christen früherer Jahrhunderte waren Thermostate, die das öffentliche Klima regelten; die Christen unseres Jahrhunderts sind dagegen Thermometer, die das Klima, meist beklagend, nur noch messen.«

Eisheilige wissen, was sie zu sein haben: Thermostate, die für ein »wohltemperiertes« Raumklima in Kirche und Welt sorgen und so einen wohltuenden »Thermomix« herstellen. Recht besehen ist natürlich der heilige MARTIN VON TOURS (um 316/317–397) auch ein echter Eisheiliger, dessen Gedenktag bekanntlich der 11. November ist.

Der heilige MARTIN war der dritte Bischof von Tours. Was wir über ihn und sein Leben wissen, verdanken wir dem aus Aquitanien stammenden Kirchengeschichtler SULPICIUS SEVERUS (* um 363 – † zwischen 420 und 425), der mit ihm persönlich gut bekannt war und die erste Biografie des populären Heiligen schrieb, und dem Dominikaner JACOBUS DE VORAGINE, der ab dem Jahre 1263 damit befasst war, sein später »Legenda aurea« – »Goldene Legende« – genanntes Werk zu verfassen, welches zu einem guten Teil eine umfangreiche Sammlung von Heiligenlegenden darstellt, darunter auch solche über den heiligen Martin.[3]

Eine Legende – wohl die bekannteste – erzählt davon, wie Martin an einem kalten Wintertag am Stadttor von Amiens einem kaum bekleideten frierenden Bettler begegnet. Weil er außer seinem Pferd, seinen Waffen, seinem Soldatenmantel und seinem christlichen Glauben nichts bei sich hat, teilt er in einem beherzten Entschluss seinen Mantel mit dem Schwert und gibt eine der Hälften dem Bettler. In der Nacht darauf – so erzählt die Legende – sei ihm dann im Traum Jesus Christus erschienen, bekleidet mit dem halben Mantel, den er dem Bettler gegeben hatte. Im Sinne von Mt 25,36 »ich war nackt und ihr habt mir Kleidung gegeben« und Mt 25,40 »Was ihr für einen meiner geringsten Brüder getan habt, das habt ihr mir getan« erweist sich der Legende nach der heilige Martin als überzeugter und überzeugender Christ.

---

3 JACOBUS DE VORAGINE: Legenda aurea. Goldene Legende. JACOPO DA VARAZZE: Legenda Sanctorum. Legenden der Heiligen. Einleitung, Edition, Übersetzung und Kommentar von BRUNO W. HÄUPTLI (Fontes Christiani. Zweisprachige Neuausgabe christlicher Quellentexte aus Altertum und Mittelalter; Sonderband (Teil 2), Freiburg im Breisgau 2014, 2140-2165.

Die warmherzige und barmherzige Haltung des späteren Bischofs von Tours ist vorbildlich und verdient, dass Christinnen und Christen ihr nacheifern. Und in eben diese Richtung will denn diese bekannte Legende auch ihre Kraft entfalten. Doch es gibt neben dieser Legende noch eine weitere Legende aus dem Leben des heiligen Martin – eine, die nicht so bekannt ist. Doch da sie eine echte Sprengkraft hat, möchte ich sie Ihnen jetzt erzählen.

Der heilige Martin, am 4. Juli 372 zum Bischof von Tours geweiht, nahm seinen Bischofstitel »Vater der Armen« ernst und wollte sich beim Kaiser Valentinian I. für die Armen einsetzen. Aber der Kaiser wollte nicht hören und nicht helfen. Die Tore seines Palastes blieben für den dritten Bischof von Tours verschlossen. Ein zweites und ein drittes Mal kam Bischof Martin zum Kaiser – vergeblich. Danach fastete und betete er eine Woche lang. Dann ging er auf Geheiß eines Engels noch einmal zum Palast und gelangte, ohne dass ihn jemand daran gehindert hätte, tatsächlich bis vor den Kaiser. Doch aus Ärger darüber, dass es dem ihm unbequemen Bischof gelungen war, zu ihm vorzudringen, blieb der Kaiser trotzig auf seinem Thron sitzen und erhob sich nicht zur Begrüßung seines Gegenübers.

Im lateinischen Text der »Legenda aurea«, jenes goldenen Legendenbuchs, heißt es dann: »… donec sellam regiam ignis operiret et ipsum imperatorem a parte posteriori ignis succenderet.« In deutscher Übersetzung: »Da erfasste plötzlich Feuer den königlichen Thron und brannte den Kaiser an seinem hinteren Teil«. Das zwang ihn dann doch, sich ziemlich zügig von seinem Thron zu erheben. Doch dabei blieb es nicht. Die Legende beeilt sich, schnell noch hinzuzufügen, dass der Kaiser erkannte und bekannte, Gottes Macht gespürt zu haben. Er umarmte den Heiligen und bewilligte ihm alles, noch ehe dieser darum bat.

Geschichten haben ihre eigene Wahrheit, so auch diese legendäre Geschichte. Es ist eine Geschichte aus dem Leben des heiligen Martin, doch sie kann auch zu einer Geschichte in unserem Leben werden – auch und gerade zu einer Geschichte in Ihrem künftigen beruflichen Leben, liebe Absolventinnen und Absolventen. Und das kann sie werden, weil sie eine deutliche »appellative Leerstelle« hat. Wenn die Geschichte wirklich auf uns überspringt, dann müssen wir uns einfach fragen, wer heute die Leute sind, die hohe Ämter und Posten innehaben in Politik, Gesellschaft und Wirtschaft und denen es nicht schlecht bekommen würde, jemand würde ihnen einmal tüchtig »Feuer unterm Hintern« machen. Die Legende, die vom Mut und Freimut des heiligen Martin erzählt, will zu einem ebensolchen Mut und Freimut motivieren und mobilisieren – und das tut not und das tut gut.

Was, liebe Absolventinnen und Absolventen, Sie von dem, was Ihre Dozentinnen und Dozenten Ihnen mitgeben wollten während der vergangenen sieben Semester Ihres Studiums, mitnehmen werden in Ihr privates und berufliches Leben, bleibt Ihr ganz persönliches Geheimnis – und das ist gut so. Kein Geheimnis ist zugegebenermaßen, dass unsere Fakultät, die Fakultät für Religionspädagogik / Kirchliche Bildungsarbeit Sie heute beglückwünschen kann zu Ihrem bestandenen Bachelor-Examen und Ihnen die entsprechenden Zeugnisse und Urkunden überreichen kann. Zu meiner eigenen Schande muss ich gestehen, dass ich Ihnen in den Vorlesungen über eine Philosophie der Bildung, wozu Sie im ersten Semester bei mir etwas gehört haben, vergessen habe zu sagen, wie der große vorsokratische Philosoph HERAKLIT aus Ephesus Bildung einst verstand. Heute hole ich das – spät genug, doch nicht zu spät – nach.

Wegen der nicht leicht zu entschlüsselnden Botschaften seiner Fragmente wurde ihm das Attribut »der Dunkle« – »ὁ Σκοτεινός« – verliehen. Doch in seinem Fragment zur Sache der Bildung formuliert er hell- und klarsichtig: »Bildung ist nicht das Befüllen von Fässern, vielmehr das Entzünden von Flammen.« Dieses Verständnis von Bildung teilen die Lehrenden und Lernenden unserer Fakultät, und jeder Tag eines Semesters ist dann und nur dann ein guter Tag, wenn wir mit »Feuer und Flamme« bei der Sache sind, der unser Bemühen gilt. Wenn es dann ab und zu auch einmal ein »Feuerwerk« gibt, ohne dass dabei ein flammendes Inferno entsteht, umso besser!

Mein Wunsch für Sie, liebe Absolventinnen und Absolventen, – ich denke, ich darf ihn im Namen aller Kolleginnen und Kollegen aussprechen –: Werden Sie gute »Feuerwerker« – wohlgemerkt »Feuerwerker«, nicht »Feuerteufel«! Denn die frohe Botschaft, die Sie zu verkünden haben, ist »brandaktuell«. Führen Sie ein feuriges Leben aus der dynamischen Kraft des Feuergeistes Gottes! Denn etwas Besseres können Sie nicht tun, wenn Sie jetzt bald Ihren kirchlichen Dienst antreten werden als Gemeindereferentinnen und Gemeindereferenten. Werden und bleiben Sie als kirchlich engagierte Mitarbeiterinnen und Mitarbeiter geistliche Menschen, denn der Heilige Geist ist

»die Flamme der Kirche. Wenn dieses Feuer ausgelöscht wird, erstarrt die Kirche zu einem Apparat. Sie wird zu einem geistlichen Mechanismus, der nach den puren Gesetzen der Macht funktioniert. Aus Angst vor der Freiheit gab es in der Kirchengeschichte zahllose Versuche, den ursprünglich als Brandstifter konzipierten Heiligen Geist zu einem Feuerlöscher umzurüsten. Doch die göttlichen Geistesblitze lassen sich nicht zähmen und in Gleichstrom verwandeln.«[4]

Und vergessen Sie eines bitte nicht: Der Geist Gottes weht, wann und wo er will! Spüren Sie seinen Hauch, wenn er weht: in Ihnen und um Sie in Kirche und Welt!

Spielen Sie mit dem Feuer Ihrer Be-geist-erung, denn einzig Be-geist-erte können ihrerseits be-geist-ern! Und denken Sie bitte stets daran: »Die Sache Jesu braucht Begeisterte. Sein Geist sucht sie auch unter uns.« (ALOIS ALBRECHT) Leben Sie allzeit »geistes-gegenwärtig«! Eine schönere Gegenwart als diejenige, in welcher Gott Sie, uns alle, mit Seinem Geist umarmt, gibt es nicht.

---

4   KNAPP, ANDREAS – WOLFERS, MELANIE: Glaube, der nach Freiheit schmeckt. Eine Einladung für Zweifler und Skeptiker, Freiburg im Breisgau ²2013, 263.

»Herz-Werk« Beten

Eine kleine Gebetsschule

> *Ich liebe betende Menschen. Ich brauche ihren Anblick. Ich brauche ihn gegen das tückische Gift des Oberflächlichen und Gedankenlosen.*
>
> PASCAL MERCIER: Nachtzug nach Lissabon. Roman, München – Wien 2004, 198.

Eine leichte Sache ist die Sache des Betens bekanntlich nicht und wohl auch zu keiner Zeit gewesen. Wenn jemand wie Abbas Agathon, einer der sogenannten Wüstenväter, sagen kann: »... ich denke, es gibt keine größere Mühe als das Beten zu Gott«[1], dann sagt das eigentlich alles. Beten ist schwer, doch »daß etwas schwer ist«, so lehrte einst der Dichter RAINER MARIA RILKE (1875-1926) den jungen Dichter FRANZ XAVER KAPPUS in einem auf den 12. August 1914 datierten Brief, »muß uns ein Grund mehr sein, es zu tun«[2].

»Von der Not und dem Segen des Gebetes« – so lautete der Titel eines kleinen Taschenbuches, das ab September 1958 im Buchhandel erhältlich war. Geschrieben hatte die-

---

1   Weisung der Väter. Apophthegmata Patrum, auch Gerontikon oder Alphabeticum genannt. Einleitung: WILHELM NYSSEN. Übersetzung: BONIFAZ MILLER (Sophia. Quellen östlicher Theologie; Band 6), Trier ³1986, 42.

2   RILKE, RAINER MARIA: Briefe an einen jungen Dichter (Insel-Bücherei Nr. 406), Frankfurt am Main 1981, 35.

ses Taschenbuch, das sich bis heute bestens verkauft hat, der Jesuit und wahrscheinlich bedeutendste Theologe des 20. Jahrhunderts KARL RAHNER.[3] Der 1904 geborene und 1984 gestorbene Theologe hatte bereits 1946, als er in der Kirche St. Michael in München einige Predigten zum Gebet hielt, aus denen dann sein Buch entstand, die untrügliche Wahrnehmung, dass Christen damals ihre »liebe Not« mit dem Gebet oder – besser gesagt – mit dem Beten hatten. Und wer will behaupten, dass diese »Not« heute kleiner geworden sei!?

Dass sich heute nicht wenige Menschen unübersehbar schwertun mit dem Beten, ist vielleicht weniger eine Frage des guten Wollens als eine des guten Könnens. »Beten will gekonnt sein!« – so schrieb der bekannte Schweizer Schriftsteller MAX FRISCH (1911-1991) einst in seinem 1954 erschienenen Roman »Stiller«[4]. Doch damit wieder »gekonnt« gebetet werden kann, muss es »Schulen« dafür geben[5], und wenn

---

3   RAHNER, KARL: Von der Not und dem Segen des Gebetes (Herderbücherei; Band 647), Freiburg im Breisgau ⁹1977.

4   FRISCH, MAX: Stiller. Roman, in: DERS.: Gesammelte Werke in zeitlicher Folge. Jubiläumsausgabe in sieben Bänden 1931–1985. Herausgegeben von HANS MAYER unter Mitwirkung von WALTER SCHMITZ, Frankfurt am Main 1986, Band III, 359-780, 772.

5   »Schulbücher«, die sich der Sache des Betens widmen und in jüngerer und jüngster Zeit erschienen sind, wären diese: DIENBERG, THOMAS: Einlassen. Die christliche Kunst des Betens, Stuttgart 2006; HALBFAS, HUBERTUS: Der Sprung in den Brunnen. Eine Gebetsschule, Düsseldorf ⁸1988; JALICS, FRANZ: Lernen wir beten (Topos plus Taschenbücher; Band 564), Kevelaer 2005; JÜRGENS, STEFAN: Im Gespräch mit Gott. Was Beten heißt und wie es geht, Freiburg – Basel – Wien 2005; KARRER, LEO: Der große Atem des Lebens. Wie wir heute beten können, Freiburg im Breisgau 1996; KÖSTER, PETER: Beten lernen – konkrete Anleitungen, praktische Übungen, spirituelle Impulse, Leipzig 2003; NEUBERTH, M. BEATE: Kleine Gebetsschule. Einfach beten lernen, Bamberg 2001; SCHALLER, HANS: Wenn ich beten könnte (Topos Taschenbücher; Band 270), Mainz 1997; SCHMIEDER OSB, LUCIDA – SILL, BERNHARD: Kleine Schule des Betens. »Da brannte der Dornbusch ...«. Mit Bildern von PIA FOIERL, Sankt

in unserer Zeit wieder ein Sinn dafür zu wachsen scheint, die Kunst des Betens als eine Kunst zu begreifen, die ein- und auszuüben lohnt, ist das ein gutes Zeichen der Zeit.

I.
»Ich bete, weil ich lebe – Ich lebe, weil ich bete.«
BERNHARD HÄRING

»Wenn et bedde sich lohnen däät, wat meinste wohl, wat ich dann bedde däät« [»Wenn das Beten sich lohnen täte, was meinst du wohl, was ich dann beten täte«] – so lautet der Titel eines Songs der legendären Kölner Rockgruppe BAP. Hoch ist die Mauer des Zweifels wohl tatsächlich, die durch die Frage »Beten – lohnt sich das denn überhaupt?« errichtet ist. Es gibt ohne Zweifel eine Wolke von Zeugen, die gut und gern bestätigen, dass Beten tatsächlich eine lohnende – da Sinn machende – Sache ist; und diejenigen, die das sagen, haben das auch selbst erfahren wie etwa MECHTHILD VON MAGDEBURG (um 1207/10-1282/83), eine der großen gebetserfahrenen Frauen des 13. Jahrhunderts. In ihrem Buch »Das fließende Licht der Gottheit« schreibt sie unter der Überschrift »Vom zehnfachen Nutzen des Gebets eines guten Menschen« diese Zeilen:

Das Gebet hat große Macht,
das ein Mensch verrichtet mit ganzer Kraft.
Es macht ein bitteres Herz süß,
ein trauriges Herz froh,

Ottilien 2009; STEINKE, JOHANNES MARIA: Wie Beten geht, Freiburg im Breisgau 2004.

ein armes Herz reich,
ein törichtes Herz weise,
ein zaghaftes Herz kühn,
ein schwaches Herz stark,
ein blindes Herz sehend,
eine kalte Seele brennend.
Es zieht den großen Gott in ein kleines Herz,
es treibt die hungrige Seele hinauf zu dem Gott der Fülle.
Es vereint die zwei Lieben, Gott und die Seele,
an einem wonnevollen Ort,
da reden sie viel von Liebe.
Wehe mir Unseliger in meinem gebrechlichen Leib,
daß ich dort nicht sterben kann![6]

Gute sieben Jahrhunderte trennen uns Heutige geschichtlich von der großen Mystikerin des 13. Jahrhunderts, die offensichtlich selbst wieder und wieder die »große Macht« des Gebets erfahren hat und überzeugt war, es sei jedem gegeben, die Erfahrung der »große(n) Macht« des Gebets zu machen, die sie ganz gewiss als »Macht« eines großen Segens begriffen sehen wollte. So hat die große Gottesfrau zu ihrer Zeit die Dinge des Gebets gesehen, und das wirft die Frage auf, wie es sich denn heute mit der »Macht« des Gebets in unserem Leben verhält, wie groß bzw. wie klein diese »Macht«

---

6 MECHTHILD VON MAGDEBURG: Das fließende Licht der Gottheit. Zweite, neubearbeitete Übersetzung mit Einführung und Kommentar von MARGOT SCHMIDT (Mystik in Geschichte und Gegenwart. Texte und Untersuchungen. Abteilung I: Christliche Mystik; Band 11), Stuttgart – Bad Cannstatt 1995, 176 [V. Buch].

ist, ob es sie überhaupt (noch) gibt und wenn ja, in welchem Umfang.

»Ich bete, weil ich lebe – Ich lebe, weil ich bete.«[7] Gesagt hat diesen Satz, der ein Bekenntnis ist, Pater BERNHARD HÄRING C.SS.R (1912-1998), der international bekannte und geschätzte Moraltheologie-Professor. Der Satz ist der Satz eines Mannes, der offensichtlich in seinem Leben die »Macht« und den Segen des Gebets erfahren hat. »Macht« und Segen des Gebets werden gewiss auch heute erfahren, doch gibt es daneben und wohl auch dagegen Stimmen, die sich heute zu Wort melden und sagen: Das Gebet bzw. das Beten hat seine jahrhundertealte, ja seine jahrtausendealte Selbstverständlichkeit eingebüßt, und es sind keineswegs einzelne Stimmen, die solches sagen. Und jetzt, wo bemerkt wird, wie wenig sich von selbst verstehend die Sache des Betens tatsächlich noch ist, wird eben auch gefragt, was das bedeutet. Bedeutet es, dass überall dort, wo den Menschen das Beten abhanden kommt, sie sich auch als Menschen früher oder später abhanden kommen, weil es so ist, dass der Mensch letztlich Mensch nur als betender Mensch sein kann? Beten ist menschlich. Diejenigen, die das sagen, wollen damit sagen: Mensch ist nur der, der auch betet. Wenn Menschen das Beten verlernt haben, müssen sie es wieder erlernen.

Jemand, der das als christlicher Theologe unbedingt unterschrieben, unterstrichen und unterstützt wissen will, ist der frühere Münsteraner Theologe JOHANN BAPTIST METZ

---

7 HÄRING, BERNHARD: Ich bete um zu leben. Einführung und Redaktion: V. SABOLDI, Graz – Wien – Köln 1996. [Aus dem Italienischen von JOSEF HELMUT MACHOVETZ. Der Titel der Originalausgabe lautet: B. HÄRING / V. SALVODI, Prego perché vivo, vivo preché prego, Assisi 1994.]

(1928–2019), der bereits 1977 den Satz gesagt hat, »daß es in dieser Zeit der Ermutigung zum Gebet bedarf«[8].

Dass ein Theologe wie JOHANN BAPTIST METZ zum Gebet bzw. zum Beten ermutigt, ist, so ließe sich einwenden, doch selbstverständlich. Denn das ist ja sozusagen sein Beruf. Doch sind die Theologen die einzigen, mag sich dieser und jener Zeitgenosse fragen, die in diesen Tagen das Gebet bzw. das Beten zu retten versuchen, wenn Gebet und Beten, was etliche ja bezweifeln, denn überhaupt noch zu retten sind? Tatsächlich ist die Stimme der Theologen definitiv nicht die einzige Stimme, die in unserer Zeit dafür plädiert, dass Beten überhaupt nicht überholt und damit unzeitgemäß ist. Denn da sind durchaus noch weitere Stimmen, die dafür plädieren, dass das Beten seinen »Platz« im Leben der Menschen behält.

Einer dieser »Platzhalter« des Betens ist der frühere Münsteraner Philosoph PETER WUST (1884-1940) gewesen, dessen Hauptwerk im Jahre 1937 erschien und den Titel »Ungewißheit und Wagnis« trug.[9] In seinem auf den 18. Dezember 1939 datierten »Abschiedswort« schrieb der Philosoph wenige Monate vor seinem Tod – er starb nach einem schweren Leiden am 3. April 1940 in Münster – seinen Schüler*innen auch dieses Plädoyer für das Gebet und das Beten:

»Und wenn Sie mich nun noch fragen sollten, bevor ich jetzt gehe und endgültig gehe, ob ich nicht einen Zauberschlüssel kenne, der einem das letzte Tor zur

---

8 METZ, JOHANN BAPTIST: Ermutigung zum Gebet, in: METZ, JOHANN BAPTIST – RAHNER, KARL: Ermutigung zum Gebet, Freiburg – Basel – Wien 1977, 9-39, 11.
9 WUST, PETER: Ungewissheit und Wagnis, Salzburg 1937.

Weisheit des Lebens erschließen könne, dann würde ich Ihnen antworten: ›Jawohl‹. – Und zwar ist dieser Zauberschlüssel nicht die *Reflexion*, wie Sie es von einem Philosophen vielleicht erwarten möchten, sondern das *Gebet*. Das Gebet, als letzte Hingabe gefaßt, macht still, macht kindlich, macht objektiv. Ein Mensch wächst für mich in dem Maße immer tiefer hinein in den Raum der Humanität – nicht des Humanismus –, wie er zu beten imstande ist, wofern nur das *rechte Beten* gemeint ist. (...) Die großen Dinge des Daseins werden nur den betenden Geistern geschenkt.« [10]

Den menschlichen Menschen – ohne das Gebet, ohne das Beten gibt es ihn nicht. Der Philosoph PETER WUST hat so gedacht, denn es war ihm elementare Gewissheit: In der Philosophie muss gedacht werden, doch gebetet werden muss da auch. Und in der Theologie muss es ebenso zugehen. Denn so gewiss in der Theologie gedacht werden muss, Theologie denkende Theologie sein muss, so gewiss muss in der Theologie gebetet werden. Theologie muss stets beides: denkende und betende Theologie sein. Eigentlich ist es ja eine Selbstverständlichkeit, dass Theologie stets auch betende Theologie sein muss, stammt doch die »Rede von Gott« ja allemal aus der »Rede zu Gott«. Die Kunst des Betens muss es einfach geben. Denn ohne sie ist Religion nicht Religion[11], der

---

10 WUST, PETER: Ein Abschiedswort, Münster ¹¹1984, 11-12.
11 Über das Gebet in den Religionen unterrichtet der Sammelband: HOFMEISTER, KLAUS – BAUEROCHSE, LOTHAR (HRSG.): Viele Stimmen – eine Sprache. Beten in den Weltreligionen, Würzburg 2001.

Mensch nicht Mensch, der Glaube nicht Glaube und Theologie nicht Theologie.

II.
Sich und sein Leben ins Gebet nehmen

Beten heißt: Gott beim Namen nennen – Ihn, bei dem wir selbst einen Namen haben. In der Haltung derer, die Gott beim Namen rufen, weil sie bei Ihm einen Namen haben, sollen wir beten. Es empfiehlt sich, sich das immer wieder in Erinnerung zu rufen, denn sooft wir das tun, sooft weiß jeder, sooft weiß jede von uns: »Das Gebet beginnt bei mir.«[12] Beten ist Sprechen zu Gott, so heißt es, und das heißt eben auch: Gott alles sagen können, Gott alles sagen dürfen – ganz elementar. Wer sich vor Gott zur Sprache bringt, der betet. Einbringen kann und darf er dabei alles, was ihm einfällt. »Was soll ich Gott denn sagen?«, fragt sich dieser oder jener, dem das Beten Schwierigkeiten bereitet, durchaus einmal von Zeit und Zeit. Gott buchstäblich alles zu sagen – dazu raten die Meister der Kunst des Betens regelmäßig. Denn wer ist Gott – so werden sie nicht müde zu betonen –, wenn nicht auch der, dem wir mit allen Dingen unseres Lebens kommen können und kommen dürfen?!

Betend sich selbst vor Gott bringen – das besagt daher: die Dinge in Worte kleiden, die jetzt in der Situation, in der ich mich befinde, die Dinge meines Lebens sind. Dass uns die Dinge unseres Lebens wieder und wieder zu Dingen des Gebetes werden, das ist entscheidend. Denn so neh-

---

12 SCHALLER, HANS: Wenn ich beten könnte (Topos Taschenbücher; Band 270), Mainz 1997, 24.

men wir unser Leben – all das Beglückende und nicht weniger auch all das Bedrückende, das es darin gibt – buchstäblich ins Gebet. Und sooft das geschieht, sooft werden wir selbst zum Gebet. Klassisch gesagt hat das der französische Dichter Paul Claudel (1868-1955) in seinem 1929 erschienenen Hauptwerk, dem berühmten Drama »Der seidene Schuh«. Denn da lässt er eine der Personen des Dramas den Satz sprechen: »Der Heilige betet mit seiner Hoffnung, der Sünder mit seiner Sünde.«[13]

Das ist ein einmaliger Satz, den es Mal um Mal zu wiederholen gilt. Denn was er sagt, kann besser nicht gesagt werden. Doch was ist das Besondere, das dieser Satz sagt? Das Besondere, das dieser Satz sagt, ist: Es gibt nichts in uns, mit dem wir nicht zu Gott beten dürf(t)en. Was uns Paul Claudel eigentlich sagen will, ist dies und immer wieder dies:

Was für ein Mensch du auch bist, bete damit zu Gott!
Bete mit dir selbst zu Gott!
Bist du ein Mensch der Verzweiflung,
dann bete mit deiner Verzweiflung zu Gott.
Bist du ein Mensch der Verletzungen und Verwundungen, dann bete mit deinen Verletzungen und Verwundungen zu Gott.
Bist du ein Mensch der Rat-, Hilf-, Plan-, Lust- und Kopflosigkeit, dann bete mit deiner Rat-, Hilf-, Plan-, Lust- und Kopflosigkeit zu Gott.

---

13 Claudel, Paul: Le soulier de satin ou Le pire n'est pas toujours sûr, dt.: Der seidene Schuh oder Das Schlimmste trifft nicht immer ein. Deutsche Übertragung und Nachwort: Hans Urs von Balthasar, Salzburg 1939, 232.

Bist du ein Mensch der Einsamkeit,
dann bete mit deiner Einsamkeit zu Gott.
Hast du als Mensch Grund zur Freude,
dann bete mit deiner Freude zu Gott.
Hast du als Mensch Grund zur Dankbarkeit,
dann bete mit deiner Dankbarkeit zu Gott.

Die Reihe lässt sich beliebig ergänzen um dieses und jenes Etwas. Was immer dieses Etwas sei, immer ist es ein Etwas, das zu uns gehört, und dadurch, dass wir es vor Gott bringen, bringen wir uns selbst vor Gott. Wir können, sollen und dürfen im Gebet Gott alle Dinge unseres Lebens hinhalten. Denn wann immer wir das tun, sind wir die, die sich selbst Gott hinhalten.

Jeder »Stoff« des Lebens darf demnach zum »Stoff« des Betens werden. Dass uns Menschen der »Stoff« zum Beten einmal ausgeht, ist daher wenig wahrscheinlich. Sind wir Menschen die, die begriffen haben, dass gerade auch das »Menschliche, Allzumenschliche« (FRIEDRICH NIETZSCHE) in unserem Beten seinen Platz haben darf, dann sind wir auch die, denen genügend bewusst ist, dass ihnen jedes Ding ihres Lebens zu einem Ding ihres Betens werden kann und darf. Denn es gibt nichts, mit dem wir nicht betend zu Gott kommen dürften. Zu Gott dürfen wir betend mit allem und jedem kommen. Denn Gott ist kein Gott, der sagt: »Damit brauchst Du mir nicht zu kommen!«

III.
Das Sprachspiel unseres Lebens
als das Sprachspiel unseres Betens

Der inzwischen verstorbene Salzburger Professor für Dog-matik GOTTFRIED BACHL (1932-2020) hat betend Gott einmal gefragt, wie denn sprachlich »korrekt« zu beten sei. Sein Gott (be)fragendes Gebet lautet:

Dürfen wir
dir nur ausgesuchte Worte sagen,
nur teure Sätze
von Dichtern erfunden,
nur polierte Ausdrücke,
oder können wir dir auch kommen
mit den ranzigen Formeln,
aus denen
unsere Sprache meistens besteht?[14]

Jeden, der Ihn so (be)fragt wie der Gottesgelehrte GOTTFRIED BACHL (1932-2020), wird Gott wissen lassen, dass wir in un-serem Beten eben auch die Sprache sprechen dürfen, die wir in unserem Leben sprechen. Die Sprache unseres Lebens darf und soll die Sprache unseres Betens sein. Sie ist die beste, denn in dieser Sprache kommen wir selbst vor und in dieser Sprache sprechen wir uns selbst ganz aus.

Mit der Sprache unseres Lebens bringen wir uns wirklich vor Gott, denn einzig sie ist die Sprache unserer wirklichen

---

14 BACHL, GOTTFRIED: Mailuft und Eisgang. 100 Gebete, Innsbruck – Wien 1998, 36.

Wirklichkeit. Mit der Sprache unserer wirklichen Wirklichkeit bringen wir uns selbst vor den wirklichen Gott. Das Gebet als Treffpunkt mit sich selbst und mit Gott selbst braucht eine Sprache, in der wir ganz »da« sind, und welche Sprache ist da geeigneter als die Sprache unseres Lebens?!

Wir müssen uns also überhaupt nicht sprachlich verrenken, wenn wir beten wollen. Das Sprachspiel unseres Lebens darf auch das Sprachspiel unseres Betens sein. Wir müssen kein von der Sprache unseres Lebens abgehobenes Sprachspiel pflegen, wenn wir beten wollen. Gott versteht uns durchaus, wenn wir in der Sprache unseres Lebens zu Ihm sprechen. Denn diese Sprache – das sind wir bzw. das sind wir auch.

Wenn von der Sprache des Gebets gesagt wird, sie sei eine Sprache ohne Tabus, dann stimmt das ja tatsächlich. Denn die Sprache, die die Sprache des Gebets ist, ist eine Sprache, die es uns gestattet, buchstäblich alles über die Lippen zu bringen, was einfach einmal gesagt werden muss. Wir müssen nichts aussparen oder aussperren, wenn wir beten wollen. Dass wir nicht glauben können – betend dürfen wir es Gott sagen. Und dass wir nicht beten können, ja selbst das dürfen wir betend Gott sagen, wie auch der frühere Bischof der Diözese Aachen KLAUS HEMMERLE (1929-1994) betont, der dazu eine Geschichte erzählt, die er sich selbst erdacht hat. Es ist diese Geschichte:

Beten können

Ein Jünger kommt zu einem Meister des Gebetes und klagt ihm: »Meister, ich habe mich so bemüht, mich zu

sammeln versucht, über mich selbst nachgedacht, alle
Gedanken, die mir kamen, still werden lassen – und
doch habe ich nicht beten können. Was soll ich tun?«
Der Meister antwortet: »Mach aus deinem Nicht-be-
ten-Können ein Gebet.«[15]

Beten beginnt bei mir. Bin ich ganz bei mir, dann bin ich
bald auch ganz bei Gott. Beten darf, ja soll bei uns selbst
beginnen. Und betend sprechen dürfen, ja sollen wir in der
Sprache, die unsere Sprache ist. Denn sie ist die Sprache, in
der wir die Dinge unseres Lebens am ehesten aussagen können und damit auch uns selbst. So ist es wichtig und darum auch richtig, diese unsere ureigenste Sprache des Lebens
auch als unsere Gebetssprache zu pflegen, die Gottes Ohr
erreichen soll.

IV.
Der betende Mensch und der hörende Gott

Wenn wir beten, dann wenden wir uns an einen Gott, von
dem uns unser Glaube sagt, dass er »ganz Ohr« für uns
Menschen ist. Betend bitten bzw. bittend beten wir, dass er
sich uns wieder und wieder tatsächlich auch als hörender
Gott erweise, und zwar ganz so, wie das der Exeget NORBERT
LOHFINK SJ (* 1928) einmal in der Sprachhandlung eines Ge-
betes, das er »Sei ein hörender Gott« betitelt hat, getan hat.
Das Gebet lautet:

---

15 HEMMERLE, KLAUS: Dein Herz an Gottes Ohr. Einübung ins Gebet, Freiburg –
Basel – Wien 1986, 17.

Erweis dich als ein hörender Gott.

Sei das große Ohr, in das ich alles hineinsagen kann.

Sei der Hörende, der auch das Ungesagte hört.

Sei der Verstehende, der da, wo ich mich selbst nicht mehr begreife, noch den geheimen Sinn entdeckt.

Sei der Zuhörer, der mir überhaupt erst den Mut gibt, den Mund zu öffnen.

Sei der Fragende, der endlich die richtigen Fragen stellt.

Sei das Wissen, das nicht wehtut.

Sei der Vorwurf, der brennt, aber nicht verzehrt.

Sei das Ja zu meiner ganzen Vergangenheit.

Sei der Blick, der die Hoffnung aufblühen lässt.

Sei die Antwort, die mich wirklich betrifft.

Sei die große, schweigende Antwort, die der Worte nicht mehr bedarf.[16]

Für die Menschen der Bibel war es selbstverständlich, Gott darum betend zu bitten, ein offenes Ohr für sie zu haben. Das erste Buch der Könige – 1 Kön 8,27-30 – hat ein solches Gebet bewahrt, das ganz Gebet um Gottes Gehör ist. König Salomo spricht es, und er spricht es so:

»Wende dich, Herr, mein Gott, dem Beten und Flehen deines Knechtes zu! Höre auf das Rufen und auf das Gebet, das dein Knecht heute vor dir verrichtet. Halte deine Augen offen über diesem Haus bei Nacht und bei Tag, über der Stätte, von der du gesagt hast,

---

16 LOHFINK, NORBERT: Sei ein hörender Gott, in: DERS.: Hinter den Dingen ein Gott. Meditationen, Freiburg – Basel – Wien 1978, 35-45, 45.

dass dein Name hier wohnen soll. Höre auf das Gebet, das dein Knecht an dieser Stätte verrichtet. Achte auf das Flehen deines Knechtes und deines Volkes Israel, wenn sie an dieser Stätte beten. Höre sie im Himmel, dem Ort, wo du wohnst. Höre sie, und verzeih!« (1 Kön 8,28-30)

Beten – das heißt: aus der Erfahrung bzw. aus den Erfahrungen des Lebens zu Gott sprechen. Erfahrungsgeerdet sollen wir beten, denn es geht darum, dass unser Beten im Erdboden unserer Erfahrung(en) wurzelt. Einzig das in diesem Sinn erdnahe bzw. erdverbundene Beten, das in der Erfahrung bzw. in den Erfahrungen unseres Lebens gründet, bietet die Chance, tatsächlich da unser Leben auch »unterzubringen«. Eine gute, da taugliche Gebetssprache ist daher stets eine der Lebenserfahrung bzw. den Lebenserfahrungen von uns Menschen geöffnete Sprache – eben eine Sprache, in der wir Menschen unsere Erfahrung(en) mit dem Leben (gut) »unterbringen« können.

Unser Gebet gelingt, sooft wir es schaffen, unser eigenes uns selbst oft genug unbegreifliches Leben vor den unbegreiflichen Gott zu bringen in einer Sprache, die die unsere ist. Es braucht, um betend mit Gott zu reden, keine religiöse »Sondersprache«. Gesondert von uns und unserem Leben beten sollen wir gerade nicht. Was wir sollen, ist buchstäblich wieder und wieder dies: buchstäblich unser Leben ins Gebet nehmen. Unser Leben soll sich in unserem Beten spiegeln, unser Leben soll in unserem Beten zur Sprache kommen.

Eine gute Orientierung dafür, wie das gehen kann, betend sein Leben vor Gott zur Sprache zu bringen, sind – neben den Gebeten großer Beterinnen und Beter aus Geschichte und Gegenwart – die Psalmen. Da wird gelacht, da wird geweint, da wird gejubelt, da wird geklagt und da wird gezweifelt. Es gibt keine Erfahrung unseres Lebens, die nicht in einem der 150 Psalmen »untergebracht« wäre, und das ist dann wohl auch der Grund, weshalb die Psalmen durch die Jahrhunderte gebetet worden sind. Denn sie sprechen eine Sprache, in der die Erfahrungen des Menschen mit sich, seinem Leben und seinem Gott ganz elementar »geerdet« sind.

Jemand, in dessen Erfahrung sich bestätigt hat, wie geeignet die Psalmen doch sind, sein Leben da »unterzubringen«, ist der Dichter RAINER MARIA RILKE (1875-1926) gewesen. »Ich ... habe ... die Psalmen gelesen, eines der wenigen Bücher, in denen man sich restlos unterbringt, mag man noch so zerstreut und ungeordnet und angefochten sein ...«[17], bemerkte der Dichter am 4. Januar 1915 in einem in Berlin geschriebenen Brief gegenüber seinem Verleger ANTON KIPPENBERG.

Wie der Psalmist dürfen und sollen wir Menschen uns trauen, die Dinge, die uns bewegen, zur Sprache zu bringen und sie in Gottes Ohr zu sagen, wissend, dass ER, Gott, »ganz Ohr« ist für uns und das, was wir IHM zu sagen haben. Gott ist jedenfalls immer der, der »da« ist, wenn wir IHM etwas zu erzählen haben, ganz gleich, ob es ein Etwas ist, das uns beglückt, oder ob es ein Etwas ist, das uns bedrückt, oder was für ein Etwas auch immer. »Ich bin der ›Ich bin da‹« (Ex 3,14) – durch diesen Satz hat Gott Mose und uns gesagt,

---

17 RILKE, RAINER MARIA: Briefe. Herausgegeben vom Rilke-Archiv in Weimar in Verbindung mit RUTH SIEBER-RILKE besorgt durch KARL ALTHEIM, 3 Bände, Frankfurt am Main 1987, Band 2, 480.

wer Er ist. Er, Gott, ist der, der »da« ist. Das war Seine Zusage an Mose und das ist Seine bleibende Zusage an uns.

Weil Gott der »Ich bin da« ist, ist Er auch immer »da«, wenn wir Ihm betend erzählen, was wir auf dem Herzen haben. Denn was tut eigentlich der, der erzählend zu Gott betet? Er tut etwas, was immer gut tut. Er schüttet Gott sein Herz aus, sagt Ihm die beglückenden und die bedrückenden Dinge seines Lebens. Wer so zu Gott betet, dass er Ihm sein Herz ausschüttet, gewinnt, wenn er das täglich tut, ein herzliches Verhältnis zu Gott, und gerade daraus lebt ein gutes Gebetsleben.

V.
Betend schweigen – schweigend beten

Sich sprechend vor Gott bringen – das ist Gebet. Doch Gebet ist auch: sich schweigend vor Gott bringen. Warum ist neben dem sprechenden Gebet auch das schweigende Gebet so wichtig? Der Grund dafür ist ganz einfach: da, wo wir sprechend beten, ist Gott der Hörende; da, wo wir schweigend beten, sind wir die Hörenden. Und auch das ist wichtig.

Wenn wir Gott alles erzählt haben, was uns bedrängt und bedrückt, sollen wir es dabei belassen, sollen wir es damit gut sein lassen. Wir dürfen davon ausgehen, dass Gott es gehört hat und es bei Ihm gut aufgehoben ist. Wir sollen jedoch Gott nicht nur als Zuhörer benützen, der selbst nichts zu sagen hat. Schweigend geben wir Gott die Chance, etwas zu sagen. Wo wir schweigende Menschen werden, wo wir die Stille des Schweigens zulassen, schaffen wir die op-

timale Bedingung dafür, hörende Menschen zu werden, die
»ganz Ohr« sein wollen für das, was Gott uns zu sagen hat.

Betend schweigen bzw. schweigend beten – sooft uns das
gelingt, sooft öffnen wir unsere Ohren – oder – besser gesagt – lassen wir es zu, dass Gott unsere Ohren öffnet. Dass
es einen ganzen und runden Sinn macht, Gott darum betend
zu bitten, uns unsere Ohren zu öffnen, damit wir Ihn dann
auch tatsächlich hören können, ist gewiss. Der Kirchenlehrer Aurelius Augustinus (354-430) hat jedenfalls so gedacht,
denn gleich im ersten Buch seiner »Bekenntnisse« schreibt
er: »Siehe Herr, meines Herzens Ohr ist bei Dir; tu es auf und
sag meiner Seele: ›dein Heil bin ich‹.«[18]

Damit wir Gott wirklich hören, wenn Er spricht, muss
Er unsere tauben Ohren öffnen, und es ist eine tolle Sache,
Morgen für Morgen die Erfahrung zu machen, dass Gott der
ist, der mir auch das Ohr weckt. Gott will, dass wir Menschen sind, die mit aufgeweckten Ohren durchs Leben gehen, und darum weckt Er, wenn er uns Morgen für Morgen
weckt, auch unser Ohr. Dass dem tatsächlich so ist, sagt uns
der Prophet Jesaja im dritten Lied vom Gottesknecht. Da
heißt es:

Gott, der Herr, gab mir die Zunge eines Jüngers,
damit ich verstehe, die Müden zu stärken
durch ein aufmunterndes Wort.
Jeden Morgen weckt er mein Ohr,
damit ich auf ihn höre wie ein Jünger.

---

18 Augustinus: Bekenntnisse. Lateinisch und deutsch. Eingeleitet, übersetzt und
erläutert von Joseph Bernhart. Mit einem Vorwort von Ernst Ludwig Grasmück,
Frankfurt am Main 1987, I, 5.

Gott, der Herr, hat mir das Ohr geöffnet.
Ich aber wehrte mich nicht
und wich nicht zurück. (Jes 50,4-5)

Morgen für Morgen, wenn wir aufstehen, weckt uns also neben dem funkbetriebenen Wecker noch ein anderer Wecker auf. Dieser Wecker, der auch eigens unser Ohr weckt, ist Gott. Er weckt uns und unser Ohr und macht uns so fähig, schweigend »ganz Ohr« zu werden für das, was Er uns den Tag über dann sagen will. Schweigend zu beten bzw. betend zu schweigen ist daher unerlässlich, um unser Gott-gewecktes Ohr auch Gottes Stimme unter den vielen Stimmen des Tages tatsächlich hören zu lassen.

Wo wir schweigend beten bzw. betend schweigen, werden wir zu Gott-Hörenden. Und in dem Maße, wie das eigene Reden in den Hintergrund tritt, wie wir innerlich bereit und willig werden, uns etwas, ja das Entscheidende unseres Lebens, sagen zu lassen, spüren wir, dass unser Beten wesentlich auch daraus lebt, dass wir es schaffen, Gott zu uns reden zu lassen. Der dänische Religionsphilosoph SÖREN KIERKEGAARD (1813-1855), der selbst nicht zuletzt wohl ein schweigender Beter war, hat das in einer seiner »Reden« einmal so zu Papier gebracht:

»Und was widerfuhr ihm dann, wenn anders er wirklich innerlich betete? Etwas Wunderliches widerfuhr ihm; allmählich, wie er innerlicher und innerlicher wurde im Gebet, hatte er weniger und weniger zu sagen, und zuletzt verstummte er ganz. Er ward stumm, ja, was dem Reden vielleicht noch mehr entgegengesetzt ist als das Schweigen, er ward ein Hörender. Er hatte gemeint, beten sei reden; er lernte: beten ist nicht bloß schweigen, sondern ist hören. Und so ist es denn auch; beten heißt nicht, sich selber reden hören, sondern heißt dahin kommen, dass man schweigt, und im Schweigen verharren, und harren, bis der Betende Gott hört.«[19]

Wie das sprechende hat auch das schweigende Gebet seine Zeit. Doch egal, ob wir mal mehr sprechend oder mal mehr schweigend beten, immer ist unser Beten sprechender Glaube, und sooft es das ist, ist das ein großes Glück.

VI.
Klage als Gebet – Gebet als Klage

»Ein Jegliches hat seine Zeit« – so hatte MARTIN LUTHER (1483-1546) einst jenes Wort aus Kohelet 3,1 übersetzt, das seine Gültigkeit auch da hat, wo es um die Weisen unseres Betens geht. Und wie das lobende, dankende, bittende Beten seine Zeit im Leben des Menschen hat, so hat auch das klagende Beten seine Zeit, und das in den Stunden, Tagen, Wochen und Jahren, die Menschen zu durchleben haben, ohne zu spüren, dass kein Leben, kein Mensch und auch kein Gott es noch gut mit ihnen meint.

Die Gebetssprache der Klage ist die Sprache derer, die vor lauter Leid sich selbst, die Welt und Gott nicht mehr ver-

---

19 KIERKEGAARD, SÖREN: Die Lilie auf dem Felde und der Vogel unter dem Himmel. Drei fromme Reden, Kopenhagen 1849, in: DERS.: Kleine Schriften 1848/49 (Gesammelte Werke. 21., 22. und 23. Abteilung), Köln 1960, 37-38.

stehen. Menschen, die klagen, nehmen die sie bedrängende und bedrückende Wirklichkeit so wahr, wie sie ist, und sind nicht willens, diese auszusparen, auszusperren und auszublenden, wenn sie beten. Sie gehört vielmehr zu ihrem Beten dazu. Denn zu einer guten Beziehung gehört, dass man sich alles sagen kann. Das gilt für die Beziehung von Mensch zu Mensch und es gilt ebenso auch für die Beziehung des Menschen zu seinem Gott. Es war der Philosoph FRIEDRICH NIETZSCHE (1844-1900), der wusste: »alle verschwiegenen Wahrheiten werden giftig«[20]. Tatsächlich gilt das ganz generell, und es gilt speziell auch da, wo unsere Beziehung zu Gott zur Debatte steht. Denn erfahrenes Leid Ihm, Gott, gegenüber zu verschweigen, ist nicht das, was wir zu tun haben. Für die Beter*innen der Bibel ist die Klage eine legitime und in leidbehafteten Lebenssituationen oft die einzig noch verbleibende Weise, ihren Glauben an Gott nicht aufzugeben. Wer klagend betet, ringt mit Gott und um Gott.

Klagen und Jammern ist nicht dasselbe. Jammern ist eine monologische Wirklichkeit, Klagen dagegen eine dialogische Wirklichkeit. Der Klagende bleibt im Gegensatz zum Jammernden nicht bei sich selbst, will vielmehr das Du Gottes erreichen. Er bringt das Unbegreifliche seiner eigenen Lebenssituation vor den unbegreiflichen Gott. So ist die Klage Annahme des unbegreiflichen Gottes in den unbegreiflichen unheilvollen leidbehafteten Widrigkeiten des eigenen Lebens und damit der betende Versuch, diese zu bestehen, ohne dabei von Gott zu lassen.

---

20 NIETZSCHE, FRIEDRICH: Also sprach Zarathustra. Ein Buch für Alle und Keinen, in: DERS.: Werke I-V. Herausgegeben von KARL SCHLECHTA, Frankfurt am Main – Berlin – Wien 1976, Band II, 548-561, 646 [Zitat!]

Wenn klagendes Beten etwas überhaupt nicht ist, dann konfliktscheues Beten. Wer klagend betet, traut sich, Gott auch unangenehme Dinge zu sagen, und traut Ihm zu, dass Er das auch aushält. Angst vor Gott kennt der klagende Beter jedenfalls nicht. Ferner ist jedes Wort der Klage ein Wort, das darauf zählt, dass das Schweigen Gottes nicht Sein letztes Wort ist. Wer betend klagt bzw. klagend betet, gibt zu verstehen, dass er sich und seinen Gott nicht aufgibt. So gilt – alles in allem –: Nicht Schweigen, Klagen ist Gold.

VII.
Die Kunst des Betens als die Kunst des Segnens

Die Kunst des Betens wäre nicht sie selbst, wäre sie nicht auch eine Kunst des Segnens. Gekannt und gekonnt will darum auch das segnende Beten bzw. das betende Segnen sein. Doch wie steht es damit? »Viele Künste sind dem modernen Menschen vertraut; eine ganz wichtige hat er leider weithin verlernt: die Kunst des Segnens.« Vor einigen Jahren hat diese These der einstige Altbischof der Diözese Würzburg, PAUL-WERNER SCHEELE (1928–2019), gewagt und – leidenschaftlich beseelt durch Gehalt und Gestalt irischer Segensgebete – für ein Comeback dieser Kunst geworben.[21]

Leben braucht Segen. Menschen haben den Wunsch, einen Segen zu erhalten, ein gutes Wort gesagt zu bekommen; denn so in etwa wäre ja der Sinn des lateinischen Verbums

---

21 SCHEELE, PAUL-WERNER (HRSG.): Die Kunst des Segnens. Altirische Texte und Bilder, Würzburg 2001, 9. Das Zitat entstammt der »Die altirische Weise der Kunst des Segnens« betitelten Einführung des Herausgebers (9-25) zu seiner Sammlung altirischer Texte und Bilder.

»bene-dicere« einzufangen. Einen Menschen segnen heißt, ihm dieses existenziell wichtige gute Wort, das er im und zum Leben immer wieder einmal gerade an dessen entscheidenden Stellen braucht, zuzusprechen.

Dabei ist der eigentliche Segenswunsch in allen Segenswünschen der, es möge der Himmel die Erde berühren – sichtbar, spürbar, fassbar. Denn was tut derjenige, der um Gottes Segen bittet für was und für wen auch immer, letztlich? Er bittet Gott um Gott. Er bittet Gott um Seine Nähe, um Seine Kraft, um Seine Macht, um Seine Gegenwart. Er bittet – alles in allem – Gott darum, dass Er sich selbst uns Menschen wahrnehmbar mache als Beschützer und Behüter, Wegbereiter und Wegbegleiter Seiner geliebten Töchter und Söhne durch Zeit und Welt.

Ein Segenswort ist ein Wort guter Wünsche von Menschen für Menschen. Und das kann es sein, weil es »ein Wort des Glaubens und der Hoffnung auf die Macht Gottes in unserem Leben« und »nicht ... ein Zauberwort in der Macht der Menschen«[22] ist. Segnen ist Beten, weil die, die segnen, Gott bitten, dass Er es sei, der das Gute, das sie einem Menschen wünschen, dann erwirke. So hat jedem, der segnet, wohl bewusst zu sein, selbst nicht der Garant der Erfüllung dessen, was er da spricht, sein zu können. Segnende Menschen sind darum stets demütige Menschen. Denn das ist ja »die Demut der Segnenden: sie spenden etwas, das sie [selbst] nicht haben«[23]. Sie haben große Wünsche, für deren Erfüllung sie

---

22 Fuchs, Ottmar: Sich segnen lassen. Blasius (3. Februar), in: Ders.: »Von solcher Hoffnung kann ich leben ...«. Predigten, Luzern 1997, 94–99, 96.
23 Steffensky, Fulbert: Die Grundgeste des Glaubens – Der Segen, in: Ders.: Das Haus, das die Träume verwaltet, Würzburg 1998, 28–41, 33.

selbst nicht geradestehen können, da diese sichtlich nicht in ihrer Hand liegt. Dennoch haben sie diese guten Wünsche, und sie trauen sich auch, diese vernehmbar werden zu lassen, weil sie der Macht der ungeahnten Möglichkeiten Gottes vertrauen.

Wer segnet, empfiehlt, was er segnet, der Macht Gottes. Geschehen kann das durch ein einziges Wort, wie JOHANNES BOURS (1913-1988) – er war als Spiritual des Münsteraner Priesterseminars ein gesuchter und geschätzter geistlicher Lehrer – unter dem Titel »Segne ...« einmal berichtet:

> »Vor einiger Zeit habe ich das kürzeste Morgen- oder Abendgebet gehört. Die Frau, die es mir sagte, war bekümmert; sie meinte: Mit meinem Beten am Morgen oder Abend ist es fast nichts, es besteht eigentlich nur aus einem einzigen Wort. Ich sage einfach – so fuhr sie fort – zu Gott: ›Segne‹, und dann kommen Namen. Namen von Menschen, mit denen ich zusammenlebe, ›Gott, segne‹ – und dann steigen die Namen, das heißt die Menschen vor meinem inneren Blick auf: die Menschen, die ich liebe – und die ich nicht liebe; ich sage Gott ihre Namen, so wie sie mir in den Sinn kommen. Ihre Gesichter tauchen vor mir auf. Und ich bitte Gott: Segne sie!«[24]

Wir Menschen sind ein Leben lang vor Überraschungen nicht sicher – auch nicht vor Überraschungen, sollten wir es tatsächlich wie diese Frau morgens oder abends mit dem

---

24 BOURS, JOHANNES: Daß wir den Himmel schauen. Spuren der Menschwerdung (Herderbücherei; Band 8825), Freiburg im Breisgau 1994, 63-64, 63.

Gebet »Segne ...« einmal versuchen. Kann sein, dass unter Umständen unser Morgen- oder Abendgebet dann eben doch länger als erwartet ausfällt, weil uns immer noch jemand weiterer einfällt, der in unserer privaten kleinen »Litanei« des Segnens erwähnt werden müsste, sodass der Kreis der Erwähnten als kein zu klein zu ziehender Kreis uns doch mehr und mehr bewusst würde und sich unsere Segenswünsche entsprechend entgrenzen, bis dass sie zu guter Letzt aller Welt und aller Zeit gelten.

VIII.
Bete dein Leben und lebe dein Beten!
Fünf »goldene« Regeln, die Kunst des Betens und die Kunst des Lebens zu verbinden

1. Wie jede Kunst will auch die Kunst des Betens Schritt für Schritt gelernt sein. Es müssen keine großen Schritte sein, die du tust. Gute Fortschritte wirst du machen im Zeichen des Gebets »Herr, lehre mich die Kunst der kleinen Schritte!«, das sich als guter Wegbereiter und Wegbegleiter deines Mühens eignet.

2. Bete mit dir selbst und deinem Leben! Trage das, was dich beglückt und bedrückt, vor Gott! Lass dein Gebet zu einem Treffpunkt mit dir selbst und deinem Leben werden! Dann wird es auch zu einem Treffpunkt mit Gott! Mach Gott nichts vor und dir selber auch nicht und hab keine Angst, Gott alles zu sagen! Versuche, dein Beten so zu verstehen, wie die heilige Teresa von Avila (1515-1582) es gelehrt hat: »als ein Gespräch mit einem

251

Freund, mit dem wir oft und gern allein zusammenkommen, um mit ihm zu reden, weil wir sicher sind, daß er uns liebt«[25]. Einem Freund kann man alles sagen – auch unangenehme Dinge –, denn gute Freundschaften sind belastbar. Geh einfach davon aus, dass Gott (d)ein guter Freund ist und eure Freundschaft das aushält, was du ihm zu sagen hast!

3. »Es muss feste Bräuche geben.« – Diesen bemerkenswerten Satz lässt der französische Dichter ANTOINE DE SAINT-EXUPÉRY (1900-1944) den Fuchs in seinem Märchen »Der kleine Prinz« einmal sagen.[26] Tatsächlich braucht unser Leben um seines Gelingens willen »feste Bräuche«, und das gilt auch für dein Gebetsleben. Ein guter Brauch, aus dem jedes Gebetsleben lebt und den es darum auch unbedingt braucht, ist der Brauch, feste Gebetszeiten einzuplanen und einzuhalten. Gemäß einem geflügelten lateinischen Wort, das lautet: »Serva ordinem et ordo te servabit« [»Halte dich an die Ordnung, und die Ordnung wird dir Halt geben«], bist du gut beraten, auch deinem Gebetsleben eine feste zeitliche Ordnung zu geben, und das heißt: dir im tagtäglichen Lebensrhythmus Zeit(en) fürs Gebet – beispielsweise morgens, abends oder zu weiteren für dich günstigen Tag(es)zeiten – zu nehmen und daran festzuhalten. Deine Gebetszeiten im Tagesverlauf

---

25 TERESA VON AVILA. Herausgegeben, eingeleitet und übersetzt von ULRICH DOBHAN (Gotteserfahrung und Weg in die Welt), Olten und Freiburg im Breisgau 1979, 104.
26 SAINT-EXUPÉRY, ANTOINE DE: Le Petit Prince, Paris 1946, dt.: Der Kleine Prinz. Mit Zeichnungen des Verfassers, Düsseldorf 1956, 68.

seien dir »heilige« Zeiten, die du dir als Zeiten für Gott nicht nehmen lässt!

4. »Beten lernt man nur durch Beten.« Ein Satz, ebenso wahr wie der Satz: »Beten lernt man bei Betern.« Wenn du beten willst, kannst und musst du nicht ständig eigene Gebete formen. Und wenn dir dann wieder einmal die rechten Worte einfach nicht einfallen wollen, dann sei dankbar dafür, dass es Gebete gibt, deren Worte du dir leihen kannst. Such dir Gebete aus, darin du wohnen kannst, darin du dein Leben und Erleben beheimaten kannst! Mach dir diese Gebete nach und nach vertraut und lass den Geist, der sie beseelt, auf dich wirken!

5. »Gedichte fürs Gedächtnis zum Inwendig-Lernen und Auswendig-Sagen« – so lautet der Titel einer Sammlung von Gedichten der Schriftstellerin ULLA HAHN, die 1999 in Stuttgart erschien.[27] Wäre es nicht eine wunderbare Idee, du sammelst »Gebete fürs Gedächtnis«, schreibst sie dir in (Dd)ein eigenes kleines Gebetbuch, eine kostbare Sammlung deiner Lieblingsgebete, und tust dann alles dafür, sie »auswendig zu lernen« – »to learn by heart«, wie die Engländer treffend sagen? Und wenn du sie dann so gelernt hast, wird sich alles tatsächlich so fügen, wie es beim rechten Gebet sein muss: dass dein Herz vorbetet, dein Mund mitbetet und dein Leben nachbetet.

---

27 Gedichte fürs Gedächtnis zum Inwendig-Lernen und Auswendig-Sagen. Ausgewählt und kommentiert von ULLA HAHN. Mit einem Nachwort von KLAUS VON DOHNANYI, Stuttgart ⁸2000.

IX.
Beten und handeln – handeln und beten

Es kann keine Frage sein, dass das Gebet, wenn es »große Macht« hat, wie die große Mystikerin MECHTHILD VON MAGDEBURG sagt, es auch Großes mit uns macht. Wo und wann jemand wirklich betet, bleibt dies nicht ohne Wirkungen. Ohne jetzt darüber zu streiten, was die Haupt- und was die Nebenwirkungen des Gebetes sind: Wirkungen des Gebetes gibt es immer, und ganz gleichgültig, ob es Haupt- oder Nebenwirkungen sind, erwünschte Wirkungen sind es in jedem Fall, da es stets gute Wirkungen sind.

Gebete ändern nicht die Welt. Aber Gebete ändern Menschen, und Menschen verändern die Welt. Wer immer es war, der das gedacht und gesagt hat, er hat etwas Wichtiges und Richtiges erkannt. Denn einzig die Glaubenspraxis, die begriffen hat, dass uns das Beten nicht vom Handeln dispensiert, läuft nicht ins Messer der Religionskritik. Ganz im Gegenteil! Denn es wird ja nicht gebetet, obgleich eigentlich gehandelt werden müsste. Es wird gebetet, damit gehandelt werden kann. Und worauf, wenn nicht darauf, kommt es denn eigentlich an?!

Gebete meinen es ernst mit der Änderung der Welt, da sie die Änderung des Beters betreiben. Tun wir darum nicht das »Mund-Werk«, tun wir das »Herz-Werk« (RAINER MARIA RILKE) des Betens! Denn Gebete verändern unsere Welt, da sie erst einmal uns Beter*innen und durch uns dann auch die Welt dem Willen Gottes entsprechend verändern. Wieder und wieder ist es so: Wer das »Herz-Werk« des Betens betreibt, betreibt dann bald auch das »Hand-Werk«, den Willen Gottes zu erfüllen.

Ein reifes Gebet ist immer Gebet, das zur Tat drängt und dann auch zur Tat wird. Es lässt uns wach und bereit sein dafür, wann, wo und wie uns Gott tätig sehen will. Wer recht zu beten weiß, der weiß auch recht zu handeln. So heißt es – und das mit einigem Recht. Da Gott der »Liebhaber des Lebens« (Weish 11,26) ist, der will, dass wir Menschen ein Leben führen, das wir lieb haben können, tun wir den Willen Gottes, wenn wir uns fragen, was wir da, wo wir leben, dafür tun können, dass das Leben der Menschen durch unsere Hilfe ein wenig lebenswerter und darum liebenswerter werden könnte. Zu rechnen ist jedenfalls durchaus damit, dass unser Gebet uns Mal um Mal zu einem tatkräftigen Handeln inspiriert.

Von dem auch dichtenden Pfarrer WILHELM BRUNERS (* 1940) gibt es ein Gedicht, das den bezeichnenden Titel »Warnung« trägt:

Erwarte nicht zuerst
dass deine Gebete
erhört werden.

Höre vielmehr
was sie von dir
erwarten.[28]

Wenn wir damit beginnen, diese »Warnung« ernst zu nehmen und zu beherzigen, dann wird sich unser Beten bald

---

28 BRUNERS, WILHELM: Verabschiede die Nacht. Gedichte – Erzählungen – Meditationen – Biblisches. Mit Illustrationen von RESI BORGMEIER, Düsseldorf 1999, 28.

tatsächlich lohnen. In unserem Beten bleiben wir dann nicht bei der Frage stehen, was *Gott für uns* tun kann. Unser Beten stellt uns jetzt auch (vor) die Frage, was *wir für Gott* tun können. Gott zählt auf uns, denn das Gute, das Er für die Welt will, will er auch durch uns bzw. nicht ohne uns tun.

Unter der Überschrift »WUNSCH« hat der Schweizer reformierte Pfarrer KURT MARTI (1921–2017) sich einmal die Notiz gemacht: »Daß Gott ein Tätigkeitswort werde.«[29] Wer wie er diesen Wunsch hat, hat das große Interesse, dass sich Gottes Wille, der ganz Lebenswille ist, da Gott der »Liebhaber des Lebens« (Weish 11,26) ist, erfüllt, und weiß sich eben darum auch in seinem Leben gerufen, Gottes Willen zu tun. Wenn ihm ernst damit ist, wird er nicht davon ablassen, Gott immer wieder betend darum zu bitten, dass Er, Gott, Seinen Willen zu seinem Willen mache, damit er dann seinen Willen zu Seinem mache. Mit einigem Recht hat der bekannte jüdische Theologe PINCHAS LAPIDE (1922-1997) betont, dass die Übersetzung »dein Wille werde getan« die stimmigere gegenüber der Übersetzung »dein Wille geschehe« sei – und das nicht ohne den Querverweis auf die englische Übersetzung »thy will be done« und die französische »ta volonté soit faite«.[30]

Dass es uns Mal um Mal gelingt, den Weg vom Beten zum Handeln und vom Handeln auch wieder zum Beten zu finden, daran ist alles gelegen. »Täter« des Wortes und nicht lediglich »Hörer« des Wortes zu sein, dazu ruft der Jakobusbrief

---

29 MARTI, KURT: Zärtlichkeit und Schmerz. Notizen (Sammlung Luchterhand 337), Darmstadt und Neuwied 1981, 135.
30 Vgl. LAPIDE, PINCHAS: Das Vaterunser – ein jüdisches oder ein christliches Gebet?, in: Renovatio 47 (1991) 108-110, 109.

(Jak 1,22) auf. Das Gebet sorgt dafür, dass dem dann auch so ist. Denn betende Menschen wissen: Gottes Wort gibt zu tun.

»Wie kann ich das Evangelium leben?« – so hat der ehemalige Würzburger Professor für Moraltheologie BERNHARD FRALING (1929–2013) eines seiner Bücher betitelt.[31] Wer sich dieser Frage stellt und die ernste Lebensabsicht hat, sie passgenau zu beantworten, der wird sich früher oder später sagen: Ich kann das Evangelium leben, wenn ich willens bin, dem Evangelium (m)ein Gesicht, das Gesicht meines Lebens zu geben. So wird die Sache des Evangeliums überzeugend deutlich als das, was sie ist: eine »Angesichtssache« eben und keine »Ansichtssache«. Sichtbar wird das Evangelium in den unvermummten Gesichtern der Menschen, die leben, was sie vom Evangelium verstanden haben – und sei es auch noch so wenig. Frère ROGER SCHUTZ (1915-2005), Gründer und bis zu seinem Tod Prior der ökumenischen Bruderschaft in Taizé, hat ein Gebet geschrieben, das bezeugt, dass Jesus Christus selbst es war, der ihm diese Wahrheit wieder und wieder deutlich gemacht hat. Die entscheidenden Zeilen des Gebets lauten:

»Du hast mir wiederholt gesagt: ›Lebe das wenige, was du vom Evangelium begriffen hast. Verkünde mein Leben unter den Menschen. Entzünde ein Feuer auf der Erde. Komm und folge mir nach ...‹
Und eines Tages habe ich begriffen: Du wolltest meinen unwiderruflichen Entschluss.«[32]

---

31 FRALING, BERNHARD: Wie kann ich das Evangelium leben?, Hildesheim 1985.
32 FRÈRE ROGER. Prior von Taizé: GLÜCKLICH WER GRENZENLOS LIEBT, in: DERS.: Aufbruch ins Ungeahnte (Herderbücherei 614), Freiburg im Breisgau ⁴1979, 126-127, 127 [Zitat!].

Sooft Menschen das leben, was sie vom Evangelium begriffen haben, sooft leuchtet der Charme des Evangeliums auf. Denn es gilt ja die Regel, dass in dem Maße, wie es uns gelingt, das Evangelium zu leben, das Evangelium uns auch leben lässt. Denn seine »Logik« ist eine Leben spendende, Leben schenkende »Logik«.

Wer Taizé aufgesucht hat für einige Tage, hat auf alle Fälle auch in den gemeinsamen Gesang des »Ubi caritas et amor, Deus ibi est.« eingestimmt und dessen wunderbare Melodie lange im Ohr behalten. »Wo Liebe und Güte, dort ist Gott.« So lautet die wörtliche Übersetzung des lateinischen Textes, und was damit eigentlich gesagt ist, ist wunderbar. Denn es geht um das Wunder, dass Gott tatsächlich dort ist, wo so gelebt wird, dass Liebe und Güte praktizierte Tat(en) werden. Liebe und Güte tatkräftig leben heißt Gott gegenwärtig setzen. Überall dort, wo Menschen Liebe und Güte leben, kann Gott gar nicht umhin, selbst auch gegenwärtig zu sein. Liebe und Güte als gelebte Praxis sind eine allen Menschen verständliche Sprache, und darum wäre es wahrlich wenig klug, gerade in dieser Sprache nicht zu den Menschen von Gott zu sprechen.

X.
»... kleiner Ruf, der in den großen Himmel dringt«
Bischof KLAUS HEMMERLE

Was sind Gebete, wenn sie nicht Briefe sind, die als »Herz-Post« vom Herzen des Menschen kommen und zum Herzen Gottes wollen, des himmlischen Vaters aller Menschen?! Jesus Christus, der uns das »Gebet der Gebete« geschenkt hat,

hat uns gelehrt, Gott als unseren Vater im Himmel anzusprechen, dessen geliebte Söhne und Töchter wir als »die Kinder der Erde« (KARL RAHNER) sind. Die einzig richtige Gebetsrichtung ist und bleibt darum die Himmelsrichtung. Beterinnen und Beter haben etliche Male bezeugt, die Zeit des Betens als eine Zeit erlebt zu haben, in der sie die Gewissheit beseelte: »Jetzt ist uns der Himmel nahe« bzw. »Jetzt sind wir dem Himmel nahe«.

Wenn Menschen heute beten, tun sie dies auch in der Gewissheit, dass es Menschen gab, die *vor* ihnen gebetet haben, dass es Menschen gibt, die *mit* ihnen beten, und dass es Menschen geben wird, die *nach* ihnen beten werden. Und so sind sie beheimatet in einer Raum und Zeit umspannenden Gemeinschaft von Beterinnen und Betern.

Eine große – sichtbare und unsichtbare – Schar von Betenden umgibt jeden Menschen, der betet. Jeder und jede Betende ist eingebettet in die Gemeinschaft der Menschen, die immer wieder das »ewige Du« (MARTIN BUBER) Gottes mal durch lobendes, mal durch dankendes, mal durch bittendes und mal durch klagendes Beten zu erreichen suchten, suchen und suchen werden. Teil der Gemeinschaft derer zu sein, denen es viel bedeutet, das »Herz-Werk« des Betens zu tun, ist ein großes Glück.

»Summa cum gaudi«

Vom Studieren und Dozieren
Lern- und Lehrjahre eines Hochschullehrers
Eine ungehaltene Abschiedsvorlesung

»πολυμαθίη νόον ἔχειν οὐ διδάσκει«

HERAKLIT VON EPHESOS
(um 520 v. Chr. – um 460 v. Chr.)

»... denn nicht Vielwissen
sättigt die Seele und gibt ihr Genüge,
sondern das Fühlen und Kosten
der Dinge von innen.«

IGNATIUS VON LOYOLA
(1491-1556)

I.
Lehr- und Lerngemeinschaft Universität

»Schauen Sie bitte mal nach links und dann nach rechts, statistisch gesehen werden Sie diese beiden Kommilitonen beim Diplom nicht wiedersehen.« Auf diese Weise kann man Erstsemester begrüßen. So tut das jedenfalls ein Professor in dem Film »13 Semester«, der 2009 in die Kinos kam und die Geschichte eines völlig verpeilten Mathematik-Studenten erzählt, der dann zu guter Letzt sein Examen doch noch besteht.

Man kann Erstsemester freilich auch auf jene Weise begrüßen, wie es Professor Dr. ANDREAS LOB-HÜDEPOHL (* 6. Januar 1961) während seiner Amtszeit als Interimspräsident der Katholischen Universität Eichstätt-Ingolstadt einmal getan hat. Zu Beginn des Wintersemesters 2010/11 begrüßte er die Neuankömmlinge ausdrücklich als Kommiliton*innen – als »Mitstreiter*innen« – und erläuterte das mit den Worten, eine Universität sei wesentlich »eine Genossenschaft von Lernenden und Lehrenden im Streit um Erkenntnis«.

Ich habe die Studierenden meiner Fakultät, der Fakultät für Religionspädagogik / Kirchliche Bildungsarbeit der Katholischen Universität Eichstätt-Ingolstadt, und die derjenigen Fakultäten, wo ich als Gastprofessor lehrte, stets mit »Liebe Kommilitoninnen, liebe Kommilitonen« begrüßt und ihnen gegenüber auch betont, es sei mein Wunsch, dass das »Setting«, sie als Mitstreiter*innen um stimmige und gültige Erkenntnis(se) zu erachten und zu betrachten, das künftige Miteinander, die Lebensabschnittspartnerschaft zwischen Lehrenden und Lernenden für die Dauer eines Bachelor- oder Masterstudiengangs, bestimmen solle. Nicht gerade angenehm überrascht war ich schon, als mir einmal eine Studentin zu verstehen gab: »Herr Sill! Sie sind der einzige, der das tut: uns als Kommiliton*innen anzusprechen.«

Soziologisch bzw. sozialpsychologisch ließe sich mit einigem Recht sagen, dass die Anrede »Liebe Kommiliton*innen« sowohl diejenigen, die dozieren, als auch diejenigen, die studieren, in ein wechselseitiges Rollenmuster einweist, das es von vornherein nicht zulässt, dass Studierende dem passiven Gewöhnungseffekt, sich »beschallen« und so ab und zu auch »bespaßen« zu lassen, erliegen und sich schon bald bequem darin einzurichten wissen, und dass Dozierende ununterbrochen das Rederecht für sich reklamieren, ohne Widerspruch und Gegenrede zu dulden. Dabei ist es gar nicht so unwahrscheinlich, dass sich eben gerade in der Dialektik von Spruch und Widerspruch, von Rede und Gegenrede über die gerade verhandelte bzw. zu verhandelnde »quaestio disputata bzw. disputanda« der Ort der gesuchten Wahrheit bestimmen ließe. So oft daher Studierende Wortmeldungswünsche im Rahmen einer Lehrveranstaltung signalisieren, ist das doch etwas Gutes. Dispute, Diskurse leben ja geradezu von konstruktiven Ein- und Widersprüchen, nicht zuletzt auch von Zusprüchen, die allesamt wichtige Ressourcen darstellen.

Den Studierenden kann gar nicht früh genug gesagt werden, was sie an einer Universität erwartet und was von ihnen erwartet wird. Es erwartet sie eine Lehr-Lern-Gemeinschaft, welche ebenso vom Wort-Schatz wie vom »Ort-Schatz« (KLAUS MEIER) lebt. Denn wort- und ortsgebunden schenkt sich dem Lehren und dem Lernen das Gelingen. Es braucht die Pflege einer Sprachkultur im disputativen, diskursiven Hin und Her von »Wort und Antwort« im Rahmen einer Präsenzkultur, die buchstäblich »vor Ort« – in den Lehrgebäuden des universitären Campus – ihren angestammten Sitz im akademischen Leben hat.

Erwartet wird von den Studierenden mit Recht etwas ganz Grundsätzliches. Und das lässt sich durchaus mit dem Begriff der »participatio actuosa« einfangen, der mit »tätige Teilnahme« nicht schlecht übersetzt ist. Die Sache der »participatio actuosa« ist eine gute, ja eine große Sache, geht es dabei doch ganz entschieden darum, sich im Rahmen der

Teilnahme an einer Lehrveranstaltung, wie das Wort sagt, eben als »Teil« (»pars«) eines Ganzen zu wissen und dessen Gelingen als absolut nicht untätiger Akteur zu dienen. Diese eminent aktive Rolle ein- und wahrzunehmen, steht jeder Studentin und jedem Studenten gut zu Gesicht, und wenn Studierende dies begriffen haben, ist es nicht falsch, wenn sie darauf, diese Rolle im universitären Geschehen erwartungsgemäß zu spielen, durchaus auch ein wenig stolz sind. Mal um Mal habe ich als Liebhaber der narrativen Ethik in der jeweils ersten Seminarsitzung eines Semesters jene chinesische Parabel erwähnt, die von einem Brautpaar erzählt, das viele Gäste zur Hochzeit einladen wollte, doch selbst nicht über die Mittel verfügte, alle, die kommen würden, zu bewirten. So teilten sie in der Einladung mit, alle möchten bitte eine Flasche Wein mitbringen. Am Eingang des Festsaals werde ein großes Fass stehen. Dahinein könnten sie ihre mitgebrachte Flasche Wein gießen. So würden dann alle Festgäste genug zu trinken haben, und es würde ein fröhliches Fest werden. Doch bald schon trat die böse Überraschung zutage. Denn als das große Fest eröffnet war, eilten die Kellner zu dem großen Fass, schöpften daraus und schenkten den Gästen ein. Diese tranken den ersten Schluck und schmeckten im Nu, dass es Wasser war, was sie in ihren Gläsern hatten und was jetzt durch ihre Kehle glitt. Die Geschichte gibt sich alsdann alle Mühe, das unziemliche Verhalten der Hochzeitsgäste zu schildern, und tut das erzählerisch so:

Versteinert saßen oder standen sie da, als ihnen allen bewusst wurde, dass eben jeder gedacht hatte: »Die eine Flasche Wasser, die ich hineingieße, wird niemand herausschmecken.« Nun aber wussten sie, dass jeder so gedacht und sich gesagt hatte: »Heute will ich einmal auf Kosten anderer feiern.« Unruhe, Scham und Unsicherheit erfasste alle, nicht nur, weil es lediglich Wasser zu trinken gab. Und als um Mitternacht das Flötenspiel verstummte, gingen alle schweigend nach Hause, und jeder wusste: Das Fest hatte nicht stattgefunden.

Eine traurige Geschichte ist das fürwahr, deren »appellative Leerstelle« unmittelbar dem einleuchtet, der noch einen Verstand hat, um zu verstehen. Die parabolische »Logik« der Geschichte lässt sich problemlos als angewandte »Ethik« lesen, welche in einem negativen Kontrastbild zeigt, wie ein Ganzes nicht ohne seine Teile ein gutes Ganzes ergibt.

»And so, my fellow Americans: ask not what your country can do for you – ask what you can do for your country.« So sagte der 35. Präsident der Vereinigten Staaten von Amerika JOHN F. KENNEDY (1917–1963) in seiner Rede anlässlich seines Amtsantritts am 20. Januar 1961. Dementsprechend wäre es zu begrüßen, wenn jede und jeder studentische Besucher*in einer Lehrveranstaltung sich neben der Frage, was ihm diese Veranstaltung geben könnte, auch die Frage stellt: Was kann ich persönlich dieser Veranstaltung geben? Geben dadurch, dass ich mich einbringe, etwas beitrage, etwas oder – best case – mich selbst mitbringe.

Dass es einmal Studiengänge gegeben hat, deren Studienordnungen Lehrveranstaltungen vorsahen, wo mit körperlicher Anwesenheit das »Leistungssoll« erfüllt war, ist eine traurige Gewissheit. Der studentische Jargon hatte für derartige Lehrveranstaltungen das schreckliche Motto »absitzen« parat, was bedeutete, mit minimalem Input zum maximalen Output – dem benötigten Schein – zu gelangen. Wenn von den Dingen studentischer »participatio actuosa« im Lehr- und Lerngeschehen die Rede ist, geht es um ein »optimum potentiae«, das sich erzielen lässt als echter Fortschritt beim Lehren und Lernen, der sich eben ergibt, wenn alle geben, was sie haben, damit etwas stattfinden kann, von dem sich im Nachhinein tatsächlich sagen lässt, es habe sich um des dabei entstandenen Ganzen willen gelohnt, daran teilgenommen zu haben.

In mancherlei Formen lässt sich seitens der Student*innen jene »participatio actuosa« pflegen, ohne die im »Betrieb« einer Universität wenig (gut) geht. Tätig teilnehmend zu studieren schließt nicht aus, vielmehr – und das unbedingt – ein, sich konsequent in aktiver Hörbereitschaft zu üben, um sich so das sagen zu lassen, was einem gesagt werden muss, damit einem nach und nach klar wird, wie es in einem Fach zugeht, wie es geht, das zu betreiben, worum es da geht.

Legendär waren einst die Vorlesungen, welche der Philosoph Hans Blumenberg (1920–1996) jeweils freitags im Hörsaal 8 des Münsteraner Schlosses hielt. In einer dieser Vorlesungen hat er einmal – vielleicht ein wenig überspitzt, doch sicher nicht ganz unrichtig – über den Sinn von Vorlesungen und den Unsinn von Seminaren gesagt:

»Deshalb bitte ich Sie in jedem Fall, in denen Ihnen gesagt wird, Vorlesungen seien veraltet, unwichtig, sowieso doof, erst noch zweimal zu überlegen, ob

Sie das glauben. Philosophie lernt man dadurch, dass man zusieht, wie es gemacht wird. Das ist in vielen anderen Fächern genauso. Deshalb sind Seminare für die Philosophie so sehr und besonders ungeeignet, weil sie Versammlungen von Leuten sind, die gemeinsam nicht wissen, wie's gemacht wird.«[1]

Sich sagen lassen, wie es geht, wie es zugeht in einem Fach, wie man Wissenschaft betreibt, das ist maßgeblich zu lernen durch Zu- bzw. Hinhören, durch Zu- bzw. Hinsehen. Man lernt, wie man das macht: eine Wissenschaft betreiben, in hohem Maße dadurch, dass es jemanden gibt, der es einem – methodisch – vormacht. Und wenn man es ihm »abgeguckt« hat, ist die Zeit da, es ihm nachzumachen.

Wissenschaft und Methode – so lernt sich das: Einer, der es meisterhaft kann, macht vor, wie es methodisch geht, und lernwillige Schüler*innen lernen nach und nach, es (ihm) nachzumachen. Und erst, wenn sie das wissenschaftliche Handwerk ihres Fachs erlernt haben, kann behauptet werden, dass sie jetzt wissen, »wie's gemacht wird«, dass also gekannt und gekonnt ist, was es in einer bestimmten akademischen Disziplin, einem Fach, einer Wissenschaft zu kennen und zu können gibt, sind sie selber dran, methodisch

---

1 Diese Sätze sind Teil eines Tonbandmitschnitts einer seiner Vorlesungen. Siehe: HANS BLUMENBERG. Der unsichtbare Philosoph. Ein Film von CHRISTOPH RÜTER (2018). In diesem Dokumentarfilm über den renommierten Philosophen begibt sich der Filmemacher CHRISTOPH RÜTER gemeinsam mit drei von dessen Schülern auf eine Spurensuche über Leben und Werk des Philosophen. Dabei treffen sie weitere Personen, die auf ganz persönliche Art und Weise darüber berichten, wie sie einst von Gedanken und Ideen dieses gelehrten Philosophen geprägt und inspiriert wurden.

geschult das zu (be)treiben, »zu welchem Ende«[2] sie eigentlich studiert haben und da und dort doch mühsame Lektionen ihr täglich Brot waren.

II.
Prima lectio brevis
Eine alte akademische Regel

»Prima lectio brevis«. Ich gebe gern zu, diese alte akademische Regel Semester für Semester zur Freude meiner Hörer*innen gut und gern befolgt zu haben. Kurz ist natürlich eine zeitlich sehr unbestimmte Vokabel. Der spätere Bischof der Diözese Würzburg, PAUL-WERNER SCHEELE (1928–2019), den ich während meines Studiums an der Theologischen Fakultät Paderborn noch als Dogmatik-Professor hatte, nahm das kleine Wörtchen »kurz« so beim Worte, dass er es gegen Null tendieren ließ und so zur ersten Vorlesungsstunde des Semesters erst gar nicht erschien – manchmal auch zur zweiten und dritten Vorlesungsstunde nicht. Und das nicht etwa deshalb, weil er dazu keine Lust gehabt hätte. Das ganze Gegenteil war der Fall. Lust, seine Gedanken zu den einzelnen dogmatischen Traktaten vorzutragen, hatte er schon, doch nicht die Zeit. Immerhin hatte er zusätzlich zu seiner theologischen Professur noch ein paar »Nebenjobs« in der Erzdiözese Paderborn zu verrichten. Er war in Personalunion auch Dompropst, Direktor des Johann-Adam-Möhler-Instituts für Öku-

---

2   Kundigen braucht es nicht, Unkundigen muss es gesagt werden, dass die drei Worte entlehnt sind der »Was heißt und zu welchem Ende studiert man Universalgeschichte?« betitelten akademischen Antrittsrede, welche FRIEDRICH SCHILLER (1759–1805) einst am 26. Mai 1798 in Jena hielt.

menik, Weihbischof – und das ist noch keineswegs die vollzählige Liste der Ämter, die er dienstlich auszufüllen suchte.

Wenn ich die Worte »Prima lectio brevis« in großen Lettern an die Tafel schrieb, konnte ich vor Jahren noch sicher sein, dass sich wohl einige Student*innen im Hörsaal befanden, die das übersetzen konnten. Doch es gilt: »The times They are Changin'«, wie Bob Dylan (* 1941) es singt. Ich fand es zugegebenermaßen jammerschade, dass zu Beginn des letzten Semesters meiner Hochschullaufbahn als Professor sich keine studentische Stimme mehr meldete, die dank des bestandenen kleinen oder großen Latinums in der Lage gewesen wäre, aus jenen drei programmatischen lateinischen Worten einen deutschen Satz zu bilden.

Ich habe mir die gute Laune dadurch nicht verderben lassen, vielmehr mich so gut ich konnte darum bemüht, für gute Laune bei meinen Hörer*innen zu sorgen. Mit einer gehörigen Portion Ironie in der Stimme habe ich damals – ich war in der dritten Amtsperiode Studiendekan der Fakultät – 11 von 101 Dingen benannt, die eine Studentin / ein Student unbedingt während des Studiums gemacht haben sollte, und dabei aus einem Beitrag zitiert, den Stephan Porombka (* 1967), Professor für Texttheorie und Textgestaltung am Institut für Theorie und Praxis der Kommunikation der Universität der Künste Berlin, einst für die Wochenzeitung »Die Zeit« verfasst hatte.

◇ Schreib einen Liebesbrief, der mit den Worten »Liebe unbekannte Leserin« oder »Lieber unbekannter Leser« beginnt, und verstecke ihn in der Unibibliothek in deinem Lieblingsbuch.

◇ Fall durch eine Klausur zweimal durch, um den Nervenkitzel beim dritten Versuch zu erhöhen.

◇ Gründe eine Lesegruppe. Trefft euch einmal die Woche abends. Trinkt viel. Lest nie.

◇ Gründe eine Trinkgruppe. Trefft euch einmal die Woche abends. Lest viel. Trinkt nie.

◇ Lerne, mit offenen Augen zu schlafen.

◇ Schau möglichst alle Spiele einer Fußball-WM. Auf Deinem Handy. Im Seminar.

◇ Lade sieben Freunde über das Wochenende ein, um gemeinsam deine Hausarbeit zu schreiben.

◇ Wenn ein Dozent das Datum an die Tafel schreibt, frag laut: »Ist das prüfungsrelevant?«

◇ Schenk deiner Unibibliothek ein Buch, das du in ihren Regalen vergeblich suchst.

◇ Gestalte deine Hausarbeit so, dass du selber denkst: »Wow! Das will ich jetzt lesen.«

◇ Notiere die zehn noch ungelösten Fragen deines Fachs. Beantworte die zweitschwerste.[3]

Die Heiterkeit, die während des Vortrags dieser 11 Regeln im Hörsaal ausbrach, war erwartungsgemäß groß, sodass ein gut gelaunter Professor mit gut gelaunten Student*innen sich dann umgehend den Stoffgebieten des Semesters widmen konnte.

---

3 Wie man mehr vom Studium hat. 101 Dinge ... die du während des Studiums gemacht haben solltest ... aufgeschrieben von unserem Kolumnisten STEPHAN POROMBKA, Professor in Berlin, in: Die Zeit Jg. 70. – Nr. 43 – 22. Oktober 2015 – S. 74f. Die 11 von 101 Dingen, die ich zitiert habe, stehen unter den Nummern 1; 3; 4; 5; 17; 41; 55; 63; 67; 92; 94 der Kolumne.

Wenn ich Erstsemester im Hörsaal vor mir hatte –
Studienanfänger*innen, die überhaupt die erste Vorlesung
ihres Studiums bei mir hörten –, habe ich es mir zur guten
Gewohnheit werden lassen, Mal um Mal das wohl berühm-
teste Gedicht des Dichters HERMANN HESSE (1877–1962) vorzutragen. Bekanntlich ist es das Gedicht

Stufen

Wie jede Blüte welkt und jede Jugend
Dem Alter weicht, blüht jede Lebensstufe,
Blüht jede Weisheit auch und jede Tugend
Zu ihrer Zeit und darf nicht ewig dauern.
Es muß das Herz bei jedem Lebensrufe
Bereit zum Abschied sein und Neubeginne,
Um sich in Tapferkeit und ohne Trauern
In andre, neue Bindungen zu geben.
Und jedem Anfang wohnt ein Zauber inne,
Der uns beschützt und der uns hilft zu leben.
Wir sollen heiter Raum um Raum durchschreiten,
An keinem wie an einer Heimat hängen,
Der Weltgeist will nicht fesseln uns und engen,
Er will uns Stuf' um Stufe heben, weiten.
Kaum sind wir heimisch einem Lebenskreise
Und traulich eingewohnt, so droht Erschlaffen,
Nur wer bereit zu Aufbruch ist und Reise,
Mag lähmender Gewöhnung sich entraffen.
Es wird vielleicht auch noch die Todesstunde
Uns neuen Räumen jung entgegensenden,
Des Lebens Ruf an uns wird niemals enden ...

Wohlan denn, Herz, nimm Abschied und gesunde![4]

Hinter der guten Gewohnheit, gerade dieses Gedicht zu (re) zitieren, stand für mich das Anliegen, den jungen Menschen etwas bewusst zu machen, das sich mit der Schwellensituation, da sie von der Schule zur Hochschule wechseln, nicht verbinden muss, jedoch verbinden kann. Und dass dies eben jener »Zauber« ist, der »jedem Anfang« innewohnen kann, und dass es etwas unfassbar Schönes und Beglückendes ist, diesen »Zauber« wirklich zu erleben als Zauber eines Anfangs, der als zauberhafter Anfang nicht »initium«, vielmehr »principium« sein sollte, mithin ein bleibendes, sich eben »prinzipiell« durchhaltendes Moment über die ganze Dauer des Studiums. Jungen Menschen, »die Anfänger in allem sind«[5], diesen Zauber zu wünschen, ist sicher ein guter Wunsch. Denn diesen Zauber werden sie brauchen, wenn es einmal schwer bzw. beschwerlich wird während des Studiums.

III.
De modo bene studendi
Ein Studienbrief zwecks Studienberatung

Ich erinnere mich noch gut. Es war im Oktober 1974, als ich mein Theologiestudium an der Theologischen Fakultät in Paderborn antrat. Mit einem Festakt im Auditorium Ma-

---

4   HESSE, HERMANN: Gesammelte Werke in zwölf Bänden (werkausgabe edition suhrkamp), Frankfurt am Main 1970, Band 1, 119.
5   RILKE, RAINER MARIA: Briefe an einen jungen Dichter. Mit den Briefen von FRANZ XAVER KAPPUS. Herausgegeben von ERICH UNGLAUB, Göttingen 2019, 56.

ximum wurde das neue Studienjahr feierlich eröffnet. Dabei wurde Jahr für Jahr gewissermaßen auch so etwas wie ein echter »Initiationsritus« vollzogen. Die Theologische Fakultät Paderborn beließ es nicht einfach dabei, dass die Immatrikulation der neuen Student*innen statutengemäß korrekt erfolgt war. Sie legte gesteigerten Wert darauf, die Erstsemester als »Neulinge« (im Sekretariat wurde ab und zu von den »Neuzugängen« gesprochen) eigens willkommen zu heißen. Das erfolgte so, dass jede und jeder einzelne unter denen, die mit Spannung die Lehrveranstaltungen ihres ersten Studiensemesters erwarteten, namentlich aufgerufen wurde, dann vortrat, um vor der versammelten Festgesellschaft per Handschlag vom Rektor begrüßt zu werden und diesem dann buchstäblich in die Hand zu versprechen, willens zu sein, »das Studium ernst zu nehmen«.

Doch was heißt das und wie geht das: so studieren, dass man es ernsthaft tut? Die Frage habe ich mir als junger Student gestellt und als »älterer« Dozent stelle ich sie mir immer noch. Guter Rat ist da teuer. Welcher Modus, (s)ein Studium zu betreiben, ist beim Belegen und Bestehen der vielen Module so beschaffen, dass er dem Ernst der Sache(n), um die es geht, Rechnung trägt?

Wenn mein verehrter moraltheologischer Lehrer Bernhard Fraling (1929–2013) in einer schwierigen Sache um Auskunft gebeten wurde und sich selbst nicht so sicher war, was er dazu sagen sollte, wusste er sich stets dadurch zu helfen, dass er erwiderte: »Karl Rahner« – bei ihm hatte er in Innsbruck studiert und promoviert – »würde jetzt das dazu sagen.« Damit war er dann so gut wie fast jedes Mal aus dem Schneider.

Wo man sich selbst keinen Rat weiß, legt es sich tatsächlich nahe, sich Rat bei solchen zu holen, welchen die Gabe des guten Rates zu eigen ist. Ein solcher mit der Gabe des guten Rates gesegneter Mensch ist sicher der heilige Thomas von Aquin (1224/25–1274) gewesen. Als genialer Ratgeber erwies er sich gewiss einmal dort, wo er einem jungen Ordensmitbruder – er hieß Johannes –, der wie er selbst dem Dominikanerorden angehörte, einen Brief schrieb, worin er diesem Studienanfänger wichtige Ratschläge erteilte, die eben eines überhaupt nicht waren: »Schläge«. Vielmehr handelte sich dabei um wohlbedachte und ernst gemeinte ad- bzw. exhortative Worte, die als »monitio« (Mahnung) und »instructio« (Einweisung) verstanden sein möchten und so vielleicht – alles in allem – so etwas wie einen kleinen »Denkzettel« darstellen.

Einen »Denkzettel«, der sich als Vademecum über die Dauer des ganzen Studiums, das es zu absolvieren gilt, bestens empfiehlt, zumal er pointiert und fokussiert jene unerlässlichen to do's formuliert, die es »studientechnisch« zu erfüllen gilt, da sie unerlässliche – eben unumkehr- wie unumgehbare – Gelingensbedingungen dafür darstellen, einen solchen »modus studendi« (Studiermodus) zu pflegen, der durchgängig erkennen lässt, dass als »erkenntnisleitendes Interesse« (Jürgen Habermas) ein »ernsthafter« Eifer dahinter steckt.

Ich verdanke es Eberhard Schockenhoff (1953–2020), dem von mir ungemein geschätzten moraltheologischen Fachkollegen, dass er mich auf jenen besagten Brief des heiligen Thomas von Aquin, der es verdient, wie ein »Handzettel« unter Student*innen weitergereicht zu werden, hingewiesen hat. Dem bis zu seinem Tod an der Theologischen Fakultät der Albert-Ludwigs-Universität Freiburg im Breisgau tätigen Moraltheologen war die »Epistola exhortatoria de modo studendi ad fratrem Ioannem« des Doctor Angelicus wichtig genug, selbst einen kleinen »exegetischen« Kommentar dazu zu verfassen.[6] Die wichtigsten An- und Einsichten, die der moraltheologische Kollege bei seiner Lektüre gewonnen hat, habe ich gern in meine Überlegungen zu diesem gehaltvollen Briefdokument eingeflochten. Doch für die Wenigen, die heute noch Latein können und eine Gelegenheit suchen, sich zu beweisen, dass sie doch nicht umsonst neun Jahre lang ein altsprachlich-humanistisches Gymnasium besucht haben, wo man sie auch in der Kunst der sprachlichen Übersetzung unterrichtet hat, sei der vollständige Wortlaut des Briefes im lateinischen Urtext zunächst einmal abgedruckt.

Quia quaesisti a me, in Christo mihi carissime Ioannes, qualiter te studere oporteat in thesauro scientiae acquirendo, tale a me tibi traditur consilium: ut per rivulos, non statim in mare, eligas introire, quia per faciliora ad difficiliora oportet devenire. Haec est ergo monitio mea et instructio tua. Tardiloquum te esse iubeo et tarde ad locutorium accedentem; conscientiae puritatem amplectere. Orationi vacare non desinas; cellam frequenter diligas si vis in cellam vinariam introduci. Omnibus te amabilem exhibe; nihil quaere penitus de factis aliorum; nemini te multum familiarem ostendas, quia nimia familiaritas parit

---

6 Siehe: Schockenhoff, Eberhard: Zur Spiritualität des Theologiestudiums, in: Geist und Leben 64 (1991) 336-345.

contemptum et subtractionis a studio materiam subministrat; de verbis et factis saecularium nullatenus te intromittas; discursus super omnia fugias; sanctorum et bonorum imitari vestigia non omittas; non respicias a quo audias, sed quidquid boni dicatur, memoriae recommenda; ea quae legis et audis, fac ut intelligas; de dubiis te certifica; et quidquid poteris in armariolo mentis reponere satage, sicut cupiens vas implere; altiora te ne quaesieris. Illa sequens vestigia, frondes et fructus in vinea Domini Sabaoth utiles, quandiu vitam habueris, proferes et produces. Haec si sectatus fueris, ad id attingere poteris, quod affectas.[7]

Versammelt sind in diesem Brief an Bruder Johannes, dem jungen Dominikaner der damaligen Zeit des Hochmittelalters, der als noch verunsicherter Studienanfänger eine Anlaufstelle suchte, wo er hoffte, dass ihm dort eine willkommene Studienberatung zuteilwerde, eine Reihe wirklich guter Ratschläge. Er fand diese zu seinem großen Glück bei einem Meisterdenker der philosophischen und theologischen Dinge, der seinesgleichen bis heute sucht. Was der ihm damals als noch jungem Studiosus an die Hand gab, waren eigentlich gar nicht so schwer zu handhabende Regeln, wenn man sie näher bedenkt, doch allesamt Regeln, deren Berechtigung und Bewahrheitung sich einzig dem erweisen und

---

7 Epistola exhortatoria de modo studendi ad fratrem Ioannem, in: S. Thomae Aquinatis Opuscula theologica I. De re dogmatica et re morali, Rom 1954, 451. Siehe auch: How to Study, being The Letter of ST THOMAS AQUINAS to BROTHER JOHN DE MODO STUDENDI, Latin Text with Translation and Exposition by VICTOR WHITE O.P., London 1955.

den erfreuen wird, der sie beim Wort und sich zu Herzen nimmt.

Gut beraten sind Studienanfänger*innen, so ließe sich mit und nach Thomas von Aquin sagen, wenn sie sich vornehmen, diese Ratschläge – es sind im Großen und Ganzen lediglich vier an der Zahl – »ernsthaft« zu befolgen.

ERSTER RATSCHLAG

»Wähle den Weg über die Bäche

und stürze dich nicht in das Meer!«

[»... ut per rivulos, et non statim in mare,

eligas introire ...«]

Jede Studienanfängerin und jeder Studienanfänger dürfte tatsächlich mit diesem ersten Ratschlag des bedeutenden hochmittelalterlichen Gelehrten Thomas von Aquin einen guten Start hinlegen. Wer studiert, tut gut daran, sich zunächst den einfacheren und erst später dann den schwierigeren Fragen seines Studienfachs zu widmen. Erstsemester sind häufig doch ziemlich frustriert, wenn sie sich, wie es die Sprache der von Thomas von Aquin nicht ohne Grund gebrauchten bildlichen Vernunft ausdrückt, zunächst einmal in der Nähe von kleinen Bächen bewegen, obgleich sie doch viel lieber mit Freude und Eifer auf der Stelle die großen Flusslandschaften sowie die weiten und tiefen Meere, wie diese auf der Landkarte des Wissens verzeichnet sind, erkunden wollen. Doch der Ratschlag, den Thomas von Aquin gibt, will eines überhaupt nicht sein: eine »Bremse« des Elans jugendlich-studentischen Wissensdurstes. Ihn so zu nehmen hieße ihn vollkommen missverstehen.

Jedes Studium beginnt mit der Arbeit an eher kleineren Dingen. Es sind erst einmal eine ganze Reihe von »Kleinigkeiten«, welche die Studierenden kennenlernen (müssen), seien es die Formalia des wissenschaftlichen Arbeitens, sei es das methodische Handwerk des geistes-, sozial-, natur- oder wirtschaftswissenschaftlichen Studiengangs, für den sie sich eingeschrieben haben. Alles in allem eben die »kleinen« Dinge, die unter dem Dachbegriff »Propädeutik« geführt werden.

Durch die Welt dieser »kleinen« Dinge müssen die Studierenden erst einmal hindurch. Und das mag für manche von ihnen eine echte Durststrecke sein. Zumal dann, wenn sie es gar nicht erwarten können, endlich einmal größere Gewässer kennenzulernen. Sicher wird es ihnen helfen, wenn ihnen ein(e) verständnisvolle(r) Dozent(in) sagt, dass sie die Gewissheit haben dürfen, die jetzt erst einmal zu leistende Kleinarbeit in wissenschaftlichen »Bachlandschaften« werde bald schon belohnt werden durch den Aufenthalt in der Nähe großer »Flusslandschaften« und dann – zu guter Letzt – in Orten mit »Meerblick«.

Es ist einleuchtend, dass für Studienanfänger*innen »der Weg über die Bäche« kein leichter Weg ist – und das aus einem einfachen Grund: Es erschließt sich ihnen eben nicht unmittelbar, wieso die jetzige »echt« mühsame Anstrengung eine lohnende Sache ist, ohne die es kein späteres Verständnis großer und ganzer Wirklichkeiten und Wahrheiten geben kann.

Jene, die noch in unteren Studienabschnitten stecken, werden ihre Situation vielleicht mit Worten des größten Dichters deutscher Sprache JOHANN WOLFGANG VON GOETHE

(1782–1832) aus dessen Faust (zu)treffend erfasst sehen. Sie haben zwar »die Teile« in ihrer Hand, doch ihnen »Fehlt leider! nur das geistige Band«. Damit beschreiben sie ihre Situation sicher nicht falsch. Wessen sie rebus sic stantibus bedürfen, ist deshalb ein Wort der Ermunterung und Ermutigung, dass der kleine »Weg über die Bäche« ein guter Weg ist, der Schritt für Schritt begangen sein will, um sich nach und nach dem großen Ganzen – vielleicht auch einmal dem ganz Großen – anzunähern.

Vieles, was Studierende zunächst lernen, mag und muss ihnen als Stückwerk erscheinen – und das ist es ja sicher auch. Doch sobald es dazu kommt, dass mehr und mehr kleine Wissensstücke noch vorhandene Wissenslücken schließen, werden diese Fragmente Fermente eines weiten und tiefen Verstehens größerer wissenschaftlicher Belange und Bezüge. So ist es tatsächlich ein guter Rat, Studienanfänger*innen davor zu warnen, der Versuchung zu erliegen, sich Hals über Kopf in das Meer dessen, was es in einem Studienfach alles zu wissen gibt, zu stürzen. Sie würden bald darin ertrinken. Und das können sie selbst doch überhaupt nicht wollen und alle verantwortlichen Leiter*innen eines Studiengangs ebenfalls nicht. Also gilt: Immer schön der Reihe nach! First things first! Erst die Bekanntschaft mit den Bächen des Wissens, dann mit denen der Flüsse und erst zu guter Letzt die Bekanntschaft mit dem Meer des Wissens. Wobei es sicher nicht schaden würde, bei den Student*innen bereits im ersten Studiensemester »die Sehnsucht nach dem Meer« (ANTOINE DE SAINT EXUPÉRY) zu wecken, so sie nicht ohnehin schon da ist, was wahrscheinlich ist.

ZWEITER RATSCHLAG
»Lass Dir freie Zeit zum Beten!«
[»Orationi vacare non desinas ... .«]

Nach dem erstplatzierten Ratschlag folgt als zweitplatzierter ein Ratschlag, der eigens für einen angehenden Theologen formuliert zu sein scheint. Was sich so wohl auch verhält. Für den heiligen Thomas von Aquin war es keine Frage: So gewiss in der Theologie gedacht werden muss, Theologie denkende Theologie sein muss, so gewiss muss in der Theologie gebetet werden.[8] Denkende Theologie muss stets auch betende Theologie sein, denn die »Rede von Gott« stammt ja bekanntlich aus der »Rede zu Gott«. Das Gebet soll einen festen Platz im Leben des Theologie-Studenten haben. Der Gottesgelehrte Thomas von Aquin gibt sich mit diesem Ratschlag als »Platzhalter« des Gebets zu erkennen – und das aus gutem Grund.

Jemand, der es verdient, wie Thomas von Aquin »Platzhalter« des Gebets betitelt zu werden, ist der frühere Münsteraner Philosoph Peter Wust (1884–1940) gewesen. In seinem auf den 18. Dezember 1939 datierten »Abschiedswort« schrieb der Philosoph wenige Monate vor seinem Tod seinen Student*innen auch dieses Plädoyer für das Gebet und das Beten:

---

8 Passgenau dazu wäre dieses Bonmot: »Es wäre nicht der schlechteste Beitrag zur Rechtschreibreform, wenn –, anders als die Wortherkunft es nahe legt, – der theologische Doktorand mit dem Endbuchstaben t geschrieben würde, weil er zugleich ein doctus und orans, ein gelehrter Betender und ein betender Gelehrter werden könnte.« Lüke, Ulrich: Theologie und Frömmigkeit – Gedanken über eine schwierige Beziehung, in: Theologie und Glaube 90 (2000) 239–250, 249f.

»Und wenn Sie mich nun noch fragen sollten, bevor ich jetzt gehe und endgültig gehe, ob ich nicht einen Zauberschlüssel kenne, der einem das letzte Tor zur Weisheit des Lebens erschließen könne, dann würde ich Ihnen antworten: ›Jawohl‹. – Und zwar ist dieser Zauberschlüssel nicht die *Reflexion*, wie Sie es von einem Philosophen vielleicht erwarten möchten, sondern das *Gebet*. Das Gebet, als letzte Hingabe gefaßt, macht still, macht kindlich, macht objektiv. Ein Mensch wächst für mich in dem Maße immer tiefer hinein in den Raum der Humanität – nicht des Humanismus –, wie er zu beten imstande ist, wofern nur das *rechte Beten* gemeint ist. (...) Die großen Dinge des Daseins werden nur den betenden Geistern geschenkt.« [9]

Was beide – THOMAS VON AQUIN wie PETER WUST – im Sinn hatten mit ihrem jeweiligen Plädoyer für das Gebet, ließe sich in einem kleinen Wortspiel so sagen: Sie wollten »ratio« und »oratio« nicht als voneinander getrennte Größen denken, vielmehr betonen, dass der gute Gebrauch der »ratio« eigentlich nicht gut auf die »oratio« verzichten könne. Was THOMAS VON AQUIN angeht, so lässt sich sagen: Dieser hochstudierte Gelehrte soll seine Studien nicht begonnen haben, ohne jedes Mal ein von ihm selbst verfasstes Gebet zu sprechen, das unter der Bezeichnung »Oratio S. Thomae Aquinatis ante studium« der Forschung zu seinem Werk bekannt ist. Der vorletzte Abschnitt dieses Gebets enthält diese Bitten:

---

9   WUST, PETER: Ein Abschiedswort, Münster [11]1984, 11–12.

Über alle Worte erhabener Schöpfer, ...
Schenke mir Verstandesschärfe,
damit ich Einsicht gewinnen kann.
Schenke mir ein gutes Gedächtnis,
damit ich das Verstandene behalte.
Gewähre mir eine leichte Auffassung
und ein weites Maß beim Lernen.
Schenke mir einen tief dringenden Blick,
um etwas interpretieren zu können.
Und gewähre mir, dass mir stets
die rechten Worte einfallen, etwas auszudrücken.
Belehre mich am Beginn,
leite mich, während ich mit der Arbeit fortschreite,
und schenke dem Abschluss Vollendung.
Du, der du Gott und Mensch bist,
und lebst und herrschest in Ewigkeit.[10]

Dieser Gebetstext ist offen für alle, die sich im Raum der Wissenschaft als Studierende und Dozierende bewegen. Beten kann ein solches Gebet ohne Bedenken jede/jeder, die/der um die rechte Erkenntnis von Wirklichkeit und Wahrheit bemüht ist. Die »Logik« des Gebets ist nicht eingegrenzt auf den Gebrauch der Vernunft, wie er in Theologie und Philosophie üblich ist; er steht jedwedem wissenschaftlich ambitionierten und engagierten Geist offen, der weiß, dass Mal um Mal das Gelingen eines Vorhabens von

---

10 Der lateinische Text lautet: Creator ineffabilis, ... Da mihi intelligendi acumen, retinendi capacitatem, addiscendi modum et facilitatem, interpretandi subtilitatem, loquendi gratiam copiosam. Ingressum instruas, progressum dirigas, egressum compleas. Tu, qui es verus Deus et Homo, qui vivis et regnas in saecula saeculorum.

studentischer und dozentischer Seite ein geschenktes Gelingen ist.

DRITTER RATSCHLAG
»Liebe deine Zelle und mach davon
einen häufigen Gebrauch!«
[»Cellam frequenter diligas ... .«]

Der drittplatzierte Ratschlag verdankt sich eindeutig einer klösterlichen Überlieferung. Jeder Ordensmitbruder hatte eben bei den Dominikanern seine Zelle. THOMAS VON AQUIN hält sie offenkundig für einen wichtigen Aufenthaltsort. Und damit liegt er sicher nicht ganz falsch, kannten doch schon Mönchsregeln lange vor seiner Zeit die Mahnung, der Versuchung des »horror cellae« nicht zu erliegen, also die eigene Zelle zu verlassen um welcher Ablenkungen und Zerstreuungen auch immer.

Diese wohlgemeinte Mahnung konnte sozusagen zur Begründung ihrer selbst die Worte der Gleichung »cella caelum« geltend machen. Gesagt sein sollte damit, dass dem, der es versteht, in seiner Zelle auszuharren und es mit sich auszuhalten, die Verheißung gilt, dort der Erfahrung des Himmels, eben der Erfahrung Gottes, teilhaftig zu werden.

Doch auch ohne um diesen mönchischen Hintergrund zu wissen, dürfte der Ratschlag des bedeutenden Dominikaners seine Berechtigung dort haben, wo die Frage nach der »Art of Studying well« reell zur Debatte steht. Der Wille zur Zelle erweist sich dabei als wichtiger Schritt in die richtige Richtung.

Bekanntlich hat der französische Philosoph und Mathe-matiker BLAISE PASCAL (1623–1662) einmal bemerkt, er habe »entdeckt, dass das ganze Unglück der Menschen aus ei-ner einzigen Ursache komme: nicht ruhig in einem Zimmer bleiben zu können«[11]. Vielleicht ist diese – gewagte – The-se ebenso überzeichnet wie jene, zu behaupten, das »gan-ze Unglück« im Leben heutiger Student*innen liege da-ran, dass sie es nicht verstünden, es mit sich und ihren Büchern, Skripten und sonstigen ihnen zur Verfügung gestellten Lern-materialien in dem gemieteten Zimmer eines Wohnheims auszuhalten. So zu urteilen hieße verkennen, welche wert-vollen Lernvorgänge und Lernfortschritte sich über die di-versen Formen kommunikativen Studierens (etwa einer Pro-jektarbeit als Gruppenarbeit) ereignen und einzig so von-statten gehen können.

Und doch darf »das stille Kämmerlein«, die Zelle, das kleine Studierzimmer ein nicht zu selten besuchter Ort sein, so es einer Studiosa, einem Studiosus mit ihrem/sei-nem Studium Ernst ist. Man muss das einfach beizeiten ler-nen: im Trubel (und manchmal ja auch Jubel) des studenti-schen Lebens immerhin von Zeit zu Zeit mit sich und sei-nen Gedanken allein zu sein, konzentriert einmal ein wich-tiges Buch Zeile für Zeile, Seite für Seite durchzuarbeiten und sich seine Gedanken dazu zu machen, die tagsüber gehörten Vorlesungen einer sie nachdenkenden »relecture« zu unterziehen oder Glück und Wunder der »allmähliche(n) Verfertigung der Idee beim Schreiben« (HERMANN BURGER) ei-

---

11 PASCAL, BLAISE: Gedanken. Nach der endgültigen Ausgabe übertragen von WOLFGANG RÜTTENAUER. Einführung von ROMANO GUARDINI, Birsfelden-Basel o. J., 73.

ner Haus-, Bachelor-, Master- oder Doktorarbeit zu erleben.

Nicht weniger als für Student*innen gilt der Wille zur Zelle auch für deren Professor*innen. Doch das ist so eine heikle Sache. Immerhin bieten sich Hochschullehrer*innen doch Möglichkeiten nahezu »without end«, dem »horror cellae« zu entfliehen. So manche(r) aus ihrer Zunft vermag sich einfach nicht dagegen zu wehren, beliebten Fluchttendenzen nachzugeben. Ist da nicht noch ein Gremium, dem ich noch nicht beigetreten bin? Noch eine dienstliche Besprechung, an der ich teilnehmen könnte? Noch ein wichtiges »Amt«, das ich im Rahmen der akademischen Selbstverwaltung zusätzlich übernehmen könnte? Wartet nicht die ganze Universität längst darauf, dass ich endlich einmal bei der Senatswahl kandidiere, die überfällige Dienstreise antrete und – nicht zu vergessen – die Gastvorlesung an der renommierten Universität im benachbarten Ausland endlich halte? Und will ich es wirklich versäumen, bei der diesjährigen Sommerakademie mein Stelldichein zu geben? Und ich darf ja wohl nicht den Kongress, wo alle mit meinem Kommen rechnen, versäumen zu besuchen, was eng wird, da ich das Symposium, zu dem ich mich vor langer Zeit angemeldet habe, unmöglich sausen lassen kann.

Ja, so »ticken« gewisse Professor*innen. »Überall ist er und nirgends« singt und sagt eines der neueren geistlichen christlichen Lieder über Gott. In dem Sinne, dass sie überall und nirgends sind, seien sie doch in etwa »gottgleich«, lässt sich grosso modo sagen über die Gruppe jener Professor*innen, deren Präferenz hinsichtlich des Ortes nicht die der Präsenz in ihrem Arbeitszimmer ist. Daneben gibt es unübersehbar die Gruppe unter den Professor*innen, die begriffen haben, dass diejenige/derjenige unter ihnen, die/der in der Vielfalt seiner universitären Pflichten aufgeht, bald schon in ihnen untergeht. Wer sich als Professor*in dieser Gruppe zugehörig fühlt, träumt davon, das Hochschulpersonalgesetz der deutschen Bundesländer würde einen Paragrafen kennen, der ruhelosen Professor*innen Ruhezonen zusichert. Wohlgemerkt: Ruhezonen nicht zum Schlafen, Ruhezonen zum Denken.

Ob es eine Legende ist oder nicht, weiß keiner. Legendär ist sie jedenfalls – jene Bemerkung des früheren Bielefelder Soziologen NIKLAS LUHMANN (1927–1998), der seinen Mitarbeiter*innen bei seinem Dienstantritt an der Universität gesagt haben soll, was er brauche, seien Stifte, Blöcke und eben Ruhe. Und wie es scheint, hat er dafür wohl den passenden Ort – ein Schreibzimmer mit Schreibtisch – gefunden.

Apropos Schreibtisch! Bekannt ist, dass HANS BLUMENBERG als Philosoph über Jahre hinweg ganze Nächte hindurch lesend und schreibend an seinem Schreibtisch saß und ihm dieser Ort der Einsamkeit gewissermaßen ein »heiliger« Ort war, wo er allein war und doch nicht allein, da verbunden mit all jenen guten Geistern, mit denen er denkend im Gespräch war.[12] Und es war PETER SLOTERDIJK (* 1947), der die Frage, wie er das mache, so viel Literatur zu verarbeiten und dann auch noch so viel zu schreiben, locker und lässig so beantwortete: »Ich nütze eine Gesetzeslücke aus. Dem Be-

---

12 Vgl. WOLFF, UWE: Der Schreibtisch des Philosophen. Erinnerungen an Hans Blumenberg, München 2020.

amten des Landes Baden-Württemberg ist es nicht verboten, nachts zu arbeiten.«[13]

Weiterer Zeugen und Zeugnisse bedarf es sicherlich nicht, um den Gedanken zu erhärten, dass der Wille zur Zelle eine »conditio sine qua non« auch im Leben von Professor*innen darstellen sollte. Dabei muss es sich bei einer solchen Zelle nicht zwingend um eine Immobilie – Arbeitszimmer mit Schreibtisch – handeln; es kann sich von Fall zu Fall dabei durchaus um eine dezidiert mobile Angelegenheit handeln. Wieder ist es ein Philosoph, der sich für diese Option stark gemacht hat. In seinem »Plädoyer für die Einsamkeitsfähigkeit« resümiert und reflektiert ODO MARQUARD (1928–2015) – er lehrte in den Jahren 1965 bis 1993 Philosophie an der Justus-Liebig-Universität-Gießen – die Reiselust etlicher in der Wissenschaft Tätigen einmal so:

»Einsamkeit suchen – und brauchen – die Wissenschaftler: ohne Einsamkeit ist Wissenschaft nicht möglich, auch wenn das heute verpönt ist. (...) Darum verlangte Wilhelm von Humboldt für die Wissenschaft an der Universität ›Einsamkeit und Freiheit‹: Denkfreiheit, die durch Einsamkeit entsorgt ist. Wo man heute – in der Gruppenuniversität – Wissenschaftsfreiheit ohne Einsamkeit will, macht dieser Einsamkeitsbedarf sich trotzdem geltend. Nicht zufällig sind seither die Professoren zu einer Gilde von Reisenden geworden: sie reisen unentwegt zu fernen Kongreßorten. Aber wichtig bei ihren Rei-

---

13 FOCUS Online Mittwoch, 13. November 2013.

sen ist nicht das Ankommen – weder das am Kon-
greßort noch das am Berufsort – sondern das Weg-
sein von beiden: die Reise dazwischen, die in der Regel eine einsame Reise ist, bei der man noch denken
kann. So rettet, wo die Universität ihn nicht mehr
deckt, der heutige Wissenschaftstourismus – diesseits der Wissenschaftsgeselligkeit – den wissenschaftlichen Einsamkeitsbedarf.«[14]

Was im Leben eines Wissenschaftlers seine Zelle ist, ob als
ein mobiler oder als ein immobiler Ort, spielt letztlich keine Rolle. Hauptsache ist, dass Wille und Liebe zu dem, wofür das Wort Zelle als Chiffre stehen mag, vorhanden sind
– und das sowohl bei den Lehrenden wie bei den Lernenden. Was für Klosterbrüder und -schwestern ihr persönlicher
Raum in der Klausur ist, muss (s)ein Äquivalent haben überall dort, wo wissenschaftlich gearbeitet wird in Forschung,
Lehre und Studium. Sollte jemand da seinen »Lieblingsort«
noch nicht gefunden haben, der ihm Aufenthaltsort ist, um
in Ruhe wirklich einmal ungestört über das nachzudenken,
was ihm zu bedenken gegeben ist, sollte dieser Jemand sich
beeilen, bald einen zu haben. Wer als Student*in oder als
Dozent*in einen zeitlich nicht zu knapp bemessenen Aufenthalt an einem gut und gern frequentierten Ort in ein-
samer »Klausur« als gute Gewohnheit pflegt, wissend, dass
dies überhaupt keine »quantité négligeable« darstellt, wird
eher eines frühen als eines späten Tages darauf kommen,
dass es ihm zugute kommt. Für Student*innen mag sich das

---

14 MARQUARD, ODO: Plädoyer für die Einsamkeitsfähigkeit, in: DERS.: Skepsis und
Zustimmung. Philosophische Studien, Stuttgart 1994, 110-122, 118.

Gute daran, es nicht zu versäumen, regelmäßig in Klausur zu gehen, übrigens als die nicht schlechteste Vorbereitung für das Schreiben anstehender Klausuren entpuppen.

VIERTER RATSCHLAG

»Achte nicht darauf, von wem du etwas hörst,
sondern vertraue deinem Gedächtnis an,
was immer an Gutem gesagt wird!«
[»Non respicias a quo, sed quod sane dicatur
memoriae recommenda ... .«]

»Der Gedanke ist eine seltsame Weite« lautet der Titel eines Buches von Karol Wojtyla, dem späteren Papst Johannes Paul II., das im Jahre 1990 in deutscher Sprache erschien.[15] Der Weg des Denkens geht in die Weite dessen, was alles da ist, uns zu denken zu geben, und diese Weite geht offenbar gegen unendlich, zeigen sich hinter einer gelösten Frage wieder zahlreiche neue Fragen. Der wissenschaftliche Eros, zu erkennen, »was die Welt im Innersten zusammenhält«, wie Johann Wolfgang von Goethe seinen »Faust« räsonieren lässt, ist eo ipso ein unruhiger Geist, muss es einfach sein, beschäftigt ihn doch immens dieser »Dreisatz«:

◇ Es gibt Dinge, von denen wir wissen, dass wir sie wissen.

◇ Es gibt Dinge, von denen wir wissen, dass wir sie nicht wissen.

---

15 Wojtyla, Karol: Der Gedanke ist eine seltsame Weite. Betrachtungen, Gedichte. Aus dem Polnischen übertragen und herausgegeben von Karl Dedecius, Freiburg i.Br. 1990.

◇ Es gibt Dinge, von denen wir nicht wissen, dass wir sie nicht wissen.[16]

Wer Wissenschaft betreibt, betritt »ein weites Feld« (THEODOR FONTANE) und betreibt ihr Geschäft gut, wenn er es mit Leidenschaft tut. Der dritte Ratschlag, den der junge dominikanische Studiosus Johannes erhält, entstammt einer geistigen Grundhaltung, welche THOMAS VON AQUIN als der um seinen Rat Gebetene selbst wohl innehatte. Diese verrät eine große geistige Weite, die sich absolut nicht verträgt mit einer Abschottung des Denkens und einer Berührungsangst gegenüber Andersdenkenden. Es spricht einiges dafür, dass der Aquinate die Aufforderung des Paulus »Prüft alles und behaltet das Gute!« (1 Thess 5,21) im Hinterkopf hatte und auf sein Gebiet – das der Theologie – übertrug. Für ihn waren die Philosophen, deren Werke er sich erschloss, eben nicht in erster Hinsicht »adversarii« – mithin Gegner –, die es zu bekämpfen galt, vielmehr willkommene Wegbereiter und Wegbegleiter, mit denen er sich verbündet und verbunden wusste bei der Suche nach der Wahrheit.

Dass THOMAS VON AQUIN einem Studenten der Theologie empfiehlt, eine Haltung der geistigen Offenheit und Vorurteilsfreiheit zu pflegen, hat keineswegs eine beschränkte Gültigkeit. So gewiss eine solche Haltung angehenden Theolog*innen gut zu Gesicht steht, so sicher ist diese Hal-

---

16 Der ehemalige Verteidigungsminister der United States of America, DONALD RUMSFELD (1932-2021), erwähnte am 12. Februar 2002 auf einer Pressekonferenz diesen »Dreisatz«, als er sagte: »... there are known knowns; there are things we know we know. We also know there are known unknowns; that is to say we know there are some things we do not know.« Damit trat er eine aus vielerlei Gründen kontrovers geführte Debatte los.

tung doch stimmig und gültig überall dort, wo Student*innen und Dozent*innen in Forschung und Lehre die Wahrheit der Wirklichkeit zu ergründen suchen; eine veritable und adäquate Haltung eben, solange noch die klassische Formel »Veritas est adaequatio rei et intellectus« gilt.

IV.
De modo bene docendi
Ein Hauptgebot und seine Nebengebote

Manchmal gibt es zeitliche Koinzidenzen, die schon seltsam sind. Als ich aus gesundheitlichen Gründen – eine amtsärztliche Untersuchung war zu dem Ergebnis »dienstunfähig« gekommen – ein knappes Jahr früher in den vorzeitigen Ruhestand verabschiedet wurde und mir noch nicht ganz klar war, welche Gefühle ich dabei hatte, bekam ich eher zufällig einen Band der Zeitschrift »Sinn und Form« in die Hand. Darin abgedruckt entdeckte ich ein Gespräch, das JOCHEN RACK (* 1963) mit einem meiner Lieblingsphilosophen, nämlich dem Philosophen ODO MARQUARD, geführt hatte. Ich begann die Lektüre mit großer Vorfreude und wusste nicht, ob ich weinen oder lachen sollte, als ich las, dass der Philosoph, dessen essayistische Schreibe ich über alles mochte, da sagte: »Mit 65 hatte ich das Gefühl: endlich hast du gelernt, wie man Vorlesungen macht, und jetzt hörst du auf.«[17]

ODO MARQUARD hat über etliche Semester philosophische Vorlesungen in Gießen gehalten. Er wurde 1927 in Stolp in Hinterpommern (der heutigen polnischen Stadt Słupsk) ge-

---

17 RACK, JOCHEN: Gespräch mit ODO MARQUARD. Über das Alter (2004), in: Sinn und Form 62 (2010) Heft 5 (September/Oktober) 611-614, 611.

boren und ist dort wohl auch mit meinem in etwa gleich-
altrigen Vater zur Schule gegangen. Ich selbst bin jetzt auch
65 Jahre alt und denke so bei mir: Jetzt weißt du einigermaßen, wie man nicht ganz schlechte Vorlesungen hält, und
jetzt soll Schluss sein damit? Das kann nicht sein! Das darf
nicht sein! So habe ich zu meiner Freude mit Frau Prof. Dr.
GABRIELE GIEN, der Präsidentin meiner Universität, der Katholischen Universität Eichstätt-Ingolstadt, vereinbart, einen
Vertrag zu schließen, der es mir künftig ermöglicht, »eh-
renamtlich« in der Lehre tätig zu sein. Ich bin zugegebenermaßen froh, dank dieser vertraglichen Regelung weiterhin
Vorlesungen halten zu können, und es begleitet mich dabei nach wie vor die Frage: Was macht eine Vorlesung eigentlich zu einer guten Vorlesung? Eine Frage, über die sich
weiß Gott viel spekulieren lässt.

Ohne den Anspruch, vollzählig bzw. vollumfänglich die
Kriterien zu benennen, welche da in Betracht kämen, über
eine Vorlesung das Qualitätsurteil, sie sei gut, zu fällen und
ihr mit Recht dieses Prädikat zu verleihen, lässt sich mit einem gewissen Vorbehalt besserer künftiger An- und Einsichten doch sagen, ohne welche Merkmale Vorlesungen
schwerlich gut zu sein vermögen.

Zuallererst gilt einmal die Goldene Regel der Hochschul-
didaktik: Halte eine Vorlesung so, wie du sie selbst gern hören würdest! Sekundiert werden kann dieses »Hauptgebot«
durch eine ganze Reihe von »Nebengeboten«, die jenes ope-
rationalisieren. Deren erstes würde lauten: Halte keine Vorlesungen, welche dich und deine Hörer*innen langweilen!
Der Kulturwissenschaftler UWE WOLFF (* 1955), der ab 1976
in Münster Philosophie bei HANS BLUMENBERG studierte, der

ihm dann ein väterlicher Freund wurde, berichtet diese Hörsaalerfahrung:

>»Wenn er [HANS BLUMENBERG] gelegentlich aus dem Typoskript vorlas, wurde es kompliziert, auch langweilig. Doch auch an diesen Tagen verlor er nicht seinen unvergleichlichen Humor: Ein Student hatte sich während der Vorlesung erhoben und schlich sich vorsichtig zur Tür. In dem Moment, wo er die Klinke schuldbewusst hinunterdrückte, tröstete ihn Blumenberg: ›Gehen Sie ruhig! Mich langweilt die Vorlesung heute auch!‹«[18]

Das ist eine Anekdote, die nicht näher kommentiert zu werden braucht. Alles, was zu langweiligen Vorlesungen zu sagen ist, sagt sie selbst unmissverständlich. Gleichzeitig ist sie trefflich geeignet, dazu überzuleiten, unter den »Nebengeboten« deren zweites zu benennen. Vermeide es, Vorlesungen als Lesungen zu halten! Deine Vorlesung sei eine Vorstellung, die der Klarstellung wissenschaftlicher Sach- und Sinnverhalte dient. Rhetorisch dabei die Kunst der freien Rede auszuüben, werden die Hörer*innen dankbar goutieren.

Ich erinnere mich an Vorlesungen, die eben das waren: Lesungen. Ein Professor las Blatt für Blatt seines Manuskripts vor wie ein Sprachroboter es nicht hätte schlechter tun können. Das hatte die Wirkung einer Valium 10. Wir Kommiliton*innen kämpften gegen den Schlaf. Eine Vorlesung sollte ein lebendiger Vortrag sein und mit einer freundlichen Begrüßung der Anwesenden beginnen. Das

18 WOLFF, UWE: Der Schreibtisch des Philosophen. Erinnerungen an Hans Blumenberg, München 2020, 35.

wäre dann unter den »Nebengeboten« deren drittes. Das muss nicht so weit gehen, dass die Professor*innen durch die Reihen des Hörsaals gehen, um jede und jeden der Gekommenen mit Handschlag zu begrüßen. Gute Dinge werden dadurch nicht besser, dass man sie übertreibt. Doch das Empfinden für das, was übertrieben bzw. nicht übertrieben ist, mag eine Geschmackssache sein, die je nach Region eine variable Bandbreite haben dürfte.

Was die österreichische Usance betrifft, Freundlichkeit eine gute Gewohnheit sein zu lassen, so waren mir während meiner beiden Auslandssemester – Wintersemester 1976/77 und Sommersemester 1977 –, die ich in Wien verbrachte, die Vorlesungen des Philosophie-Professors ERICH HEINTEL (1912–2000) Stunde um Stunde Lehrstunden einer Freundlichkeit, die eine galante Höflichkeit »zelebrierte«. Dieser Gelehrte ließ es sich nämlich nicht nehmen, jeden einzelnen der Hofräte, die als Senior-Studenten seine Vorlesung als Gasthörer besuchten, vor Beginn der Vorlesung zur Begrüßung die Hand zu reichen und abermals nach der Vorlesung zur Verabschiedung – selbstverständlich nicht ohne »beste Grüße an die Frau Gemahlin«. Von der 45-minütigen Vorlesungszeit waren damit – gefühlt und geschätzt – 10 Minuten schon einmal weg. Freundlichkeit, Höflichkeit – das kostet etwas – sicher auch Zeit. Und die ließ er sich das kosten.

Jene verbleibenden 35 Minuten, in denen der Wiener Philosoph nun wirklich seine Vorlesungen hielt, waren Minuten, da es dann wirklich zur Sache des Denkens ging, welchem, wie bekanntlich GEORG WILHELM FRIEDRICH HEGEL (1770–1831) in der Vorrede seiner »Phänomenologie des

Geistes« erklärte, »die Anstrengung des Begriffs« nicht erspart werden kann und darf.[19]

So anstrengend die Vorlesungen, die ERICH HEINTEL damals hielt, waren, so anregend waren sie doch auch. Und das hatte wohl damit zu tun, dass sein Vortragsstil ein Stil unterhaltsamer Rede war. Damit wäre ein viertes der »Nebengebote« erkannt und benannt. Und das wäre das Gebot: Lass dir nicht einreden, eine Vorlesung, die unterhaltsam ist, sei darum auch schon eine schlechte! Mitnichten verhält es sich so. Wer seine Zuhörer*innen bei der Stange halten will, muss sich etwas Gutes einfallen lassen. Es ist doch ein Jammer, wenn über einzelne Vorlesungen gesagt wird, ihr Besuch sei wahrlich nicht vergnügungssteuerpflichtig. Vom Augsburger Dichter BERTOLT BRECHT (1898–1956) stammt die erwähnens- und erwägenswerte These: »Weniger als alle anderen brauchen Vergnügungen eine Verteidigung.«[20] Ohne das Geschehen im Gebäude eines Theaters mit dem eines Vorlesungsraums in einem Universitätsgebäude vergleichen oder gar gleichsetzen zu wollen, so gilt ja doch, dass eine »Vorlesung« grosso modo durchaus einer »Vorführung« ähnelt oder gleicht. Und wer will da behaupten, dass die Belehrung, welche die Student*innen während einer Vorlesung erfahren, so erfolgen muss, dass sich dabei neben aller Anstrengung nicht auch vergnügliche Unterhaltung einstellen dürfte.

Als ich davon erfuhr, habe ich schmunzeln müssen: Ein Doktorand der Theologischen Fakultät der Julius-Maximi-

---

19 HEGEL, GEORG FRIEDRICH: Phänomenologie des Geistes (suhrkamp taschenbuch wissenschaft 8), Frankfurt am Main ²1975, 56.

20 BRECHT, BERTOLT: Kleines Organon für das Theater, in: DERS.: Gesammelte Werke, Band 16: Schriften zum Theater, 659-707, 664.

lians-Universität Würzburg hatte seine Dissertation eingereicht, welche den Titel »Das unterhaltsame Dogma« trug und sich mit dem hauptsächlich durch seine Father Brown-Geschichten bekannt gewordenen Schriftsteller und Journalisten GILBERT KEITH CHESTERTON (1874–1936) befasste.[21] Durch die Lektüre dieser wissenschaftlichen Arbeit wurde ich mit einer Disclosure-Erfahrung (EDWARD SCHILLEBEECKX) – einem echten Aha-Erlebnis – beschenkt. Vermittelt wurde mir da – und das halte ich bis heute für ein wirklich kostbares Geschenk –, dass es kein Nachteil, vielmehr ein Vorteil ist, Wissenschaft als »fröhliche« Wissenschaft zu betreiben. So wenig ein Roman ein schlechter Roman ist, wenn er (auch) unterhaltsam ist, so wenig ist eine Vorlesung eine schlechte Vorlesung, wenn sie einen echten Unterhaltungswert hat. Lehrenden kann kaum Besseres widerfahren, als dass ihre Hörer*innen ihnen das evaluative Feedback geben, sich gut unterhalten zu fühlen, wenn sie ihre Vorlesungen besuchen. Studieren ist eine ernste Sache. Dozieren ebenso. So viel ist gewiss. Darf beides deshalb keine Freude, keinen Spaß machen? Darf es da nicht auch vergnüglich und unterhaltsam zugehen – wenn schon nicht immer, so doch ab und zu? Studierende werden eine Dozentin / einen Dozenten schätzen, wenn sie spüren, dem macht ihr/sein »Job« Freude, ja Spaß, die/der tritt mit Vergnügen Woche für Woche ans Pult und weiß den Stoff der Vorlesung unterhaltsam zu präsentieren, sodass es ein Genuss ist, ihr/ihm zuzuhören.

---

21 WÖRTHER, MATTHIAS: G. K. Chesterton – Das unterhaltsame Dogma. Begriffe des Glaubens als Entdeckungskategorien (Europäische Hochschulschriften. Reihe XXIII. Theologie; Band 242), Frankfurt am Main – Bern – New York – Nancy 1984.

Die Hörer*innen können übrigens durchaus ihren Teil dazu beitragen, dass die Dozent*innen gute Worte finden, die man sich dann auch gut anhören kann. »Hab' ich dein Ohr nur, find' ich schon mein Wort: / wie sollte mir's dann an Gedanken fehlen?« dichtete einst der sprachgewandte Österreicher KARL KRAUS (1874–1936) in seinem Gedicht »Zuflucht«[22] und skizzierte so exakt eine bemerkenswerte Beobachtung, die sich tatsächlich wieder und wieder verifizieren lässt. Es ist eben nicht egal, vor welcher Zuhörerschaft ich rede. Ist es eine gute, dann glückt meine Rede wahrscheinlich; ist es eine schlechte Zuhörerschaft, dann missglückt sie, und das ist ebenso wahrscheinlich. Wenn Vortragende daher einen Wunsch frei hätten, den spontan zu erfüllen ihnen eine gute Fee in Aussicht gestellt hätte, sollten sie sich ein Auditorium wünschen, gut besetzt mit Student*innen, von denen jede und jeder das kann, was die kleine Momo – MICHAEL ENDE (1929–1995) hat ihr einen ganzen Roman gewidmet – wirklich gut konnte. Und was das ist, ist im Buch dann so nachzulesen:

»Was die kleine Momo konnte wie kein anderer, das war: Zuhören. Das ist doch nichts Besonderes, wird nun vielleicht mancher Leser sagen, zuhören kann doch jeder.

Aber das ist ein Irrtum. Wirklich zuhören können nur ganz wenige Menschen. Und so wie Momo sich aufs Zuhören verstand, war es ganz und gar einmalig.

---

22 KRAUS, KARL: Worte in Versen, München 1974, 63.

Momo konnte so zuhören, daß dummen Leuten plötzlich sehr gescheite Gedanken kamen. Nicht etwa, weil sie etwas sagte oder fragte, was den anderen auf solche Gedanken brachte, nein, sie saß nur da und hörte einfach zu, mit aller Aufmerksamkeit und aller Anteilnahme.

Dabei schaute sie den anderen mit ihren großen, dunklen Augen an, und der Betreffende fühlte, wie in ihm auf einmal Gedanken auftauchten, von denen er nie geahnt hatte, daß sie in ihm steckten.

(...)

So konnte Momo zuhören!«[23]

Vielleicht werden Dozent*innen noch besser und gescheiter als sie es ohnehin schon sind, wenn sie im Hörsaal auf Hörer*innen treffen, die ganz Ohr sind, die es verstehen, aktiv zuzuhören. Sooft da ein guter »flow« entsteht, kann eine Dozentin, ein Dozent zur Höchst- bzw. Bestform auflaufen, und alle, die solche Sternstunden akademischer Lehre einmal erlebt haben, werden sie nicht vergessen haben und Lust darauf verspüren, dass sich solche Stunden wiederholen.

In der Ernennungsurkunde des Philosophen IMMANUEL KANT (1724–1804) anlässlich seiner Berufung auf die Stelle einer ordentlichen Professur für Metaphysik und Logik an der Universität Königsberg im Jahre 1770 heißt es, dass der Berufene »die studierende Jugend ... ohnermüdet unterrichten und davon tüchtige und geschickte Subjekta zu ma-

---

23 ENDE, MICHAEL: MOMO oder Die seltsame Geschichte von den Zeit-Dieben und von dem Kind, das den Menschen die gestohlene Zeit zurückbrachte. Ein Märchen-Roman, Stuttgart 1973, 15f.

chen sich bemühen, wie nicht weniger derselben mit gutem Exempel vorgehen« werde. Aus der Art und Weise, wie dieser seinen Auftrag verstanden und umzusetzen versucht hat, lässt sich ein fünftes der »Nebengebote« ableiten, das strikt einzuhalten ist, damit das Werk, gute Vorlesungen zu halten, nicht ungetan bleibt. Didaktisch-methodischer Leitsatz seiner Vorlesungen war IMMANUEL KANT der Satz: Wer (Philosophie) studiert, »soll nicht *Gedanken*, sondern *denken* lernen; man soll ihn nicht *tragen*, sondern *leiten*, wenn man will, dass er in Zukunft von sich selbst zu *gehen* geschickt sein soll«[24]. Dementsprechend hätte jede/jeder, die/der Vorlesungen hält, es – gut kantianisch – als seine »Pflicht«-Übung anzusehen und anzuerkennen, eine Vorlesung so zu bauen, dass sie sich dazu eigne, das eigene Denken der Studierenden anzuregen. Ganz dem Geist der praktischen Philosophie des wichtigsten Vertreters der Aufklärung, der IMMANUEL KANT war, verdankt sich gewiss das, was der deutsche Philosoph NICOLAI HARTMANN (1882–1950) gleich auf den ersten Seiten seiner »Ethik« zu bedenken gibt: »Ethik verfährt ... nicht anders als alle Philosophie: sie lehrt nicht fertige Urteile, sondern ›Urteilen‹ selbst.«[25]

Worauf alles hinauslaufen sollte, ist, dass Student*innen dank gut gehaltener Vorlesungen nach und nach lernen, sich eine eigene selbstständige Urteilsfähigkeit zu erwirken, die es zu fordern und zu fördern gilt. Universitäre Bildung hat ihren verbindlichen Maßstab darin (zu haben), zur Bil-

---

24 KANT, IMMANUEL: Vorkritische Schriften (1747-1777). Kapitel: Nachricht von der Einrichtung seiner Vorlesungen in dem Winterhalbenjahre von 1765–1766. Basis-Ausgabe: Akad. (1905ff.), S. II:306f.
25 HARTMANN, NICOLAI: Ethik, Berlin 4., unveränderte Auflage 1962, 3.

dung dieser Urteilsfähigkeit beizutragen. Vorlesungen müssen zu denken geben, soll diese Urteilsfähigkeit gute Wachstumsbedingungen vorfinden. Und wirklich zu denken geben Vorlesungen, wenn sie zu fragen geben. Ich habe es daher nicht zu vergessen und zu versäumen versucht, meinen Hörer*innen jenes Wort des Philosophen MARTIN HEIDEGGER (1889-1976) nahezubringen, das lautet: »Denn das Fragen ist die Frömmigkeit des Denkens.«[26] Es ist ein Wort, das (be)sagen will: Das Fragen ist das, was dem Denken »frommt«, was so viel heißt: das, was einfach zu ihm gehört und was ihm gebührt, was ihm »zusteht« und »zukommt«, was das Denken »vollzieht« und »vollbringt«. Gesagt soll damit – alles in allem – nach MARTIN HEIDEGGER sein, dass Denken ohne Fragen gar nicht Denken sein kann, dass der Vollzug des Denkens eo ipso ein Vollzug des Fragens ist. So empfiehlt es sich unbedingt, in Vorlesungen die Student*innen zu ermutigen, die Fragen und das Fragen selbst liebzuhaben. Sie sollen sich trauen, Fragen zu stellen und sich bestimmte(n) Fragen zu stellen. Die seitens scholastischer Philosophie und Theologie gepflegte – methodisch strukturierte – Übung der »quaestio disputata« als einer »quaestio disputanda« war wahrlich zu ihrer Zeit keine schlechte Übung.

Der wohl bedeutendste deutschsprachige Theologe des 20. Jahrhunderts, KARL RAHNER SJ (1904–1984), war ein Meister darin, mit den Fragen derer, die seine Vorlesungen hörten, umzugehen. Grundsätzlich war er der unerschütterlichen Auffassung: Es gibt keine »dummen« Fragen. Und wenn es dann doch einmal so schien, als wäre das »dumm«,

---

26 HEIDEGGER, MARTIN: Die Frage nach der Technik, in: DERS: Vorträge und Aufsätze, Pfullingen [5]1985, 9-40, 40.

was da gerade gefragt wurde, so machte er daraus erst einmal eine echte, eine »kluge« Frage, die er dann drehte und wendete, um sie umfassend zu würdigen.

Den existenziellen Hintergrund solchen Ernstnehmens jeder Frage bildete erklärtermaßen für den Jesuiten, der KARL RAHNER war, das Ernstnehmen der jeweiligen Person, welche eine Frage hatte und stellte. Da tut sich ein Ethos kund, das eigentlich unverzichtbar ist überall dort, wo es Dozierende und Studierende miteinander zu tun haben und ihr Miteinander nicht zuletzt als ein kommunikativ gutes gestalten und erhalten wollen.

Eine Hochschullehrerin/ein Hochschullehrer, die/der gute Vorlesungen hält, tut ihren/seinen Hörer*innen damit gewiss etwas Gutes. Dabei sei sie/er sich kontinuierlich bewusst – und daraus ergäbe sich das fünfte der einzuhaltenden »Nebengebote«, ohne das eine Vorlesung keine gute Vorlesung wird –, über das eigene Wort hinaus durch die eigene Persönlichkeit zu wirken. »Wirklich ... ist, was wirkt«.[27] Einer der Pioniere der Tiefenpsychologie, der Schweizer Seelenarzt CARL GUSTAV JUNG (1875–1961), hat das so gesehen. Ganz bestimmt ist es eines der unverkennbaren Merkmale des Menschen, dass er über seine Persönlichkeit wirklich wirkt auf seine Mitmenschen. In seinem Roman »Der Nachsommer« lässt der österreichische Dichter ADALBERT STIFTER (1805–1868) eine der Figuren einmal die Bemerkung machen: »... das Beste aber, was der Mensch für einen andern tun kann, ist doch

---

27 JUNG, CARL GUSTAV: Über die Beziehung der Psychotherapie zur Seelsorge, in: DERS.: Gesammelte Werke [Sonderausgabe]. Herausgeber: MARIANNE NIEHUS-JUNG, Dr. LENA HURWITZ-EISNER, Dr. med. FRANZ RIKLIN, unter Mitarbeit von LILLY JUNG-MERKER, Dr. phil. ELISABETH RÜF, Solothurn – Düsseldorf 1995, Band XI, 337-355, 351.

immer das, was er für ihn ist«[28]. Hochschullehrer*innen, die gestandene Persönlichkeiten sind, sind darum das Beste, was Student*innen passieren kann während ihres Studiums – Persönlichkeiten, profiliert, ambitioniert, engagiert und – zu guter Letzt – couragiert, die sagen, was sie denken. Und die Student*innen danken es ihnen damit, dass sie zu ihnen aufschauen und es sich von ihnen abschauen.

Doch daneben, nicht dagegen ist zu betonen, dass es eine gute Sache ist, wenn junge Menschen mitten in ihrem Studium bereits Gelegenheit erhalten, sich als eine wachsende Persönlichkeit zu erleben, die »wirklich wirkt«. Eine großartige Sache, wenn das klappt. Und dass es klappen kann, hat eine prominente Persönlichkeit wie Sir SIMON RATTLE (* 1955), zur Zeit Chefdirigent beim London Symphony Orchestra, bereits als junger Musikstudent erlebt, als er beim Probedirigieren eine seine weitere Laufbahn prägende Erfahrung machte. Originalton Sir SIMON RATTLE:

»Ich erzähle Ihnen eine Geschichte. Als ich in London Musik studierte, sollte jeder aus unserer Dirigentenklasse dasselbe Stück mit demselben Orchester aufführen. Wir waren ungefähr zehn Studenten, durften nichts fragen, nichts erklären, nicht mit den Musikern sprechen, nur dirigieren – das Stück klang jedes Mal anders. Nennen Sie es, wie Sie wollen, Aura, Chemie, Charisma, Physik, von mir aus Magie, aber der Klang verändert sich, je nachdem was für ein Mensch am Pult steht. Die Persönlichkeit des Dirigenten sickert so

28 STIFTER, ADALBERT: Der Nachsommer, Zweiter Band: 2. Die Annäherung, Düsseldorf 2007, 317-390, 377f.

nachhaltig in ein Orchester ein, dass man noch Jahrzehnte später Reste davon hören kann.«[29]

Persönlichkeit ist eine Wirklichkeit, die wirkt – auf künstlerischem Gebiet und auf wissenschaftlichem Gebiet ebenso. Persönlichkeitsbildung ist darum eine Aufgabe, die Lehrenden wie Lernenden gleichermaßen gestellt ist. Wohin die Reise von Lehren und Lernen künftig auch gehen mag; die Persönlichkeitsbildung darf dabei nicht auf der Strecke bleiben. Für dieses dringende Anliegen gibt es keinen Sabbat, solange noch die doppelte Gleichung gilt: Was Lehrende werden können, werden sie durch die Erwartung der Lernenden; und was Lernende werden können, werden sie durch die Erwartung der Lehrenden.

V.

Das Bummelstudium
Eine Apologie

Meine akademische Lehrzeit fiel in die Jahre von 1981 bis 1990. Da war ich zunächst als wissenschaftlicher Mitarbeiter, nach der Promotion dann als Akademischer Rat auf Zeit Assistent am Lehrstuhl für Moraltheologie der Theologischen Fakultät der Julius-Maximilians-Universität (JMU)

---

29 »Nur Fußballtrainer sind noch mysteriöser als Dirigenten«. Wie haben Sie die 14 Jahre in Deutschland verändert? Welche Musik würden Sie Donald Trump vorspielen? Kann man ein großer Musiker sein, ohne an Gott zu glauben? Vorletzte Fragen an den Chefdirigenten der Berliner Philharmoniker Simon Rattle, ehe er zum London Symphony Orchestra wechselt. Interview: Tobias Haberl. Fotos: Oliver Helbig, in: Süddeutsche Zeitung Magazin Nummer 32 – 12. August 2016 – Seite 25-31, 27.

Würzburg. Der Umfang verpflichtenden Lehrdeputats für die Gruppe der dem akademischen Mittelbau zugehörigen Mitarbeiter*innen lag damals pro Semester bei vier Semesterwochenstunden. Ich habe meine Lehrverpflichtung semesterweise jeweils so wahrgenommen, dass ich ein zwei Semesterwochenstunden umfassendes moraltheologisches Proseminar anbot, das der Einführung in die Grundbegriffe des Fachs diente, und eine ebenfalls zwei Semesterwochenstunden umfassende Lehrveranstaltung, der ich die Bezeichnung »Lektürekurs« gegeben hatte.

Wie die Bezeichnung dieses für Student*innen aller Fakultäten angebotenen Kurses unschwer erkennen lässt, ging es darin ums Lesen, und zwar ums Lesen einer immerhin doch einigermaßen repräsentativen Auswahl aktuell erschienener Bücher zu ethischen Fragen der Gegenwart. Alleinstellungsmerkmal dieser Lehrveranstaltung war, wie mir das Prüfungsamt schon bald zu verstehen gab, dass dieses Genus einer Lehrveranstaltung nicht so ohne Weiteres verbucht werden könne unter den nachweislich zu erbringenden Leistungs- bzw. Prüfungsergebnissen. Das störte mich zwar, doch ließ ich mich dadurch nicht beirren und hielt trotzdem an der Bezeichnung »Lektürekurs« fest. Gespannt war ich natürlich, ob Student*innen diese meine Lehrveranstaltung überhaupt belegen und besuchen würden, wo eindeutig klar war: Es sprang für sie dabei kein studientechnisch verwertbarer »Schein« heraus.

Wie sich dann zeigte, war meine Sorge, der Lektürekurs werde unter Umständen wegen mangelnder oder fehlender Nachfrage seitens der Student*innen gar nicht stattfinden, gänzlich unbegründet. Semester für Semester fanden sich immerhin doch einige lesewillige und -freudige Teilnehmer*innen ein, welche die Lesefrüchte des Lektürekurses miteinander genießen wollten.

Im Rahmen der von mir über neun Jahre als »Lektürekurs« angebotenen und abgehaltenen Lehrveranstaltungen lernte ich jene Form studentischen Daseins wieder kennen, die ich selbst während meines einjährigen Auslandsstudiums in Wien nach dem Bestehen des Vordiploms so geliebt hatte. Denn die Student*innen, die meinen »Lektürekurs« besuchten, erfüllten alle Eigenschaften, als das zu gelten, was den Typus eines Bummelstudenten / einer Bummelstudentin ausmacht bzw. – besser gesagt – auszeichnet.

Der Typus »Bummelstudent*in« ist eine ganz besondere Spezies, eine innerhalb der im Zeichen des Bologna-Prozesses stehenden europäischen Hochschulentwicklung, wie es scheint, doch unbedingt schützenswerte, da vom Aussterben bedrohte Spezies. Doch was ist das eigentlich: ein Bummelstudent, eine Bummelstudentin? Gab es das früher einmal oder gibt es das noch? Wo sind die Bummelstudent*innen geblieben? Wurden sie vom Campus vertrieben? Sind sie zwischenzeitlich unter- bzw. abgetaucht? Sind sie jetzt wieder da, sodass Grund zur Hoffnung besteht, ihr Comeback und das ihrer Art- und Gesinnungsgenoss*innen zu feiern?

Unter der Überschrift »Nieder mit Bologna!« traf ADAM SOBOCZYNSKI (* 1975) in der Wochenzeitung »Die Zeit« im November 2009 die Feststellung: »Der deutsche Student will wieder bummeln.«[30] Wie es ehemals mit dem studentischen Bummeln war, beschreibt er so:

---

30 SOBOCZYNSKI, ADAM: Nieder mit Bologna! Eine so genannte Reform hat die deutschen Universitäten zerstört. Sie können nur gerettet werden, wenn

»Und mit Bummeln war, recht besehen, keineswegs Faulheit gemeint (die es zweifelsohne auch gab), sondern eine den Sozialneid nachgerade heraufbeschwörende Lebensweise: Seminare, von uninspirierten Professoren abgehalten, brach der deutsche Student gerne ab. Er gab sich in einer jede Vernunft überschreitenden Emsigkeit eigenen Vorlieben hin, besuchte Veranstaltungen (die man sich damals noch weitgehend frei auswählen konnte) vorzugsweise von charismatischen Dozenten, las in kurioser Hingabe Kafkas Erzählungen, um zwei Semester verspätet eine viel zu lange, sechzigseitige Seminararbeit abzugeben, die nicht nur klaglos angenommen, sondern auch noch bestens benotet wurde – ein Vorgang, der heute schon aus formalen Gründen verunmöglicht wird.«[31]

Tatsächlich lässt sich mit guten Gründen einiges zur Rettung des schlechten Rufs der sogenannten Bummelstudent*innen sagen und ebenso zur Verteidigung ihres spezifischen modus studendi. Nicht ganz unhaltbar dürfte die These sein, die »Entdeckung der Langsamkeit« (STEN NADOLNY) sei das, was ein Leben als Bummelstudent*in kennzeichne. Blinde Eile und blinder Eifer schadet nur, lautet die Devise derer, die als Bummelstudent*innen langsam auf dem Gelände des Campus unterwegs sind, da und dort – etwa an diesem oder jenem schwarzen Brett des Dekanats einer Fakultät – innehalten und verweilen, um mitzukriegen, »what's going on« im universi-

---

der kontrollierte Student wieder Bummelstudent werden darf, in: Die Zeit Jg. 64 – Nr. 49 – 26. November 2009 – S. 55.
31 Ebd.

tären Tagesgeschehen. Und so viel steht einmal fest: So manche Rosinen werden sie sich picken aus dem aktuellen Angebot an akademischen Veranstaltungen gleich welcher Couleur und das als ihr gutes Recht empfinden.

Faule Typen sind gute Bummelstudent*innen nicht; eher ganz fleißige. Sie besuchen zusätzlich Veranstaltungen, wo sie eigentlich gar nichts zu suchen haben. Sie erbringen übergebührliche, supererogatorische – wie sie ethisch heißen – Leistungen, die überhaupt nicht von ihnen erwartet werden. Sie tun es eigen- und freiwillig, und das ist ihnen hoch anzurechnen, lässt sich die so erbrachte Leistung eben nicht in ECTS-Punkte umrechnen. »Nicht alles, was zählt, kann man zählen, und nicht alles, was man zählen kann, zählt.« So hat ein so bedeutender Wissenschaftler wie ALBERT EINSTEIN (1879–1955) einmal bemerkt. Wo er recht hat, hat er recht.

Wie man sich den krassen Gegentypus zum Typus der Bummelstudent*innen vorzustellen hat, wurde mir klar bei einer kleinen Runde von Kolleg*innen verschiedener Fakultäten der Katholischen Universität Eichstätt-Ingolstadt, die sich versammelt hatten zu einem kleinen Workshop mit ANTON F. BÖRNER (* 1954), dem damaligen Präsidenten des Bundesverbandes Großhandel, Außenhandel und Dienstleistungen e. V. (BGA). Der Vortrag des eingeladenen Gastes behandelte eine ganze Reihe wirtschaftswissenschaftlicher Fragen ausdrücklich und ausführlich unter ethischen Gesichtspunkten.

Das angeregte Gespräch unter den anwesenden Kolleg*innen mit dem Gastreferenten verlief nach dessen Vortrag dann so, dass bald schon mehr und mehr – letzte und vorletzte – Fragen gestellt wurden, die deutlich jenseits des Bereichs wirtschaftswissenschaftlicher Rationalität ihren ursprünglichen Ort in dem, was philosophisch Metaphysik heißt, haben. Jemand aus der Runde der anwesenden Kolleg*innen erlaubte sich dann, bei dem Kollegen der Wirtschaftswissenschaftlichen Fakultät, Prof. Dr. Max Ringlstetter (* 1959), Inhaber des Lehrstuhls für Allgemeine Betriebswirtschaftslehre, Organisation und Personal, nachzufragen, ob es an seiner Fakultät auch so etwas wie Metaphysik gebe. Der so Befragte antwortete darauf mit einer Geschichte. Vor ein paar Wochen, so erzählte er, als auch an unserer Universität ein Streik den Lehrbetrieb weitestgehend lahmgelegt habe, sei er zur üblichen Uhrzeit seiner Vorlesung sicherheitshalber doch zum Hörsaal gegangen, um nachzuschauen, ob auch wirklich keine Student*innen da sein würden. Doch zu seiner Überraschung habe er erleben müssen: Der Hörsaal war so voll wie jede Woche. Und ehe er dazu gekommen sei, seine Verwunderung darüber mitzuteilen, habe sich spontan ein Student gemeldet und gesagt: »Herr Professor Ringlstetter! Beginnen Sie doch bitte mit Ihrer Vorlesung! Wir wollen bald Geld verdienen!« Und er schloss sein Erzählen mit der Bemerkung, dass er das nicht erwartet habe. Ihm darin zuzustimmen, war sich die professorale Runde sodann schnell einig.

Womit Bummelstudent*innen allerdings »punkten« wollen und können, ist das Surplus, der Mehrertrag eines Studiums, das buchstäblich aus dem Rahmen fällt: aus dem Rahmen eines studentischen Wahrnehmungsfilters, der einzig das durchlässt, das eineindeutig den Zweck erfüllt, die Bedingungen für den Abschluss eines Bachelor- oder Masterstudiums zu erfüllen und für die spätere berufliche Arbeit von Nutzen zu sein. Das Studium, das Bummelstudent*innen betreiben, ist zu einem guten Teil ein absichtsloses Studium, denn was diese Student*innen wollen, ist nicht in erster Linie Ausbildung, vielmehr Bildung. Und sie haben begriffen, dass, wer ein gebildeter Mensch werden will, nicht umhinkann, einen Blick über den Tellerrand des Fachs, das er studiert, zu werfen, um zu erkunden, was es sonst noch alles gibt und was sich sonst noch alles tut im Leben einer Universität.

Bummelstudent*innen sind keine dummen Student*innen. Die echten Bummelstudent*innen waren vor der Bologna-Reform ja wohlgemerkt nicht die, die im 14. Studiensemester sich danach erkundigen, ob und wo sie jetzt den zweiten für die Zwischenprüfung als Zulassungsberechtigung erforderlichen Proseminar-Schein machen können. Und Bummelstudent*innen müssen sich auch heute nicht als Langzeitstudent*innen diffamieren lassen, auch wenn ihr Studium ab und zu tatsächlich etwas länger dauert. Das muss kein Nachteil, kann vielmehr ein Vorteil sein. Und dafür mag als Beleg das magic word »nachhaltig« stehen. Bummelstudent*innen studieren ohne »Tunnelblick« und Scheuklappen und darum nachhaltiger, denn gerade dadurch, ganz unterschiedliche wissenschaftliche An- und Einsichten einfach so nebenher mitzunehmen und mitzukriegen, ohne gleich nach deren Zweck zu fragen, tun sie etwas ganz Entscheidendes, was sie selbst unvertretbar tun müssen: sich bilden. Nicht von ungefähr hat der Philosoph PETER BIERI (* 1944) einst in seiner Festrede, die er 4. November 2005 an der Pädagogischen Hochschule Bern hielt, betont:

»Bildung ist etwas, das Menschen für sich und mit sich machen: Man bildet sich. *Ausbilden* können uns andere, bilden kann jeder nur sich selbst. [...] Eine Ausbildung durchlaufen wir mit dem Ziel, etwas zu *können*. Wenn wir uns dagegen bilden, arbeiten wir daran, etwas zu *werden* – wir streben danach, auf eine bestimmte Art und Weise in der Welt zu sein.«[32]

Und es klingt wie ein wahlverwandtes Denken in dieselbe Richtung, wenn ebenfalls ein Philosoph unserer Tage, JULIAN NIDA-RÜMELIN (* 1954), ein Ansinnen für die Anliegen hat, die sich mit dem durch die Bummelstudent*innen verkörperten Ideal verbinden, und entsprechend schreibt:

»Eine der schönsten Erfahrungen war für mich, dass die protestierenden Studierenden – oft, ohne es zu wissen – ganz humanistisch argumentiert haben: Wir wollen gar nicht abgerichtet werden, wir wollen unsere Persönlichkeit entwickeln! Da haben mir wirklich die Ohren geklingelt. Dieses Gefühl hätte man bildungspolitisch viel ernster nehmen müssen. Dass es gerade in dieser unübersichtlich gewordenen Welt, in der junge Menschen nicht wissen, wo sie einmal landen werden, darum gehen muss, das Eigene zu entdecken. Herauszufinden, wer man ist oder was man sein möchte. Bildung sollte Menschen dazu befähi-

---

32 BIERI, PETER. Wie wäre es, gebildet zu sein? (2005), in: LESSING, HANS-ULRICH – STEENBLOCK, VOLKER (Hrsg.): »Was den Menschen eigentlich zum Menschen macht ...«. Klassische Texte einer Philosophie der Bildung, Freiburg/München 2010, 203-217, 205f.

gen, Autoren ihres Lebens zu sein! Es geht nicht darum, wie ich mich am schlauesten verbiege, um erfolgreich durch ein Assessment-Center zu kommen.«[33]

Es mag in der Vergangenheit berechtigte Gründe gegeben haben, das nicht ganz so nach Vorschrift geordnete Leben einzelner nicht ganz echter Bummelstudent*innen in Verruf zu bringen. Doch wer heute als Student*in aus den vielfach überregulierten modularisierten Studiengängen ausbricht und förmlich das Weite sucht: eben das, was es weiterhin noch an Angeboten gibt, den eigenen Bildungsprozess mit flankierenden Maßnahmen zu versehen, und sich danach erkundigt und in eben diesem Sinne als Bummelstudent*in zu titulieren ist, deren/dessen Ruf muss und darf heute kein schlechter Ruf sein. Der Ruf dieser – echten – Bummelstudent*innen gehört zeitnah rehabilitiert. Basta!

VI.
Gaudium magnum
Eine päpstliche Botschaft

Es gab und gibt Versuche, das Profil eines akademischen Ethos zu bestimmen, einen Ethik- bzw. Verhaltenskodex für Hochschullehrer*innen zu entwickeln, mithin so etwas wie ein Compliance-Setting, das der Sicherung bestimmter Standards dienen soll. Ich erinnere mich noch gut daran, als

---

33 »Studenten wollen nicht abgerichtet werden«. Ein Gespräch mit dem Philosophen JULIAN NIDA-RÜMELIN über die Folgen der Bologna-Reform und sein humanistisches Bildungsideal, in: Die Zeit Jg. 68. – Nr. 20 – 8. Mai 2013 – S. 66.

der Politikwissenschaftler ARND MORKEL (1928–2020) – in den Jahren von 1975-1987 war er Präsident der Universität Trier – an der Katholischen Universität Eichstätt-Ingolstadt einen Gastvortrag hielt und bei dieser Gelegenheit (s)einen »Dekalog« für Hochschullehrer*innen vorstellte. In der Fassung, in der er ihn dann veröffentlicht hat, sind es diese 10 Gebote:

> »Das erste Gebot könnte lauten: Habe keine Nebentätigkeiten. Das zweite: Nimm die Residenzpflicht ernst. Das dritte: Versäume keine Lehrveranstaltung. Das vierte: Halte höchstens einen auswärtigen Vortrag im Semester. Das fünfte: Bevor du ein neues Forschungsprojekt beantragst, beende das alte. Das sechste: Verwechsle die Lehrkanzel nicht mit einer politischen Rostra. Das siebte: Scheue dich nicht, Kollegen zu berufen, denen du nicht das Wasser reichen kannst. Das achte: Laß deine Schüler über dich hinauswachsen. Das neunte: Schreibe kurz und verständlich; dies ist eine Form der Nächstenliebe. Das zehnte: Bevor du etwas veröffentlichst, laß es neun Monate liegen; vielleicht kommen dir bis dahin Zweifel an seiner Publikationswürdigkeit.«[34]

Gebote hin, Gebote her. So notwendig sie sein mögen, hinreichend sind sie nicht. Wo die »Ethik« der Gebote endet, beginnt die »Logik« der Freude. Während meines Theologiestudiums in den Jahren von 1974 bis 1979 wohnte ich die ersten vier Studiensemester über bis zum Vordiplom als

---

34 MORKEL, ARND: Die Universität muss sich wehren. Ein Plädoyer für ihre Erneuerung (WGB-Bibliothek), Darmstadt 2000, 55.

Priesteramtskandidat im Collegium Leoninum in Paderborn. Es hieß, dieses sei das in höchstem Maße an der pastoralen Konstitution »Gaudium et spes« über die Kirche in der Welt von heute des II. Vatikanischen Konzils ausgerichtete Theologenkonvikt, denn seinerzeit hieß dessen Spiritual GERHARD LACHMANN (1927–2009) und dessen Direktor LUDWIG HOFFMANN (1930–2017).

Wer mit wachem Sinn bislang das Pontifikat von Papst FRANZISKUS verfolgt hat, wird früher oder später unweigerlich festgestellt haben, dass dieser Mann auf dem Stuhl Petri offenkundig die »Freude« (»gaudium«) über alle Maßen wertschätzt. Seine Lehrschreiben wie etwa die beiden Apostolischen Schreiben »Evangelii gaudium« über die Verkündigung des Evangeliums in der Welt von heute (24. November 2013) und »Gaudete et exsultate« über den Ruf zur Heiligkeit in der Welt von heute (9. April 2018) belegen das ebenso unzweideutig wie die Apostolische Konstitution »Veritatis gaudium« über die kirchlichen Universitäten und Fakultäten (27. Dezember 2017).

Diesem lehramtlichen Dokument, das unverkennbar die persönliche Handschrift des Papstes erkennen lässt, ist es maßgeblich um »die Erfahrung der Freude der Wahrheit« (Nr. 4) in der Vielfalt wissenschaftlicher Arbeit zu tun, und das will es keineswegs als ein Proprium bzw. Spezifikum kirchlicher Universitäten und Fakultäten verstanden wissen. Freude soll die Seele, Dominante und Konstante jeder wissenschaftlichen Wahrheitssuche sein; sie darf bei allem Ehrgeiz im Wettstreit der Universitäten und Fakultäten um vordere Plätze bei Hochschulrankings und -ratings nicht unter den Tisch fallen, denn Freude – der Dichter RAINER MARIA RILKE

(1875-1926) hat es unüberbietbar schön gesagt – »ist einfach eine gute Jahreszeit über dem Herzen«[35]. Lehrenden wie Lernenden einer Universität ist diese Freude als eine semestrale von Herzen zu wünschen. All ihr Tun sollte die Bestnote »Summa cum gaudi«[36] verdienen.

---

35 RILKE, RAINER MARIA: Briefe. Herausgegeben vom Rilke-Archiv in Weimar in Verbindung mit RUTH SIEBER-RILKE, besorgt durch ERNST ALTHEIM, 3 Bände, Frankfurt am Main 1987, Zweiter Band, 478.
36 »Summa cum gaudi« stellt eine Sprachschöpfung der Potsdamer Studentin JULIANE LÖFFLER, Jahrgang 1986, dar. Vgl. dazu: FLORIN, CHRISTIANE: Warum unsere Studenten so angepasst sind, Reinbek bei Hamburg 2014, 40.

Ice Age?

Social Freezing – Ein ethischer Zwischenruf

»Kälter als der Tod ist das Leben,
das wir ihm entziehen.«

Alexander Friedrich

Dass ein Kind bereits mit seiner Geburt weltbekannt ist, kommt nicht alle Tage vor. Doch bei Louise Joy Brown, dem ersten »Retortenbaby« der Welt, das nach einer extrakorporalen Befruchtung mit Embryotransfer am 25. Juli 1978 um 22.47 Uhr im Oldham and District General Hospital geboren wurde, war es so. Was den medizinischen »Vätern« des Kindes, dem Gynäkologen Patrick Steptoe und dem Physiologen Robert Edwards damals technisch gelungen war, galt vielen als ein sensationelles »Wunder«. Im Jahre 2010 erhielt Letzterer denn auch in Würdigung seiner bahnbrechenden Leistung – der Entwicklung des Verfahrens der sogenannten In-Vitro-Fertilisation mit Embryotransfer – den Nobelpreis für Medizin.

Was in England Robert Edwards und Patrick Steptoe längst als spektakulären Erfolg auf dem Konto ihrer wissenschaftlichen Laufbahn verbuchen konnten, gelang in Deutschland am 16. April 1982. Denn an diesem Tag wurde in der Frauenklinik der Friedrich-Alexander-Universität Erlangen-Nürnberg Oliver Wimmelbacher geboren, »das erste

315

deutsche Retortenbaby«, wie die Boulevardpresse damals titelte. Dem dortigen Forscherteam um Professor Dr. SIEGFRIED TROTNOW blieb zwar ein größerer Medienrummel erspart, doch eine breite Öffentlichkeit nahm schon Notiz davon, und bald war eine Debatte um das Pro und Contra des dabei zur Anwendung gekommenen medizintechnischen Verfahrens im Gange.

Bereits wenige Tage nach der Geburt des damals berühmtesten Babys der Stadt Nürnberg fand dort am 24. und 25. April 1982 eine Tagung der Katholischen Akademie in Bayern statt, die der Fragestellung »Ist sittlich erlaubt, was medizinisch möglich ist?« gewidmet war.[1] Neben dem damaligen Mainzer Moraltheologen JOSEF GEORG ZIEGLER (1918–2006) war der Münchener Moraltheologe JOHANNES GRÜNDEL (1929–2015) gebeten worden, eine ethische Stellungnahme zu dem technischen Verfahren der Fertilisation-In-Vitro mit Embryotransfer (FIVET) abzugeben, das zur Geburt des Kindes geführt hatte, um dessen »Wirklichkeit« der Diskurs ging. Wörtlich sagte JOHANNES GRÜNDEL damals: »Mein ›Ja‹ ist … ein sehr bedingtes, das zudem kein letztgültiges sein will und bereits durch neue Entwicklungen oder durch zunehmenden Mißbrauch zum ›Nein‹ werden kann.«[2]

---

1   Siehe den Bericht über die Tagung unter dem Titel »Menschliches Leben aus der Retorte. Ist sittlich erlaubt, was medizinisch möglich ist«, den der frühere Eichstätter Moraltheologe ANTONELLUS ELSÄSSER damals für die Zeitschrift Herder Korrespondenz 36 (1982) 293-297 verfasst hat.
    Dokumentiert ist die Tagung »Leben aus der Retorte« in: zur debatte. Themen der Katholischen Akademie in Bayern Jahrgang 12 – Nummer 3 – Mai/Juni 1982, Seite 1-7.

2   GRÜNDEL, JOHANNES: Neues Leben aus Verantwortung, in: zur debatte. Themen der Katholischen Akademie in Bayern Jahrgang 12 – Nummer 3 – Mai/Juni

I.
Das technische Maximum und das ethische Optimum

Moraltheologen wie Moralphilosophen haben es bis heute nicht daran fehlen lassen, kritisch die weitere Entwicklung der Fruchtbarkeitsmedizin und ihrer technischen Verfahren zu verfolgen und – so es ihnen geboten erschien – problemindikatorisch Stellung zu beziehen. Grund und Gelegenheit hatten theologische wie philosophische Ethiker nicht wenig, denn Anlässe gab es dazu genug. Zu denken ist etwa an den Streit, ob das FIVET-Verfahren im homologen und heterologen System »erlaubt« sein soll, ob Ei- und Samenspende »gestattet« sein sollen, ob Leihmutterschaft eine »vertretbare« Angelegenheit darstellt, ob jedes Kind das Recht hat, um seine biologisch-genetische Herkunft zu wissen, und wie »unbedenklich« der Einsatz technischer Verfahren wie die Methode der intrazytoplasmatischen Spermieninjektion (ICSI) oder die der Präimplantationsdiagnostik (PID) ist, die sich nach und nach in Verbindung mit dem ursprünglichen Verfahren der FIVET – und durch dieses überhaupt erst ermöglicht – etabliert haben.

Und damit sind keineswegs sämtliche Fragen erwähnt, die der technische Fortschritt innerhalb der Fruchtbarkeitsmedizin mit sich bringt. Es tut sich da zugegebenermaßen ein weiter Bereich auf, der ebenso adäquater rechtlicher wie ethischer Überlegungen bedarf, um das dort Geschehende nicht einfach sich selbst zu überlassen.[3] Ethik, die wirklich

---

1982 – Seite 1-7, 4-5, 5.

3   Einen umfassenden Überblick über den Stand und Gang der Dinge in dem
     Bereich der Fruchtbarkeitsmedizin bietet der Sammelband: MAIO, GIOVANNI

tun will, was ihres Amtes ist, weiß nur zu gut, dass sie als »angewandte« Ethik sich darum neben der »Kunst des Nachdenkens« gerade auch in der »des Vordenkens« üben muss.[4] Ihr Erkennen muss sich entschieden von der Absicht leiten lassen, im Vorhinein zu klären, ob das technisch Gekonnte unbedingt auch das ethisch Gewollte sein kann bzw. sein sollte. Das technische Maximum und das ethische Optimum sind in etlichen Fällen bekanntlich eben keine deckungsgleichen Größen.

Zu der normativ-ethischen Frage, welchem Können auch ein berechtigtes Dürfen entspricht – denn der Mensch hat immer schon mehr gekonnt als gedurft –, gesellt sich heute mehr und mehr die optativ-ethische Frage, welchem Können ein berechtigtes Wollen entspricht. Die Klärung des eigenen Wollens wird daher zunehmend zu einer Frage, mit der das gute Leben steht und fällt, und dem ist keineswegs zufällig so. Wenn es denn stimmt, dass wir in einer »Multioptionsgesellschaft«[5] leben, dann gibt es dort eben viele Optionen, und da ist guter Rat tatsächlich teuer, welche unter den vielen Optionen Gegenstand eines guten Wollens sein kann und welche nicht. Die Optionen der medizinisch-technischen Welt bilden da keine Ausnahme. Ethische Vernunft als stellungnehmende Vernunft ist darum dann und nur dann gesellschaftstauglich wie -dienlich, wenn sie sich

---

– Eichinger, Tobias – Bozzaro, Claudia (Hrsg.): Kinderwunsch und Reproduktionsmedizin. Ethische Herausforderungen der technisierten Fortpflanzung, Freiburg / München 2013.

4 Schallenberg, Peter: Lebensentscheidung in geglücktem Verzicht, in: Die neue Ordnung 56 (2002) 309-316, 313.

5 Gross, Peter: Die Multioptionsgesellschaft (edition suhrkamp. Neue Folge; Band 917), Frankfurt am Main 1994.

auch in dem Sinn als ratgebende Vernunft versteht, dass sie den Menschen die Dinge zu verstehen gibt, die diese zu einer wirklichen Klärung ihres Wollens und darüber dann zu stimmigen Entscheidungen gelangen lassen.[6]

II.
Verlauf eines Verfahrens

In jüngster Zeit hat nicht zuletzt das medizintechnische Verfahren des Social Freezing verschiedentlich von sich reden gemacht. Ob die Option, sich seiner zu bedienen, eine gute Option darstellt, ist daher wahrlich keine leichte Frage – schon gar nicht für diejenigen Frauen, die ernsthaft erwägen, eventuell eine Entscheidung in diese Richtung treffen zu wollen.

Social Freezing ist ein medizinisches Verfahren, das es Frauen gestatten soll, Eizellen einzufrieren, um sich so die Option, auch noch in einem späteren Lebensalter Mutter werden zu können, zu erhalten. Ursprünglich war diese Methode dafür gedacht, jungen onkologischen Patientinnen Eizellen zu entnehmen, um diese vor einem Schaden durch die Krebstherapie zu schützen.[7] Die Indikation für dieses Verfahren war demnach zunächst eine eindeutig medizinische.

Nach und nach ist dann zur medizinischen als weitere die soziale Indikation gekommen; daher die aus dem anglo-

---

6 Vgl. Sill, Bernhard: Multiple Choice? oder Vom Kunststück des Lebens, sich gut zu entscheiden, in: Pastoralblatt für die Diözesen Aachen, Berlin, Essen, Hildesheim, Köln und Osnabrück 67 (2015) Heft 1, 3-10.
7 Böttcher, B. – Goeckenjan, M.: Jetzt oder nie? Ethische Aspekte der Fertilitätsprotektion bei onkologischen Patientinnen, in: Der Gynäkologe 46 (2013) 642-647.

amerikanischen Sprachgebrauch übernommene Bezeichnung »Social Freezing« für die Gesamtheit der Fälle, in denen das »Egg Freezing«-Verfahren als medizinische Dienstleistung gesunden Frauen offeriert wird, die sich aus »sozialen« Gründen, worunter sich verschiedenerlei Dinge subsumieren lassen, vorerst ihren Kinderwunsch nicht glauben erfüllen zu können, jedoch erwägen, das zu einem späteren günstigeren Zeitpunkt zu tun.

Worum es beim »Social Freezing« eigentlich geht, ist das Schaffen einer Fertilitätsreserve, die dazu dienen soll, dann, wenn der rechte Zeitpunkt gekommen zu sein scheint, als Frau einen Zugriff auf die eigenen Eizellen zu haben und nach deren Auftauen das Verfahren der künstlichen Befruchtung mit Embryotransfer einleiten lassen zu können in der Hoffnung, dass der ganze Prozess dann glücklich verläuft und zur Geburt eines Kindes führt. [8]

Das Verfahren des Social Freezing beginnt mit einer Hormonbehandlung, die eine ovarielle Stimulation hervorruft. Die so herangereiften Eizellen werden durch eine transvaginale Punktion entnommen und dann dem Verfahren der sogenannten Vitrifikation unterzogen. Bei diesem Verfahren handelt es sich um ein ultraschnelles Einfrieren der Eizellen in flüssigem Stickstoff zwecks deren Kryokonservierung

---

8 Eine detaillierte Darstellung der Verfahrenstechnik des »Social-Freezing« einschließlich einer dezidierten Stellungnahme bieten: NAWROTH, F. – DITTRICH, R. – KUPKA, M. – LAWRENZ, B. – MONTAG, M. – VON WOLFF, M.: Kryokonservierung von unbefruchteten Eizellen bei nichtmedizinischen Indikationen (»social freezing«). Aktueller Stand und Stellungnahme des Netzwerkes FertiPRO-TEKT, in: Der Frauenarzt 53 (2012) – Nr. 6 – 528-533.
»FertiPROTEKT«, gegründet 2006, bildet als Netzwerk für fertilitätsprotektive Maßnahmen einen Zusammenschluss von knapp 100 universitären und nicht-universitären Zentren in Deutschland, Österreich und der Schweiz.

bei minus 196 Grad, das den entscheidenden Vorteil bietet, Kristallbildungen, welche die Eizellen schädigen könnten, zu unterbinden.

Wachsender Bedarf, dieses verfügbare Verfahren in Anspruch zu nehmen, scheint gegeben. Ob es sich wie bei der pränatalen Diagnostik verhält, dass ein Angebot – einfach, weil es besteht – auch einen entsprechenden Bedarf danach erzeugt, wird sich zeigen. Bei den invasiven wie nicht-invasiven Methoden der pränatalen Diagnostik scheint es jedenfalls so (gewesen) zu sein, und es spricht einiges dafür, dass es sich beim Social Freezing ganz ähnlich verhalten wird. Verfügbarkeit weckt Bedarf, denn Appetit wird »geweckt von der *Möglichkeit*«[9].

Zunächst einmal liegt es ja nahe, dass ein Verfahren wie das Social Freezing, das die vorhandenen fruchtbarkeitsmedizinischen Optionen um eine zusätzliche Option erweitert, mit einem positiven Echo rechnen kann. Denn Mitglieder einer »Multioptionsgesellschaft« ticken so, dass sie jede hinzukommende Option zunächst einmal als Verheißung und Verlockung willkommen heißen – auf die Gefahr hin, sich dabei gelegentlich doch einmal zu irren.

Dass das Social Freezing dem Urteil etlicher Zeitgenossen nach eine freundliche Begrüßung verdient, verwundert daher nicht, wirkt das Verfahren doch wie ein Versprechen, das eine späte(re) Erfüllung des Wunsches, Mutter zu werden, in Aussicht stellt. Näherer Wahrnehmung zeigt sich dann allerdings, dass es dabei um ein Versprechen geht, das selbst die Besten ihres Fachs medizintechnisch nicht einzulösen vermögen.

---

9 JONAS, HANS: Technik, Medizin und Ethik. Zur Praxis des Prinzips Verantwortung, Frankfurt am Main 1985, 22.

III.
Garantie für spätes Mutterglück?

Die Erfolgsaussichten, dank Social Freezing, nachdem Eizellen und mit ihnen der Kinderwunsch vorerst einmal »auf Eis« gelegt wurden, ein späte(re)s Mutterglück zu erleben, nüchtern einzuschätzen, ist unerlässlich. Denn »letztlich sind nur zwei Dinge sicher: Der sicherste Weg zu einem eigenen Kind ist eine Schwangerschaft mit <35 Jahren und einer der unsichersten ist ein ›Social freezing‹ mit >35 Jahren.«[10] Wie die Dinge liegen, markiert nun einmal das 35. Lebensjahr der Frau erfahrungsgemäß die kritische Grenze.

Exakt beziffern lässt sich die Erfolgsrate des Social Freezing nicht. Die Angaben, die sich mit einiger Sicherheit machen lassen, umfassen diese Punkte: Entgegen der landauf landab verbreiteten Annahme, die eine abnehmende Fruchtbarkeit der Frau erst ab einem Lebensalter von 40 Jahren vermutet, sinkt diese bereits während des vierten Lebensjahrzehnts deutlich ab. Das durchschnittliche Lebensalter, in dem Frauen daran denken, das Social Freezing als Maßnahme in Anspruch zu nehmen, liegt bei 38 Jahren[11] – eindeutig eine suboptimale Zeitwahl, da sich die Erfolgsrate des gesamten Verfahrens keineswegs unabhängig vom Zeitpunkt der Entnahme der Eizellen bestimmt. Die Eizellen müssten früher entnommen werden und entsprechend die Entscheidung dazu ebenfalls früher getroffen.

---

10 WOLFF, MICHAEL VON: «Social freezing»: Sinn oder Unsinn?, in: Schweizerische Ärztezeitung 94 (2013) 393-395, 395.
11 NAWROTH, F.: »Social freezing« – Pro und Contra, in: Der Gynäkologe 46 (2013) 648-652, 649.

Bereits ein kleiner Faktencheck spricht eine klare Sprache: So wenig die pränatale Diagnostik die Geburt eines gesunden Kindes garantieren kann, so wenig bietet das Social Freezing eine Garantie, künftig zu einem aus eigener Sicht lebensgeschichtlich »optimalen« Zeitpunkt noch Mutter eines Kindes werden zu können. Wer sich in dieser Sicherheit wiegt, täuscht sich nicht unerheblich. »Denn es mag schon sein, dass man auch jenseits der Vierzig mittels der Methode des *Social Freezing* noch Kinder kriegen kann, von einer Selbstverständlichkeit oder hohen Wahrscheinlichkeit kann jedoch keine Rede sein.«[12]

IV.
Ein unmoralisches Angebot?

Ein Anlass, in eine Pro und Contra-Debatte über das Social Freezing einzusteigen, war damit gegeben, dass im Oktober 2014 die Medien über die Bereitschaftsinitiative der Unternehmen Apple und Facebook berichteten, für ihre Mitarbeiterinnen, sollten diese es wünschen, die Kosten für die Inanspruchnahme eines Social Freezing-Verfahrens zu übernehmen. Journalisten hätten da doch gleich einmal nachfassen und sich erkundigen müssen, ob Apple und Facebook das tatsächlich für alle Mitarbeiterinnen zu tun bereit sind oder lediglich für höher qualifizierte weibliche Angestellte? Wer wüsste das nicht gern?!

Und dann steht da unmittelbar auch die Frage im Raum, ob die Mitarbeiterinnen dieser beiden Unternehmen, wenn

---

12 MAIO, GIOVANNI: Schwangerschaft auf Abruf? Warum Social Egg Freezing nicht der richtige Weg ist, in: Imago Hominis 21 (2014) Heft 1, 12–16, 13.

sie das finanzielle Angebot ihres Arbeitgebers in Anspruch nehmen, demnächst trotzdem allein bzw. allein mit ihrem Partner darüber entscheiden dürfen, wann sie ihren Eizellenvorrat aktivieren wollen, um schwanger zu werden, oder ob das Unternehmen als Geldgeber sich doch vorbehält, dabei dann »ein Wörtchen mitreden« zu dürfen. Vielleicht wird auch diese Materie demnächst vertraglich zwischen Arbeitgebern und Arbeitnehmerinnen geregelt werden (müssen).

Das Angebot der Unternehmen Apple und Facebook, ihren Mitarbeiterinnen das Social Freezing als Maßnahme zu bezahlen, sieht auf den ersten Blick nach echter »sozialer« Fürsorge aus. Doch sieht die Sache auch nach dem zweiten Blick noch so aus? Ist es tatsächlich ein gutes Angebot, das da gemacht wird, oder eher doch nicht? Immerhin legt eine Firma, die ihren Mitarbeiterinnen ein solches Angebot unterbreitet, ihnen doch eine bestimmte Art der Lebensplanung nahe, deren »Logik« durch das Drei-Stadien-Gesetz »Ausbildung – Karriere – Kinder« bestimmt ist. Wie übergriffig auf die privat-familiäre Lebenssituation ist das?

Welche Problemlösungen sich Unternehmen wie Apple und Facebook von ihrer Zahlungsbereitschaft versprechen, ist klar. Sie wollen ihre bestens qualifizierten Mitarbeiterinnen »pausenlos« – ohne Unterbrechungen durch »Mutterschaftszeiten« – im Job haben und halten. Unter der Hand entlassen sie sich mit ihrem Geldgeschenk praktisch selbst aus der Verantwortung, sich um bessere Bedingungen zur Vereinbarkeit von Familie und Beruf zu kümmern. »Und es wird einmal mehr den Frauen die Entscheidungslast und Verantwortung (bemäntelt mit dem schönen Wort ›Freiheitsgewinn«) aufgebürdet. Hier mag man einwenden, dass die Frauen ja ablehnen können – aber was passiert mit den Frauen im Unternehmen, die es ablehnen? Wie stehen deren Karrierechancen?«[13] Wer die Wahl hat, hat die Qual. Es steht zu vermuten, dass sich diejenigen Mitarbeiterinnen eines Unternehmens künftig werden rechtfertigen müssen, die das »großzügige« Angebot dankend ablehnen.

V.
Stillstand der biologischen Uhr?

Wenn von Egg Freezing die Rede ist, hat sich für das medizinisch indizierte Verfahren der Terminus »desease-related« und für das sozial indizierte Verfahren der Terminus »age-related» Egg Freezing eingebürgert. Der Mensch muss damit umgehen, dass er altert, was im Leben der Frau damit einhergeht, dass das lebensgeschichtliche Zeitfenster, innerhalb dessen sie Kinder bekommen kann, spätestens mit dem Eintreten der Menopause sich schließt.

Umgang mit dem Unumgänglichen kann nun zweierlei heißen: damit *um*gehen wollen oder das um*gehen* wollen. Der Wille, das zu um*gehen*, ist der Weg des Social Freezing. Das Versprechen, das alle, die diesen Weg gehen, beseelt, ist ein Zeitversprechen. Das Verfahren verspricht, die tickende biologische Uhr der Frau auf Zeit anhalten zu können. Der Traum des Social Freezing ist der Traum gewonnener Zeit – ein zugegebenermaßen verführerischer Gedanke. Doch ist dem tatsächlich so? Verführerisch ist der Gedanke sicher

---

13 SCHUBERT-LEHNHARDT, VIOLA: Wie sozial ist »social freezing«?, in: ETHICA 23 (2015) 83-85, 83.

schon, doch ist er es in einem gar nicht positiven Sinn. Denn er führt das Denken direkt zu einem Fehlschluss. Eizellen lassen sich einfrieren, doch Lebenszeit lässt sich nicht wirklich einfrieren. Und das ist wohl auch gut so.

Eine Frau, die sich auf das Social Freezing einlässt und sich der suggestiven Kraft des diesem Verfahren inhärenten trügerischen Zeitversprechens überlässt, wird sich denken, ja »noch so viel Zeit«, sich den Kinderwunsch zu erfüllen, zu haben, und dann eben zu einem existenziell vollkommen problematischen prokrastinativen Verhalten tendieren, das dazu neigt, die Verwirklichung des Kinderwunsches immer weiter aufzuschieben. Wer die »Lebenslogik« zu entschlüsseln sucht, die sich in einem solchen Verhalten kundtut, wird schnell zu dem Ergebnis gelangen, dass da die fatale »Logik« zum Zuge kommt, eine lebenswichtige Entscheidung zu vertagen, sie lange – zu lange – Zeit einfach nicht zu treffen.

Es wäre ferner bedauerlich, wenn das existenziell tückische Zeitversprechen des Social Freezing uns jenes Zeitverständnis vergessen und verlernen ließe, das lautet: »Ein Jegliches hat seine Zeit«, wie MARTIN LUTHER einst jenes Bibelwort aus Kohelet 3,1 treffend übersetzt hatte. Dieses Wort könnte als »fermentum cognitionis« durchaus Überlegungen initiieren und inspirieren, wann die Geburt von Kindern lebensgeschichtlich »ihre Zeit« haben sollte.

Der stärkste Einwand gegen die Praxis des Social Freezing ist wahrscheinlich der, dass man hier soziale Probleme mit technischen Mitteln zu lösen beabsichtigt. Die bessere Lösung des Problems wäre darum die, Verhältnisse zu schaffen, »in denen Frauen sich ihren Kinderwunsch zur biologisch günstigsten Zeit erfüllen können«[14]. Verhältnisse bedingen Verhalten. Strukturelle Gelingensbedingungen zu schaffen, die es erlauben, dass Frauen ihren beruflichen Weg gehen können, ohne über einen (zu) langen Zeitraum auf Kinder verzichten zu müssen oder zu glauben, dies tun zu müssen, ist darum ein dringendes Desiderat.

VI.
Rettung oder Gefahr?

»Wer den falschen Zug bestieg / Mag in ihm zurück rennen / Er erreicht doch, wohin er / nicht wollte« – so lautet ein Bonmot des Schweizer Schriftstellers FRIEDRICH DÜRRENMATT[15], das sagen will: Entscheidungen über die richtige Richtung müssen vor dem Einsteigen fallen; Aussteigen während der Fahrt ist unmöglich.

Die verschiedenen Verfahren der Reproduktionsmedizin haben sich in vielen Ländern nach und nach als medizintechnischer Standard etabliert. Das Verfahren des Social Freezing ist noch dabei, sich zu etablieren. Weit über 1.000 Kinder sind dank dieses Verfahrens bereits geboren worden. Die Herausforderung, vor der wir dabei stehen, hat die frühere Vorsitzende des Deutschen Ethikrates und jetzige Vorsitzende des Europäischen Ethikrates, CHRISTIANE WOOPEN, dahingehend bestimmt, dass wir uns »überlegen ... müssen, ob und wenn ja welche Grenzen, die die Natur uns nicht mehr

14 DEMMER, KLAUS: Moraltheologie und Reproduktionsmedizin – eine prekäre Weggefährtenschaft. Nachdenkliches und Bedenkliches im Rückblick, in: Freiburger Zeitschrift für Philosophie und Theologie 58 (2011) 62-85, 84.
15 DÜRRENMATT, FRIEDRICH: Gesammelte Werke in sieben Bänden, Band 7: Essays, Gedichte, Zürich 1996, 11.

setzt, wir uns selbst setzen wollen. Kann die Natur uns bei diesen Aufgaben Orientierung geben? Kann sie gar als Maßstab gelten?«[16]

»Ja, sie kann!« Das sagt das Lehramt der Katholischen Kirche, das explizit zum Verfahren des Social Freezing zwar noch keine eigene Verlautbarung erstellt hat, gleichwohl verschiedentlich zu Grund- und Grenzfragen der künstlichen Befruchtung unmissverständliche Stellungnahmen verfasst hat, wozu die Enzyklika »Evangelium vitae« (25. März 1995) von PAPST JOHANNES PAUL II. sowie die beiden Instruktionen der Kongregation für die Glaubenslehre »Donum vitae« (22. Februar 1987) und »Dignitatis personae« (8. September 2008) zu zählen sind. Die entscheidende, sich in allen lehramtlichen Zeugnissen durchhaltende naturrechtliche Argumentationslinie ist die, dass dort eine Auffassung vertreten wird, die »immer viel Gewicht auf die ›naturgemäß‹ untrennbare Verbindung von Sexualität und Fortpflanzung gelegt«[17] hat. Implizit trifft dieses Verdikt des kirchlichen Lehramtes, das die Unzulässigkeit einer Trennung von liebender Vereinigung und Fortpflanzung behauptet – so bereits in sexualethischer Absicht die Enzyklika »Humanae vitae« (25. Juli 1968) von PAPST PAUL VI. und das Apostolische Schreiben »Familiaris consortio« (22. November 1981) von PAPST JOHANNES PAUL II. –, auch das Verfahren des Social Freezing.

---

16 WOOPEN, CHRISTIANE: Die ‚Natur des Menschen‘ als Maßstab für die Reproduktionsmedizin, in: MAIO, GIOVANNI – CLAUSEN, JENS – MÜLLER, OLIVER (HRSG.): Mensch ohne Maß? Reichweite und Grenzen anthropologischer Argumente in der biomedizinischen Ethik, Freiburg / München 2008, 288-302, 288.

17 AUTIERO, ANTONIO: In sich unerlaubt, weil »naturwidrig«? Moraltheologische Argumente zur »künstlichen« Befruchtung, in: Zeitschrift für medizinische Ethik 42 (1996) 267-275, 270.

Sicher ist nicht von der Hand zu weisen, wenn KLAUS DEMMER (1931–2014), langjähriger Inhaber eines moraltheologischen Lehrstuhls an der Pontificia Università Gregoriana in Rom, schreibt: »Undifferenzierte Verweise auf das Naturrecht können gegenwärtig nicht genügen.«[18] Doch das muss ja nicht heißen und wäre auch nicht wirklich klug, die seitens des kirchlichen Lehramtes vorgetragenen Bedenken einfach mir nichts dir nichts über Bord zu werfen.

Denjenigen, die in einer »Multioptionsgesellschaft« leben, ist »die Möglichkeit die liebste Wirklichkeit«[19]. Viele Möglichkeiten zu haben erscheint vielen von uns darum »wirklich« erstrebenswert. Doch erspart ist uns damit nicht, unser »wirkliches« Wollen zu klären und uns zu vergewissern, welche der sich uns bietenden Möglichkeiten – nicht zuletzt die medizintechnisch in einem so zentralen Lebensbereich wie dem der Weitergabe des Lebens verfügbaren – uns als »wirklich« vertret- und verwertbare Optionen gelten können, welche eher nicht und welche gar nicht. Stoff genug für künftige an- und aufregende skeptisch-ethische Diskurse, für die es bekanntlich keinen Sabbat gibt.

In seiner im Jahre 1803 vollendeten Hymne, die den Titel »Patmos« trägt, hat FRIEDRICH HÖLDERLIN gedichtet: »Wo aber Gefahr ist, wächst / Das Rettende auch.« Mag sein, dass dem ab und zu so ist. Doch gilt der Satz nicht ab und zu auch in (s)einem umgekehrten Sinn? »Wo das (vermeintlich) Retten-

---

18 DEMMER, KLAUS: Die Reproduktionsmedizin. Ethisch Nachdenkliches auf ihrem Feld und Umfeld, in: CHITTILAPPILLY CMI, PAUL CHUMMAR (HRSG.): Ethik der Lebensfelder. Festschrift für Philipp Schmitz SJ, Freiburg im Breisgau 2010, 286–302, 296.
19 GROSS, PETER: Ich muss sterben. Im Leid die Liebe neu erfahren, Freiburg im Breisgau 2015, 151.

de ist, wächst auch die Gefahr.« Sich daran zu machen, in eben diesem umgekehrten Sinn des berühmten Dichterworts eine »Lesart« des Social Freezing zu versuchen, könnte zu weiteren überraschenden An- und Einsichten führen.

Lebenskunst

PETER BUBMANN – BERNHARD SILL

1. Einleitung

Der Begriff der Lebenskunst ist vielerorts seit Ende der 1990er Jahre (wieder) in Mode gekommen – auf dem Feld der boomenden populären Beratungsliteratur wie auch im Bereich der Praktischen Philosophie (→ Philosophie, philosophische Bildung). Für diesen Lebenskunst-Hype der letzten Jahre gibt es gesellschaftlich-kulturelle Gründe (siehe die Analyse bei Burbach, 2006, 14-17; Sellmann, 2009): Er hat in jedem Fall mit Erfahrungen in der Spätmoderne, den Risiken und Erlebnisimperativen der individualisierten und pluralisierten (→ Pluralisierung) Konsumwelt zu tun, mit der Vervielfältigung von Lebensoptionen und mit veränderter Zeitwahrnehmung (*Beschleunigung*). Angesichts zahlreicher thematischer Überschneidungen mit Themen der → Religionswissenschaft und (christlichen) Theologie verwundert es nicht, dass der Lebenskunstdiskurs auch religionstheoretisch und theologisch aufgegriffen wird und dazu dient, Alltagsethik, Seelsorge, → Bildung und Spiritualität unter einem Leitbegriff zusammenzubinden.

2. Lebenskunstkonzeptionen in der Geschichte von Philosophie und Theologie

Ehe die Denkform einer eigentlich philosophischen Lebenskunst entstand, gab es als deren Vorform und Vorläufer bereits ein aus Erfahrungen gewonnenes überliefertes Lebenswissen, das in einzelnen Lebensregeln Gestalt gewann. Die Sprüche und Sätze der sogenannten Sieben Weisen aus Griechenland (u. a. Solon, Thales von Milet, Pittakos von Mytilene und Bias von Priene) zählen in jedem Fall dazu, bieten sie doch etliche lebensdienliche Weisheiten wie *Maß halten, den Zorn beherrschen* und *den rechten Augenblick erkennen*. Aber auch Teile der biblischen Weisheitsschriften lassen sich hierher rechnen.

Eine erste Konzeption philosophischer Lebenskunst lässt sich im sechsten Jahrhundert v. Chr. bei Pythagoras von Samos und seinen Schülern erkennen. Diese Schule der Lebenskunst lehrt eine bestimmte Form der Lebensführung, die sie aus der Annahme der Wiederverkörperung der → Seele entwickelt.

Eine nicht religiös ausgerichtete Form einer Philosophie der Lebenskunst stellt im fünften Jahrhundert v. Chr. die Bewegung der Sophistik dar. Deren Anhänger verstehen sich als Lehrer der Rhetorik. Das von ihnen gegen Bezahlung vermittelte Lebenswissen (*sophia*) soll Menschen in die Lage versetzen, den eigenen Einfluss im privaten wie im öffentlichen Leben geltend zu machen und durchzusetzen.

Als Gegner der Sophisten wurde Sokrates die maßgebliche Leitfigur des Lebenskunstdenkens (zur antiken Lebenskunstphilosophie insgesamt: Horn, 1998; Lang, 2018; Werle, 2000). Sein philosophisches Denken ist hauptsächlich durch seine Schüler Platon und Xenophon der Nachwelt vermittelt. Das delphische *Gnothi seauton!* (Erkenne dich selbst!) war ein erstes unverzichtbares Element seines philosophischen Selbstverständnisses. Sokrates ging es im Gegensatz zu den Sophisten seiner Zeit nicht darum, recht zu behalten, nicht um den trügerischen Schein, vielmehr darum, das Rechte zu tun und das untrügliche Sein zu erkennen. Als Methodik und Didaktik seiner philosophischen Kunst der Gesprächsführung, die sich in erster Linie auf gescheites Fragen versteht, gelten die *Dialektik* und *Mäeutik* – beide später dann als Sokratik bezeichnet.

Im Nacheifern ihres großen Lehrers begründeten einzelne Sokrates-Schüler ihrerseits Schulen der Lebenskunst, so etwa Aristipp von Kyrene die Schule der Hedoniker (*hedoné* – Lust) und Antisthenes von Athen die Schule der Kyniker (*kúon* – Hund). Lehrte die eine Schule gewissermaßen das Lust-Prinzip als Lebensideal, so die andere aus Prinzip das Gegenteil, nämlich bedürfnislos zu leben wie ein Hund. Diese und weitere Ansätze einer Lebenskunst können als Spielarten jenes Prinzips der Prinzipien der praktischen Philosophie der griechischen Antike (und später dann auch der römischen), nämlich des Prinzips des Glücks (*eudaimonía*), gelten, das Aristoteles als das Ziel, wonach alle Menschen streben, ausgemacht und der Geschichte der Lebenskunst als Erbe eingestiftet hat.

Weitere Meilensteine innerhalb der antiken Geschichte der philosophischen Lebenskunst stellen Epikur und die Epikureer sowie die Denker der Stoa dar. Epikur ging es um die *Gesundheit der Seele*, die für ihn den Inbegriff der *eudaimonía* darstellt. Seine durchaus in einem gewissen Sinn als aufklärerisch zu verstehende Philosophie der Befreiung wollte den Menschen irrationale Ängste nehmen und sie zu einem guten und – alles in allem – glückenden Leben anleiten. Die philosophische Schule der Stoa in Athen geht von der Annahme aus, dass alles in der Welt einer vernünftigen göttlichen Natur-Ordnung untersteht, die zu erkennen und der sich zu unterstellen das Glück(en) des menschlichen Lebens ausmacht. Das Lebensideal stoischer Lebensweisheit lässt sich durch die Lebenshaltungen der Gelassenheit (*Apathie*) und der Seelenruhe (*Ataraxie*) gewinnen. Im zweiten Jahrhundert v. Chr. vermittelt Marcus Tullius Cicero das stoische Denken an die Römer. Neben und nach ihm avancieren Lucius Annaeus Seneca, Epiktet und Kaiser Marcus Aurelius zu den klassischen Vertretern stoischer Geistes- und Lebenswelt, die dann nach und nach auch Einzug in die christliche Welt hält, wo einige ihrer Philosopheme adaptiert werden.

Sobald das Christentum sich mehr und mehr hervortat und federführend darin wurde, seine Modelle und Motive der Lebenspraxis zu etablieren, trat die Lebenskunde als wichtiges Erbe der antiken philosophischen Lebenskunst in den Hintergrund. Doch wurden bestimmte Erbstücke wie etwa die Eudämonie-Lehre (dann als Lehre von der christlichen *beatitudo*) auch weiterhin in Ehren gehalten, etwa bei Albert dem Großen und Thomas von Aquin.

Ab dem 14. Jahrhundert wandten sich die Humanisten wieder vermehrt den antiken Zeugen und Zeugnissen philosophischer Lebenskunstdiskurse zu, so etwa Erasmus von Rotterdam. Der Humanist und Begründer der Essayistik, Michel de Montaigne, steht sodann für die allmählich wiedererwachende und zunehmend wachsende Wertschätzung des lebenskunstphilosophischen Erbes, wie sie das 16. Jahrhundert maßgeblich prägen sollte. In seinen *Essais* setzte Michel de Montaigne die Philosophie wieder in ihr angestammtes Recht ein, denkerisches Werkzeug der praktischen Lebensführung zu sein.

Hingegen hielt Immanuel Kant den Begriff *Glückseligkeit* für zu unbestimmt, ja letztlich unbestimmbar, und verbannte daher mit weitreichender Wirkung die Frage nach dem guten Leben aus der akademischen Philosophie. Inwieweit es demgegenüber Arthur Schopenhauer mit seinen „Aphorismen zur Lebensweisheit" (Schopenhauer, 1991) und Friedrich Nietzsche mit seinen zeitgemäß-unzeitgemäßen Betrachtungen zum Experiment des Menschen mit sich selbst, das Leben heißt („Wir sind Experimente", Nietzsche, 1999, 274), gelungen ist, eine Philosophie der Lebenskunst noch konsistent und kohärent gedanklich zu konzipieren und sprachlich zu formulieren, ist strittig.

Am Ende des 20. Jahrhunderts ist das Lebenskunst-Konzept nach längerer Pause in der deutschsprachigen Praktischen Philosophie (wieder) aufgetaucht, um die Philosophie aus ihren erkenntnistheoretischen und sprachphilosophischen Engführungen herauszuholen. Hauptvertreter ist

Wilhelm Schmid mit seiner *Philosophie der Lebenskunst* (1998), der zahlreiche weitere Studien folgten (z. B. 2000; 2006) und in der er an das Spätwerk von Michel Foucault anschließt. Hier wie im *Lexikon der Lebenskunst* (Brenner/ Zirfas, 2002) dominiert der ethische Blick auf die Lebensführung, teils stärker verbunden mit Fragen psychotherapeutischer Beratung (Gödde/Pohlmann/Zirfas, 2015; Gödde/ Zirfas, 2014; 2016). Es geht um die Frage, wie das eigene Leben Gestalt erhalten und gelingen kann (auch Fellmann, 2009; Gödde/Zirfas, 2018).

Zum anderen wird auf den Lebenskunstbegriff zurückgegriffen, um die ästhetische Dimension der Lebensführung oder Formen kultureller Bildung (→ Kulturpädagogik/Kulturelle Bildung/Arts Education) wieder stärker ins Bewusstsein zu rücken. In dieser zweiten Lesart rekurriert die Lebenskunsttheorie auf ein (post-)modernes Verständnis von Kunst im Sinne ästhetischer Rezeptivität und Produktivität. Die antiken (und teils auch die neueren praktisch-philosophischen) Lebenskunsttheorien setzen hingegen einen Begriff von Kunst als *téchnê* voraus, der ein regelgeleitetes geübtes Handeln und Können bezeichnet (von der Uhrmacherkunst über die Liebeskunst bis zur Erziehungskunst und Kunst der Staatenlenkung).

Der erneuerte Lebenskunstansatz ist innerphilosophisch wie theologisch durchaus umstritten (Kersting, 2007; Thomä, 2007). Kritisch wird angemerkt, Lebenskunst werde hier zu sehr auf die Idee der Selbstmächtigkeit und selbstbezüglichen Autonomie abgestellt, die der postmodernen Subjektivität genauso wie dem christlichen Erlösungsgedanken (→ Erlösung) widerspreche (Wegner, 2001, 46-49). Das handelnde → Subjekt werde nur in seiner Eigenbezüglichkeit erfasst, der Andere komme nicht wirklich in den Blick und die pathische Dimension des Lebens sei unterbestimmt (Rolf, 2007, 337; 340). Die Lebenskunstkonzeption gehe von einem gleichsam göttlichen Künstler des Lebens als Subjekt der Lebenskunst aus, der sich selbst in seinen Wahlakten perfekt manage. Zugleich werde in der Fixierung der Lebenskunst auf die Zukunft die Zeitlichkeit und Endlichkeit und damit die Kontingenz des Lebens nicht adäquat wahrgenommen (Kersting, 2007, 35-38; 87-88).

Diese Einwände hat eine theologische Rezeption des Lebenskunstkonzepts ernst zu nehmen. Freiheit und Lebenskunst müssen theologisch anders als absolute Selbstverfügung und demiurgische Kontingenzverdrängung gedacht werden: Christliche Freiheit ist immer verdankte, geschenkte, kommunikative und kooperative Freiheit (Huber, 1998, 163-210). Christliche Lebenskunst muss gerade auch die Endlichkeit und Gefährdung menschlicher Freiheit thematisieren (Schwindt, 2002, 173). Sie darf das Ausgeliefertsein an Schicksal und Kontingenz nicht ausklammern. Und sie muss gegen alle Perfektibilitätsträume die göttliche Rechtfertigung des fragmentierten Menschen ins Spiel bringen.

3. Die aktuelle Rezeption des Lebenskunstdenkens in der Theologie

Es waren zunächst systematische Theologen und theologische Ethiker beider Großkonfessionen (z. B. Timm, 1996; Höhn, 1996, 32-34; Sill, 1990), die den Lebenskunst-Begriff (noch vor bzw. parallel zur philosophischen Wiederaufnahme des Begriffs durch Wilhelm Schmid) in den Diskurs wiedereinführten.

Auf katholischer Seite korrespondierte dem eine erneuerte Beachtung der Lebenskunsttraditionen in den Ordensgemeinschaften. Belege für die benediktinische Linie der Lebenskunst sind etwa die Bücher des Münsterschwarzacher Missionsbenediktiners Anselm Grün (2002; 2005; 2014) und die des ehemaligen Benediktiners Anselm Bilgri (2006; 2009; 2014; Bilgri/Stadler, 2004). Dabei können ganz unmittelbar Ordensregeln als Lebensregeln (Schindler/Schütz, 2009) gelten (auch die Buchreihen *Ignatianische Impulse*, *Franziskanische Akzente* sowie Dienberg, 2005; Keul, 2014).

Auf akademischer Ebene hat der katholische Theologe Jochen Sautermeister bei seinem Plädoyer für eine zeitgenössisch-zeitgemäße *Lebenskunst im christlichen Horizont* als Leitbegrifflichkeiten Sinn, Freiheit, Identität (→ Identität, religiöse), Spiritualität, Tugend und Selbst- statt Fremdbestimmung ins Spiel gebracht (Sautermeister, 2003; 2008; 2009; 2010; 2018).

Der katholische Ethiker Thomas Weißer, geb. Laubach, erkundet schon seit seiner Dissertation (Laubach, 1999) unter anderem unter dem Stichwort der „Steuermannskunst" (Laubach, 1999, 257) die alltagstauglichen Belange und Bezüge der Lebenskunst und hat in Gestalt eines Lehrbriefs im Fernkurs der Domschule Würzburg ein Lehrwerk beigesteuert (Weißer, 2017).

Dass tugendethische Ansätze eine unübersehbare wie unübergehbare Wahlverwandtschaft zu den lebensnahen Ansätzen einer Ethik der Lebenskunst haben, beweisen Überlegungen von Hans-Joachim Höhn (2014). Einzig das Leben, das gut in Form gebracht ist, könne für sich in Anspruch nehmen, einmal ein gut gemachtes Leben zu sein. Die klassische Tugendethik habe ihr zentrales Motiv gerade darin, danach zu fragen, welche Haltungen sich der Mensch zu erwerben hat, damit sich jenes *ultimum potentiae* einstellt, das ihn gut in Form sein lässt und im günstigsten Fall zur Best- bzw. Höchstform auflaufen lässt, sein Leben zu meistern.

Ein ähnliches Verständnis von Lebenskunst vertritt Bernhard Sill (2017). Leitidee ist dabei die, die Optionen eines christlichen Ethos ganz in der Lebenslogik einer attraktiven Gestalt lebbaren Gelingens in den verschiedenen Lebensbereichen und Lebensaltern sichtbar werden zu lassen, exemplarisch dargestellt bislang am Thema der Lebensmitte (Sill, 1990; 1994) und dem des Lebensendes (Sill/Rauchalles, 1999; 2001). Hier scheint unter der Formel *endlich leben* der Aspekt der unlösbaren Verschränkung der Kunst des Lebens mit der Kunst des Sterbens auf. In ökumenischer Öffnung widmeten sich katholische wie evangelische Autorinnen und Autoren den Grundfragen einer *Christlichen Lebenskunst* (Bubmann/Sill, 2008).

Auf evangelischer Seite unterschied der Systematische Theologe Hermann Timm allgemeine religiöse Lebenskunst von der christlichen Geistreligion. Dazu führte er das Evangelium als „Urbildung von Leben" (Timm, 1996, 208) ein und zentriert Lebenskunst so auf die Gestalt Jesu Christi. Das Evangelium verdichte das „Sinnganze von Himmel und Erde ins Lebensbild eines Individuums [...], um es zu Prototypen, Richtmaß und Kanon gottmenschlicher Weltpraxis zu erheben" (Timm, 1996, 209; aus exegetischer Perspektive auch Popp, 2014; Strecker, 2014; Lang, 2018).

Der Würzburger Systematiker Klaas Huizing (1999) schließt daran an. Es sind die Geschichten der Bibel, die er als Material und → Medien der Lebenskunstschulung ins Spiel bringt. Dabei ziele solche Lebenskunst nicht darauf, Jesus von Nazareth im eigenen Verhalten zu imitieren. Gerade wo Jesus selbst weisheitliche Lebenskunstregeln verkündet (wie in der Bergpredigt Mt 5-7), lege er nicht zeitlose und ungeschichtliche Gesetzmäßigkeiten fest. Im Kern gehe es darum, die Erwartung des kommenden Gottes und seines bereits anbrechenden Reiches zu verinnerlichen und daraus Konsequenzen für die eigene Lebensführung zu ziehen.

Den Begriff der Lebenskunst für eine derartige trans-moralische christliche Ethik in Anspruch zu nehmen, hatte vorher bereits Jürgen Moltmann vorgeschlagen: Das christliche Leben sei „die *ars Deo vivendi,* die Kunst, mit Gott und für Gott zu leben. Also sind wir ‚Lebenskünstler‘, und jeder gestaltet sein Leben zu einem Kunstwerk, das etwas von der Schönheit der göttlichen Gnade und der Freiheit der göttlichen Liebe zum Ausdruck bringt" (Moltmann, 1977, 34f.). Dabei allerdings seien nicht wir selbst, sondern → Gott der Meister. In den Forderungen nach einer theologischen Alltagsethik werden diese Ideen von Wolfgang Vögele (2001; 2007) weitergeführt.

In der Praktischen Theologie ist der Begriff der Lebenskunst zunächst (Erne, 1994; 1996; 1999; 2006) stärker unter ästhetischen Vorzeichen rezipiert worden im Interesse daran, den Künsten und der ästhetischen Erfahrung einen höheren Stellenwert in Religion und Kirche zuzuweisen. Wilfried Engemann hat ihn in die evangelische Seelsorgetheorie eingebracht und empfiehlt *Lebenskunst als Bera-*

tungsziel (Engemann, 2002). Der Seelsorger solle nicht nur als pastoralpsychologisch oder systemisch bewanderter Gesprächspartner agieren, sondern auch als „ein (christlich-) philosophisch, mithin auch in Fragen der Ethik beschlagener Berater" (Engemann, 2002, 99). Es gehe um die „Kompetenz, in Freiheit zu leben" (Engemann, 2007a, 308). Das Evangelium ziele als Lebenskunde „auch auf eine Leben eröffnende Freiheit" (Engemann, 2007b, 467). Auch für das von Gott geschenkte Leben gelte: „Leben will gelehrt sein" (Engemann, 2004, Sp. 876).

Damit ist zugleich die pädagogische Dimension der Lebenskunst angesprochen. In den (allgemeinpädagogischen) Debatten um kulturelle Jugendbildung tauchte der Lebenskunstbegriff Ende der 1990er Jahre plötzlich auf und wurde zum Leitbegriff, der teilweise an die Stelle des Bildungsbegriffs trat (Bundesvereinigung Kulturelle Jugendbildung e.V., 1999, 2001; Fuchs, 1999; 2008). Im Hintergrund steht hier das Bemühen, ästhetische (→ Bildung, ästhetische) und ethische Bildung (→ ethische Bildung und Erziehung) im Blick auf das konkrete individuelle Leben zu verbinden und auch musisch-kulturelle Bildungsarbeit als Werteerziehung (→ Bildung, Werte) zu verstehen. In der wissenschaftlichen Allgemeinpädagogik widmet sich Jörg Zirfas immer wieder der Frage nach dem Lernen der Lebenskunst (Zirfas, 2007).

Das Lebenskunstkonzept ist in der kirchlichen Praxis vor allem im Bereich der Evangelischen → Erwachsenenbildung rezipiert worden (Ausschuss für Theologische Bildung, 2001; Krieg, 2000; 2002; Schwindt, 2002). Dabei steht einerseits das ethische Interesse an einer narrativ vermittelten nicht-normativen Tugendethik und Herzensbildung im Vordergrund, andererseits das erstarkte Interesse an ästhetischen Formen der Bildung und Weltbegegnung (Krieg, 2000, 5-7).

In der evangelischen Religionspädagogik greift insbesondere neben Joachim Kunstmann (2013) Peter Bubmann den Lebenskunst-Ansatz auf und spricht von *Lebenskunstbildung* (Bubmann, 2004; 2009; 2015; 2018; zusammenfassend Ziller, 2005; Horstmann, 2013; weiterführend Kumlehn, 2009; Praxisvorschläge für den Religionsunterricht: Bahr/ Poth, 2013). Dabei sollen nicht fertige Mustermodelle oder universale Regeln für die Lebensführung normativ vermittelt werden. Angesichts der notwendig individuellen Brechung von Glück und einem als *gut* erfahrenen Leben gehe es vielmehr immer um die Eröffnung von Möglichkeitsräumen, um das Vorstellen verschiedener Lebensoptionen und um die Vermittlung von Techniken, sich der eigenen Lebensweise zu vergewissern. Eine Nähe zu ethischer Bildung ist unverkennbar, Lebenskunstbildung will jedoch nicht in problemorientierter ethischer Bildung aufgehen, sondern alle Dimensionen christlichen Lebens als Möglichkeitsraum des eigenen Lebens erschließen helfen.

4. Inhalte christlicher Lebenskunst(bildung)

Religiöse Lebenskunstangebote bieten Wahrnehmungs-, Deutungs- und Verhaltensformen an, um aus der Erfahrung großer Transzendenzerfahrungen (→ Transzendenz [und Immanenz]) heraus die Welt neu zu betrachten und zu gestalten. In theologisch-religiösen Überlegungen zur Lebenskunst geht es immer auch um eine existenzielle Tiefenbegründung des Handelns in „Grundbedingungen menschlichen Daseins" (Höhn, 2014, 43), nicht allein um Tipps zur religiösen Persönlichkeitsentwicklung. Dabei sind es zwei Hauptthemen, um die die Lebenskunstpraxis und -theorie kreist: das Phänomen der *Freiheit* und der Umgang mit dem *Kontingenten*, insbesondere mit Unglück und Glück, Leid, Tod und mit der Erfahrung verdichteten Lebens und höchster Sinnerfüllung. „Not und Glück sind jedenfalls die beiden Formen des Kontingenten, die den Menschen herausfordern und bilden" (Meyer-Blanck, 2013, 135).

Inhaltlich hat christliche Lebenskunst als Gestaltwerdung christlicher, gottgeschenkter Freiheit mit allen Relationen der Freiheit zu tun: mit dem Selbstverhältnis (der Selbstsorge), dem Verhältnis zu anderen Menschen und zur Mit- und Umwelt (Fürsorge und Ökologie [→ Ökologische Ethik]) sowie mit der Gottesbeziehung (der Gottessorge als Gottesdienst). Daher kann christliche Lebenskunst die in vielen populären Darstellungen der Lebenskunst übliche Fixierung allein auf die Selbstsorge nicht übernehmen, auch wenn sie ebenfalls den Ansatzpunkt bei der Freiheit des Menschen wählt.

Lebenskunstbildung und -seelsorge will dazu helfen, dass Menschen dem Leben Ziel und Richtung geben. Dies geschieht insbesondere (aber keinesfalls ausschließlich) dort, wo sie sich mit biblischen und anderen Texten und kulturellen Ausdrucksformen (etwa Liedern) verbindet, die grundlegende Lebensperspektiven thematisieren und prägend für die eigene Religiosität und das Leben geworden sind. Diese Orientierungsleistung ist nicht mit Selbstkonstitution oder naiver Selbstaffirmation zu verwechseln. Zugleich ist die Frage nach dem eigenen Glück konstruktiv aufzunehmen (Lauster, 2004; Claussen, 2005; Roth, 2011).

Christliche Lebenskunst bedeutet immer auch, spirituell zu leben. Lebenskunstbildung öffnet sich hin zur Einübung von Frömmigkeit bzw. Spiritualität, indem Grundvollzüge spirituellen Lebens vollzogen werden: das Beten und Segnen, das Klagen und Loben, Bitten und Danken, Meditieren, Verkündigen und Feiern. Die in der Taufe grundsätzlich vollzogene und täglich neu zu aktualisierende Zugehörigkeit und Hinwendung zu Gott gewinnt in Prozessen der Lebenskunstbildung Gestalt und Form.

Religionsdidaktisch vermittelt ein Ansatz bei der Lebenskunstbildung zwischen ästhetisch-performativen und problemorientierten Ansätzen und setzt dabei einige Akzente, ohne die Religionspädagogik neu zu erfinden:

1. Lebenskunst-Lernen ist nicht Belehrung über, sondern partizipative *Erfahrung* von religiöser Lebenskunst. Es geht um experimentelles, probeweises Sich-Einlassen auf Modelle gelingenden Lebens, um das Teilen von Lebens-Erfahrung, nicht um distanzierte Lebenskunde. Ästhetisches und ethisch-pragmatisches Lernen verbinden sich sinnvoll mit theoretischem Lernen.

2. Lebenskunstbildung achtet den Schatz *tradierter Lebensweisheit,* weil sich in den religiösen Lebensformen und -regeln früherer Generationen wertvolle Hinweise zur Verbindung von Glauben und Leben entdecken lassen. Sie würdigt daher tradierte symbolische Interaktions- und Sprachformen des Glaubens aus der ganzen Ökumene. Deshalb rekurriert sie *auch* auf geschichtlich bewährte *kanonische* Bildungsinhalte und -texte (aus Bibel, Gesangbuch, Kunst- und Theologiegeschichte) und hinterfragt zugleich deren

Geltung immer wieder neu. So kommen Vergangen-
heits- und Zukunftsbezug um der Gegenwartsorien-
tierung willen gleichermaßen zu ihrem Recht.

3. Lebenskunstbildung benötigt *Freiräume und Experimente* zum Ausprobieren von Handlungsoptionen
und Zukunftsvisionen, von kreativer Arbeit an symbolischen Kommunikationsformen.

4. Lebenskunstbildung bedarf der *Übung*, sie erschließt
sich nicht als spirituelles Fastfood, sondern nur in müh-
samen Lernprozessen der Wiederholung. Sie scheut daher weder Ritualisierungen noch Bemühungen um ein
durchdachtes Spiralcurriculum der wesentlichen Inhalte und Regeln der christlichen Lebenskunst.

5. Lebenskunstbildung verdichtet sich in den symbolischen Kommunikationsformen von *Fest und Feier*.
Beides gehört zur religionspädagogischen Praxis notwendig dazu. Am Lernort Schule sind daher unter-
richtliche Bildungsvollzüge und die Gestaltung des
Schullebens gleichermaßen als Aufgabenfelder der
Lebenskunstbildung zu begreifen und konstruktiv
aufeinander zu beziehen.

6. Religiöse Lebenskunst-Bildung verbindet in ihren Un-
terrichtsstrukturen die Logik der religiösen Inhalte und
Prozesse kreativ mit den Problemen und Interessen der
Lernenden. Sie sucht die implizite religiöse Logik der
Situation der Lernenden zu entschlüsseln und mit ex-
pliziter religiöser Logik in Konstellationen zu bringen.

Moraltheologische wie praktisch-theologische und religionspädagogische Theorien der Lebenskunstbildung achten
bei alledem auch auf die Grenzen dessen, was in der eigenen

Macht steht und wo Bildungsanstrengungen an ihre Grenzen stoßen (müssen). Sie verfallen nicht dem Wahn, das Leben perfektionieren zu wollen. Es geht um eine Kunst aus zweiter Hand, „die Können und Nichtkönnen auf eigene Weise in sich vereinigt. Du bist, was du nicht kannst. Werde es, ein Christenmensch – die Kunst aller Künste" (Timm, 1996, 210).

Literaturverzeichnis

Ausschuss für Theologische Bildung der Deutschen Evang. Arbeitsgemeinschaft für Erwachsenenbildung e.V. (Hrsg.), Die Kunst zu leben – schön, sinnvoll und gut. Eine Arbeitshilfe, Entwürfe: Themen der evangelischen Erwachsenenbildung 16/Organisationsmodelle kirchlicher Erwachsenenbildung 41, Darmstadt 2001.

Bahr, Matthias/Poth, Peter, Glück und Lebenskunst. Anregungen und Materialien für den (Religions-)Unterricht, in: Jahrbuch der Religionspädagogik 29 (2013) 182-193.

Bilgri, Anselm, Vom Glück der Muße. Wie wir wieder leben lernen. Unter Mitarbeit von Nikolaus Birkl, Georg Reider und Gerd Henghuber, München/Zürich 2014.

Bilgri, Anselm, Herzensbildung. Ein Plädoyer für das Kapital in uns, München 2009.

Bilgri, Anselm, Stundenbuch eines weltlichen Mönchs. In Zusammenarbeit mit Gerd Henghuber, München/Zürich 2006.

Bilgri, Anselm/Stadler, Konrad, Finde das rechte Maß. Regeln aus dem Kloster Andechs für Arbeit und Leben, München/Zürich 2004.

Brenner, Andreas/Zirfas, Jörg, Lexikon der Lebenskunst, Leipzig 2002.

Bubmann, Peter, Religion und Theologie, in: Gödde, Günter/ Zirfas, Jörg (Hrsg.), Kritische Lebenskunst. Analysen – Orientierungen – Strategien, Stuttgart 2018, 180-187.

Bubmann, Peter, Gut leben lernen. Lebenskunst als Leitbegriff in Ethik und Praktischer Theologie, in: Zeitschrift für Evangelische Ethik 59 (2015) 250-261.

Bubmann, Peter, Lebenskunstbildung – ein Prospekt, in: Bednorz, Lars/Koerber-Becker, Lore (Hrsg.), Religion braucht Bildung – Bildung braucht Religion. Horst F. Rupp zum 60. Geburtstag, Würzburg 2009, 67-77.

Bubmann, Peter, Gemeindepädagogik als Anstiftung zur Lebenskunst, in: Pastoraltheologie 93 (2004) 99-114.

Bubmann, Peter/Sill, Bernhard (Hrsg.), Christliche Lebenskunst, Regensburg 2008.

Bundesvereinigung Kulturelle Jugendbildung e. V. (Hrsg.), Kulturelle Bildung und Lebenskunst – Ergebnisse und Konsequenzen aus dem Modellprojekt ,Lernziel Lebenskunst', Remscheid 2001.

Bundesvereinigung Kulturelle Jugendbildung e. V. (Hrsg.), Lernziel Lebenskunst. Konzepte und Perspektiven, Schriftenreihe der Bundesvereinigung Kulturelle Jugendbildung 49, Remscheid 1999.

Burbach, Christiane, Weisheit und Lebenskunst: Horizonte zur Konzeptualisierung von Seelsorge, in: Wege zum Menschen 58 (2006) 13-27.

Claussen, Johann H., Glück und Gegenglück. Philosophische und theologische Variationen über einen alltäglichen Begriff, Tübingen 2005.

Dienberg, Thomas, Loslassen. Von der christlichen Lebenskunst, Stuttgart 2005.

Engemann, Wilfried, Die praktisch-philosophische Dimension der Seelsorge, in: Engemann, Wilfried (Hrsg.), Handbuch der Seelsorge. Grundlagen und Profile, Leipzig 2007a, 308-322.

Engemann, Wilfried, Das Lebenswissen des Evangeliums in seinem Bezug zur Seelsorge, in: Engemann, Wilfried (Hrsg.), Handbuch der Seelsorge. Grundlagen und Profile, Leipzig 2007b, 467-473.

Engemann, Wilfried, Die Lebenskunst und das Evangelium. Über eine zentrale Aufgabe kirchlichen Handelns und deren Herausforderung für die Praktische Theologie, in: Theologische Literaturzeitung 129 (2004), Sp. 0875-0896.

Engemann, Wilfried, Lebenskunst als Beratungsziel. Zur Bedeutung der Praktischen Philosophie für die Seelsorge der Gegenwart, in: Böhne, Michael (Hrsg. u. a.), Entwickeltes Leben. Neue Herausforderungen für die Seelsorge, FS Ziemer, Leipzig 2002, 95-125.

Erne, Paul Thomas, Lebenskunst. Aneignung ästhetischer Erfahrung, Kampen 1994.

Erne, Thomas, Die Kunst zu leben. Christlicher Glaube und Lebenskunst, in: Praktische Theologie 41 (2006) 144-151.

Erne, Thomas, Die Kunst der Aneignung in der Aneignung der Kunst, in: Neuhaus, Dietrich/Mertin, Andreas (Hrsg.), Wie in einem Spiegel ... Begegnungen von Kunst, Religion, Theologie und Ästhetik, Arnoldshainer Texte 109, Frankfurt a. M. 1999, 231-247.

Erne, Thomas, Die Kunst der Aneignung der Kunst. Lebenskunst als Thema der Theologie im Anschluß an Kierkegaard, in: Zeitschrift für Theologie und Kirche 93 (1996) 149-162.

Fellmann, Ferdinand, Philosophie der Lebenskunst zur Einführung, Hamburg 2009.

Fuchs, Max, Leitformel Leben. Eine Grundkategorie für die Theorie kultureller Bildung?, in: Liebau, Eckart/Zirfas, Jörg (Hrsg.), Die Sinne und die Künste. Perspektiven ästhetischer Bildung, Ästhetik und Bildung 2, Bielefeld 2008, 171-187.

Fuchs, Max, Kulturelle Bildung und Lebenskunst, in: Bundesvereinigung Kulturelle Kinder- und Jugendbildung (Hrsg.), Lernziel Lebenskunst. Konzepte und Perspektiven, Schriftenreihe der Bundesvereinigung Kulturelle Jugendbildung 49, Remscheid 1999, 29-40.

Gödde, Günter/Pohlmann, Werner/Zirfas, Jörg (Hrsg.), Ästhetik der Behandlung. Beziehungs-, Gestaltungs- und Lebenskunst im psychotherapeutischen Prozess, Bibliothek der Psychoanalyse, Gießen 2015.

Gödde, Günter/Zirfas, Jörg (Hrsg.), Kritische Lebenskunst. Analysen – Orientierungen – Strategien, Stuttgart 2018.

Gödde, Günter/Zirfas, Jörg, Therapeutik und Lebenskunst. Eine psychologisch-philosophische Grundlegung. Mit einer Eröffnung von Michael B. Buchholz, Therapie und Beratung, Gießen 2016.

Gödde, Günter/Zirfas, Jörg (Hrsg.), Lebenskunst im 21. Jahrhundert. Stimmen von Philosophen, Künstlern und Therapeuten, Paderborn 2014.

Grün, Anselm/Kohl, Walter, Was uns wirklich trägt. Über gelingendes Leben. Herausgegeben von Rudolf Walter, Freiburg i. Br. 2014.

Grün, Anselm, Lebensfragen. Orientierung und Sinn finden – Antworten in schwierigen Situationen. Herausgegeben von Rudolf Walter, Freiburg i. Br. 2013.

Grün, Anselm (Hrsg.), Klosterwissen. Die Lebenskunst der Benediktiner, München 2005.

Grün, Anselm, Das Buch der Lebenskunst. Herausgegeben von Anton Lichtenauer, Herder spektrum Band 5700, Freiburg i. Br. 2002.

Höhn, Hans-Joachim, Das Leben in Form bringen. Konturen einer neuen Tugendethik, Freiburg i. Br. 2014.

Höhn, Hans-Joachim, Moderne Lebenswelt und christlicher Lebensstil. Kultursoziologische Reflexionen, in: Englert, Rudolf/Frost, Ursula/Lutz, Bernd (Hrsg.), Christlicher Glaube als Lebensstil, Praktische Theologie heute 24, Stuttgart/Berlin/Köln 1996, 15-34.

Horn, Christoph, Antike Lebenskunst. Glück und Moral von Sokrates bis zu den Neuplatonikern, Beck'sche Reihe Band 1271, München 1998.

Horstmann, Kai, Was taugt die Lebenskunst? Eine kritische Sichtung pastoraltheologischer Konzeptionen, in: Pastoraltheologische Informationen 33 (2013) 257-277.

Huber, Wolfgang, Kirche in der Zeitenwende. Gesellschaftlicher Wandel und Erneuerung der Kirche, Gütersloh 1998.

Huizing, Klaas, Der urbildliche Lebenskünstler oder: Die Aufweichung der Systematischen Theologie zur Lebenskunstschulung, in: Neuhaus, Dietrich/Mertin, Andreas (Hrsg.): Wie in einem Spiegel ... Begegnungen von Kunst,

Religion, Theologie und Ästhetik, Arnoldshainer Texte 109, Frankfurt a. M. 1999, 285-286.

Kersting, Wolfgang, Einleitung: Die Gegenwart der Lebenskunst, in: Kersting, Wolfgang/Langbehn, Claus (Hrsg.), Kritik der Lebenskunst, stw 1815, Frankfurt a. M. 2007, 10-88.

Keul, Hildegund, Auferstehung als Lebenskunst. Was das Christentum auszeichnet, Freiburg i. Br. 2014.

Krieg, Matthias, Lebenskunst statt Krisenmoral. Das Lesebuch für Solisten und Lerngruppen, in: forumEB (2002) 1, 21-29.

Krieg, Matthias (Hrsg. u. a.), Lebenskunst – Stücke für jeden Tag, Zürich 2. Auflage 2000.

Kumlehn, Martina, Blickwechsel, Gestaltfindung, Experiment und Übung. Lebenskunstkonzepte als Herausforderung einer Religionspädagogik im Spannungsfeld von Ästhetik und Ethik, in: Zeitschrift für Pädagogik und Theologie 61 (2009) 262-276.

Kunstmann, Joachim, Christliche Lebenskunst. Eine Anforderung, in: Jahrbuch der Religionspädagogik 29 (2013) 123-130.

Lang, Manfred, Art. Lebenskunst, in: Das Wissenschaftliche Bibellexikon im Internet (www.wibilex.de), 2011 (Version des Artikels vom 20.09.2018) (Zugriffsdatum: 01.08.2019), (http://www.bibelwissenschaft.de/stichwort/59490/).

Laubach, Thomas, Lebensführung. Annäherungen an einen ethischen Grundbegriff, Forum interdisziplinäre Ethik 24, Frankfurt a. M. u. a. 1999.

Lauster, Jörg, Gott und das Glück. Das Schicksal des guten Lebens im Christentum, Gütersloh 2004.

Meyer-Blanck, Michael, Lebenskunst und christliche Tradition, in: Jahrbuch der Religionspädagogik 29 (2013) 131-139.

Moltmann, Jürgen, Neuer Lebensstil. Schritte zur Gemeinde, München 1977.

Nietzsche, Friedrich, Kritische Studienausgabe, hrsg. v. Giorgio Colli u. Mazzino Montinari, Bd. 3, München 1999.

Popp, Thomas, „damit ihr seinen Fußspuren nachfolgt" (1 Petr 2,21). Christus als Leitbild der Lebenskunst im 1. Petrusbrief, in: Zeitschrift für Neues Testament 17 (2014) 34, 61-70.

Rolf, Thomas, Normale Selbstverwirklichung. Über Lebenskunst und Existenzästhetik, in: Kersting, Wolfgang/ Langbehn, Claus (Hrsg.), Kritik der Lebenskunst, stw 1815, Frankfurt a. M. 2007, 315-341.

Roth, Michael, Zum Glück. Glaube und gelingendes Leben, Gütersloh 2011.

Sautermeister, Jochen, Empfangen, Aushalten und Gestalten. Christliche Spiritualität als Lebenskunst, in: Wort und Antwort 59 (2018) 11-18.

Sautermeister, Jochen, Lebenskunst in der Postmoderne. Impulse aus der zeitgenössischen Philosophie für ein christliches Ethos, in: Internationale katholische Zeitschrift »Communio« 39 (2010) 520-533.

Sautermeister, Jochen, Was ist Lebenskunst? Aktualität – Anliegen – Bedeutung, in: Theologisch-praktische Quartalschrift 157 (2009) 339-350.

Sautermeister, Jochen, „Carpe diem?!" Positionen philo-sophischer Lebenskunst aus Antike und Gegenwart, in: Ethica 16 (2008) 2, 129-152.

Sautermeister, Jochen, Lebenskunst im christlichen Hori-zont, in: Laubach, Thomas (Hrsg.), Angewandte Ethik und Religion. Gerfried W. Hunold zum 65. Geburtstag zugeeignet, Tübingen/Basel 2003, 115-143.

Schindler, Michael/Schütz, Oliver, Halte die Regel und die Regel hält dich. Lebenswissen aus Ordensregeln, Ostfil-dern 2009.

Schmid, Wilhelm, Was ist philosophische Lebenskunst? Auf dem Weg zur Selbstfreundschaft, in: Wege zum Men-schen 58 (2006) 3-12.

Schmid, Wilhelm, Schönes Leben. Einführung in die Le-benskunst, suhrkamp taschenbuch 3664, Frankfurt a. M. 2000.

Schmid, Wilhelm, Philosophie der Lebenskunst. Eine Grund-legung, suhrkamp taschenbuch wissenschaft 1385, Frankfurt a. M. 1998.

Schopenhauer, Arthur, Aphorismen zur Lebensweisheit, Frankfurt a. M. 1991.

Schwindt, Christian, Glaube und lebe. Lebenskunst als The-ma christlicher Bildungsarbeit, in: Pastoraltheologie 91 (2002) 168-182.

Sellmann, Matthias, Christsein als Lebenskunst. Eine pasto-raltheologische Phänomenanalyse, in: Theologisch-prak-tische Quartalschrift 157 (2009) 351-358.

Sill, Bernhard/Bubmann, Peter, Schritte durch die Lebens-mitte: Facetten christlicher Lebenskunst, Gütersloh 2013.

Sill, Bernhard, Das gute Leben – Das Gute leben. Zur Ethik und Spiritualität, Regensburg 2017.

Sill, Bernhard, Ethos und Thanatos: Zur Kunst des guten Sterbens bei Matthias Claudius, Leo Nikolajewitsch Tolstoi, Rainer Maria Rilke, Max Frisch und Simone de Beauvoir, Eichstätter Studien Neue Folge 41, Regensburg 1999.

Sill, Bernhard, Projekt Lebensmitte, Regensburg 1994.

Sill, Bernhard, Lebenskunst und Lebensmitte: Themen, Fakten, Thesen, in: Renovatio: Zeitschrift für das interdisziplinäre Gespräch 46 (1990) 142-161.

Sill, Bernhard/Rauchalles, Renée, Die Kunst des Sterbens, Regensburg 2001.

Strecker, Christian, Ritual oder Übung? Ereignis oder Wiederholung? Rettung oder Glück? Gedanken zur frühchristlichen Lebenskunst im Corpus Paulinum, in: Zeitschrift für Neues Testament 17 (2014) 34, 2-14.

Thomä, Dieter, Lebenskunst zwischen Könnerschaft und Ästhetik. Kritische Anmerkungen, in: Kersting, Wolfgang/ Langbehn, Claus (Hrsg.), Kritik der Lebenskunst, stw 1815, Frankfurt a. M. 2007, 237-260.

Timm, Hermann, C'est la vie. Das Evangelium als ABC religiöser Lebenskunst, in: Pastoraltheologie 85 (1996) 204-210.

Vögele, Wolfgang, Weltgestaltung und Gewissheit, Berlin 2007.

Vögele, Wolfgang, Lebenskunst, Frömmigkeit und Freiheit, in: Vögele, Wolfgang (Hrsg.), Dem Leben Gestalt geben. Christliche Spiritualität zwischen Philosophie der Lebenskunst und Eventkultur der Erlebnisgesellschaft, Rehburg-Loccum 2001, 113-124.

Wegner, Gerhard, Was kann christliche Spiritualität zur Lebenskunst beitragen?, in: Vögele, Wolfgang (Hrsg.), Dem Leben Gestalt geben. Christliche Spiritualität zwischen Philosophie der Lebenskunst und Eventkultur der Erlebnisgesellschaft, Rehburg-Loccum 2001, 43-50.

Weißer, Thomas, Alltagsmoral/Christliche Lebenskunst. Theologie im Fernkurs: Der christliche Glaube. Aufbaukurs: Lehrbrief 18, Würzburg 2017.

Werle, Josef M. (Hrsg.), Klassiker der philosophischen Lebenskunst. Von der Antike bis zur Gegenwart. Ein Lesebuch, München 2000.

Ziller, Klaus-Joachim, Leben lernen – Lebenskunst als religionspädagogische Herausforderung, in: Dungs, Susanne/ Ludwig, Heiner (Hrsg.), profan – sinnlich – religiös. Theologische Lektüren der Postmoderne. Festschrift für Uwe Gerber, Frankfurt a. M. u. a. 2005, 349-359.

Zirfas, Jörg, Das Lernen der Lebenskunst, in: Göhlich, Michael/Wulf, Christoph/Zirfas, Jörg (Hrsg.), Pädagogische Theorien des Lernens, Weinheim/Basel 2007, 163-175.